Value Co-Creation Marketing

価値共創
マーケティングの
深化

村松 潤一 編著

同文舘出版

はしがき

　S-DロジックおよびSロジックが提唱され，新しいマーケティングが模索される中で，サービスによる価値共創に主軸を置いた価値共創マーケティングを2015年に提示した。それから10年が経過し，価値共創マーケティングは，理論的にも実践的にも精緻化・体系化が進んだのはいうまでもない。

　というのも，価値共創マーケティングに関する研究は，日本マーケティング学会内のリサーチプロジェクトのひとつである価値共創型マーケティング研究会でのハイレベルな理論と実践の長きに亘る交錯を基盤としているからである。すなわち，そこは実践を踏まえた理論と理論に基づく実践が限りなく融合し合う場であり，そのもとで価値共創マーケティング論は形成されてきたといえ，今日における理論と実践の両側面からの関心の高まりは，ある意味において，自然なことと捉えることができる。

　これまでマーケティングといえば，市場で完結するビジネスが念頭に置かれていたのはいうまでもない。しかし，今日はといえば，消費者意識が所有から利用へと移行しつつあり，また，ICT（情報通信技術）が進展したことで，利用段階における消費者との繋がりがこれまでにないビジネス機会を生み出したといえるが，そのことにまさに対応したのが価値共創マーケティングである。すなわち，価値共創マーケティングは，消費者が日々の暮らしを営む生活世界を対象領域とし，そこへの入り込みによって新たなマーケティング機会を見出し，そのために必要なマーケティングとは何かを指し示すものであり，それを理論的に支えることになったのが，冒頭で述べたS-DロジックおよびSロジックなのである。

　周知のように，マーケティングは「market + ing」を意味するものであり，これまでの伝統的マーケティングは市場取引そのものを扱ってきたといえる。しかし，新しいマーケティングとしての価値共創マーケティングは，市場取引後のいわば消費・利用段階に焦点をあて，そこでの消費者との価値共創を意図するものであり，それはこれまでのマーケティングを遥かに超えている。言い換えるなら，市場における消費者の「購買」行動ではなく，生活世界における

i

「消費」行動が理論と実践の対象なのである。そして，そこにおいて市場と生活世界は連動するものの，両者は別個のものとして捉えられるべきと考えられる。したがって，生活世界には解明すべき，いまだ手付かずのマーケティング課題が豊富なまでに存在しており，今日，理論的にも実践的にも積極的な取組みが求められている。

　本書は，これまで手掛けてきた価値共創マーケティングに関する研究成果を理論と実践という視点から明らかにするものであり，より多くの理解が進むものと思われる。

　さて，本書は理論編とケース編からなっており，前者においては，価値共創マーケティングの何たるかが新たに示され，ケース編では，これまで取り上げてこなかったさまざまな価値共創あるいは価値共創マーケティングを実践する企業等が述べられている。すなわち，価値共創マーケティングは理論的にも実践的にも深化しているのであり，本書によってそのことが明らかにされている。

　最後になったが，同文舘出版株式会社専門書編集部の有村知記氏には，本書出版の意義を十分に理解のうえ，いろいろとお世話いただいたことに心より感謝申し上げたいと思う。

2025年2月

村松潤一

目　次

第Ⅰ部　理論編

第1章　新しいサービス概念とサービス社会
―価値共創マーケティングの成立―

第1節　はじめに ……………………………………………………………… 3

第2節　社会的・経済的背景と学術的背景 ……………………………… 4
（1）社会的・経済的背景　4
（2）学術的基盤の変革　5

第3節　新しいサービス概念と価値共創概念への到達 ……………… 6
（1）北欧学派におけるサービス概念　6
（2）日本のサービス研究とサービス概念　7
（3）S-DロジックおよびSロジックにおける価値共創概念　9

第4節　サービス社会における市場と生活世界 ……………………… 11
（1）サービスの本質　11
（2）目的としての生活世界，手段としての市場　12

第5節　おわりに …………………………………………………………… 14

第2章　消費者意識の変化と情報通信技術の進展

第1節　はじめに …………………………………………………………… 17

第2節　所有から利用へ ………………………………………………… 17
（1）消費支出の変化　17
（2）ICTの進化　19
（3）新しいサブスクリプション・モデルの台頭　20
（4）新しいサブスクリプション・モデルが促すサービス化　21

iii

第3節　交換価値からの転換 ……………………………………… 22

（1）口コミにみる利用への関心の拡大　22
（2）対顧客関係の変化　24

第4節　おわりに ……………………………………………………… 25

第3章　サービス・ドミナント・ロジックとマーケティング研究

第1節　はじめに ……………………………………………………… 29

第2節　S-Dロジックの発展とS-Dロジックを支える基本概念 …… 30

（1）S-Dロジックの発展過程　30
（2）S-Dロジックの基本概念　33

第3節　S-Dロジックに関する研究の展開 ………………………… 35

（1）S-Dロジック開発に関する研究　35
（2）S-Dロジックを適用する研究　37

第4節　S-Dロジックのマーケティング研究に対する貢献 …… 38

第5節　おわりに ……………………………………………………… 41

第4章　サービス・ロジックと価値共創研究

第1節　はじめに ……………………………………………………… 45

第2節　Sロジックと本日的到達点 ………………………………… 46

（1）マーケティング論の再構築における新しい視点　46
（2）Sロジックを基盤にしたマーケティング　48

第3節　価値共創マーケティングとの接点 ……………………… 51

（1）Sロジックと価値共創マーケティングの共通点と相違点　51
（2）価値共創の持続性の問題　53

第4節　Sロジックの問題点 ………………………………………… 55

第5節　おわりに ……………………………………………………… 56

目　次

第5章　カスタマー・ドミナント・ロジックと価値共創研究

第1節　はじめに ……………………………………………… 59

第2節　C-Dロジックとは …………………………………… 59
（1）C-Dロジックの特徴　59
（2）ビジネス・ロジックとしてのC-Dロジック　60
（3）C-Dロジックで用いる諸概念　61
（4）顧客起点の捉え方への転換　66
（5）小括―特異な視点を提供する原動力として　68

第3節　価値共創および価値共創マーケティングとの接点…… 68
（1）価値共創との関心の違い　68
（2）価値共創マーケティングとの接点　69

第4節　C-Dロジックの展開と課題 ………………………… 70

第5節　おわりに ……………………………………………… 71

第6章　顧客の生活世界と価値創造

第1節　はじめに ……………………………………………… 75

第2節　価値創造者としての顧客 …………………………… 76
（1）顧客の主体性―価値創造の主導者としての生活者　76
（2）経験を通じた価値創造　77

第3節　企業との価値共創 …………………………………… 80
（1）顧客の生活世界の可視化と企業の役割　80
（2）企業との価値共創が顧客にもたらすもの　81

第4節　顧客による市場への関与 …………………………… 82
（1）生活世界におけるリソース調達の多様性　82
（2）市場関与への動機付け　82

第5節　おわりに ……………………………………………… 83

v

第7章 顧客との価値共創に主軸を置いた価値共創マーケティング

第1節　はじめに ……………………………………………………………… 87

第2節　価値所与マーケティングと価値共創マーケティング … 88
（1）志向論と起点論　88
（2）価値所与マーケティングと価値共創マーケティングの対比　89

第3節　価値共創マーケティングによるビジネス構築 …………… 91
（1）ビジネスの基盤　91
（2）サービス関係起点の逆算的ビジネス構築　92
（3）逆算による現行ビジネスの見直し　93

第4節　価値共創マーケティングのマネジメント ……………… 95
（1）4Cアプローチ　95
（2）文脈マネジメント　97
（3）成果のマネジメント　97

第5節　おわりに ……………………………………………………… 99

第8章 価値共創型企業システム

第1節　はじめに ……………………………………………………… 101

第2節　価値共創型企業システムの全体像 ……………………… 102
（1）価値共創を支える企業システム　102
（2）全体像　102

第3節　価値共創型企業システムの構成概念 ………………… 104
（1）理念　104
（2）戦略と組織　105
（3）意志と能力　106
（4）組織能力　107

目　次

第4節　内部統合と外部統合 ……………………………… 108

（1）内部統合—マネジメント可能　108

（2）外部統合—関係性構築　109

（3）小括　110

第5節　おわりに—価値共創型企業システム編成のフロー …… 110

第9章　資源統合マネジメント

第1節　はじめに ………………………………………… 113

第2節　企業内資源統合—共創資源の内的調達 ………… 115

第3節　企業外資源統合—共創資源の外的調達と
サービス・エコシステム ………………………… 117

（1）共創資源の外的調達　117

（2）サービス・エコシステムによる交換　119

第4節　資源統合と資源統合プロセス …………………… 120

（1）資源統合　120

（2）資源統合プロセス　122

第5節　おわりに ………………………………………… 123

第10章　人と組織のマネジメント

第1節　はじめに ………………………………………… 127

第2節　インターナル・マーケティングと構成概念 …… 128

（1）全体像　128

（2）構成概念　129

第3節　インターナル・マーケティングとマネジメント …… 131

（1）社員の捉え方　131

（2）権限委譲と環境整備　132

（3）文脈マネジメント **133**
（4）管理型組織から支援型組織へ **134**

第4節　新しいリーダーシップ ················· **135**

（1）サーバント・リーダー **135**
（2）内発的動機づけ **136**

第5節　おわりに ························ **137**

第11章　文脈マネジメント

第1節　はじめに ························ **139**

第2節　文脈概念 ························ **140**

（1）文脈とは **140**
（2）文脈の種類および性質 **141**

第3節　顧客の価値創造プロセスと文脈 ········ **144**

（1）顧客の価値創造の特性 **144**
（2）価値創造プロセスの全体像 **145**

第4節　文脈マネジメント ·················· **146**

（1）価値共創マーケティング **147**
（2）文脈マネジメントの基本的思想 **147**
（3）マーケティング行為としての文脈マネジメント **148**

第5節　おわりに ························ **150**

第12章　成果のマネジメント

第1節　はじめに ························ **155**

第2節　マーケティング活動の成果 ············ **156**

目　次

第3節　交換価値に紐づけた成果と価格設定 ……………… 157

（1）交換価値に紐づけた成果　158
（2）交換価値と価格設定戦略　159

第4節　文脈価値に紐づけた成果と価格設定 …………… 160

（1）文脈価値に紐づけた成果　160
（2）文脈価値の成果の捉え方　162
（3）文脈価値とPay What You Want方式　162
（4）文脈価値とサブスクリプション　164

第5節　おわりに ……………………………………………… 164

第13章　新しいマーケティングの研究方法―質的研究

第1節　はじめに ……………………………………………… 167

第2節　サービスに基軸を置いたマーケティングの質的特性 ……… 167

（1）プロセス，相互作用としてのサービス　167
（2）顧客中心性の強調，顧客経験への着目　168
（3）サービスに基軸を置いたマーケティングの質的特性　169

第3節　グラウンデッド・セオリー・アプローチ（GTA）…… 170

（1）マーケティングおよび消費者研究における質的研究　170
（2）GTAの概要　171
（3）GTAの基本的手順　172
（4）GTAとマーケティング研究（顧客価値創造プロセス，顧客経験研究）
　　の親和性　173

第4節　その他の方法 ………………………………………… 174

（1）修正版GTA（M-GTA）　175
（2）SCAT　175

第5節　おわりに ……………………………………………… 176

第14章　新しいマーケティングの研究方法―量的研究

| 第1節　はじめに ……………………………………………………………… 179

| 第2節　顧客接点の定量的分析 ……………………………………………… 180
（1）顧客接点の測定方法　**181**
（2）顧客接点の定量化に対応する分析手法　**181**

| 第3節　双方向コミュニケーションの定量的分析 ………………… 182
（1）双方向コミュニケーションの効果の測定方法　**182**
（2）双方向コミュニケーションの定量化に対応する分析手法　**183**

| 第4節　共創の定量的分析 …………………………………………………… 184
（1）共創の効果の測定方法　**184**
（2）共創の定量化に対応する分析手法　**185**

| 第5節　文脈価値の定量的分析 ……………………………………………… 185
（1）文脈価値の測定方法　**186**
（2）文脈価値の定量化に対応する分析手法　**186**

| 第6節　おわりに …………………………………………………………… 187
（1）本章のまとめ　**187**
（2）理論的貢献と実践的意義　**188**
（3）今後の研究課題　**188**

第Ⅱ部　ケース編

第15章　産業機械メーカーのサービス・ビジネスにおける価値共創

| 第1節　企業の概要等 ……………………………………………………… 193
（1）背景・問題意識・目的　**193**
（2）コベルコを取り巻く事業環境変化とサービス・ビジネス強化
のためのDX　**193**

目　次

| 第2節 | 分析フレームワーク
ーマーケティング理論と実践の融合の視点から……… 197 |
| 第3節 | 事例分析
ー産業機械アフターサービス・ビジネスのプロセス分析 … 198 |

（1）3種類の中核サービス相互作用プロセス　198
（2）顧客との価値共創生起ダイナミクス　199
（3）内部顧客間のバトンパスリレー的双方向コミュニケーション　200

第4節　まとめ………………………………………………… 201

（1）「サービス起点の顧客価値創造支援型ものづくり企業」実現の
　　　可能性　201
（2）海外市場／海外ビジネス拡大の事業経営上の位置づけの再考　202
（3）新たなグローバル展開手法としてのデジタル・サービス・
　　　エコシステム　202
（4）ビジネスモデル変革手段としての価値共創マーケティング　204

第16章　ヘルスケア・ビジネスにおける価値共創

第1節　企業等の概要……………………………………… 205

（1）背景・問題意識・目的　205
（2）オムロンヘルスケアの概要　206
（3）オムロンヘルスケアの健康経営方針　207
（4）オムロンヘルスケアにおけるヘルスケア・ビジネス　208

第2節　分析フレームワーク ………………………………… 209

第3節　事例分析…………………………………………… 209

（1）顧客の利用プロセスへの入り込み　209
（2）企業－顧客間の直接的相互作用　211
（3）顧客にとっての文脈価値の創出　212

第4節　まとめ……………………………………………… 213

xi

第17章　企業が取り組む健康づくり支援における価値共創

第1節　企業等の概要 ……………………………………………………………… 217

（1）背景・目的　217

（2）花王株式会社の概要　218

第2節　先行研究レビュー/分析フレームワーク/分析視点の特定 … 220

（1）先行研究レビュー　220

（2）分析フレームワーク　222

（3）分析視点の特定　223

第3節　事例分析 …………………………………………………………………… 223

（1）健康増進プログラム「Kao GENKI-well ソリューション」
　　 サービスの概要　224

（2）4Cアプローチからの考察　225

（3）直接的相互作用以外の他の文脈という視点からの考察　227

第4節　まとめ …………………………………………………………………………… 228

第18章　医療・健康用品の製造・販売企業における価値共創

第1節　企業等の概要 ……………………………………………………………… 231

（1）背景・問題意識・目的　231

（2）ダイヤ工業について　232

第2節　先行研究レビュー/分析フレームワーク/分析視点の特定 … 232

第3節　事例分析 …………………………………………………………………… 235

（1）調査概要　235

（2）発見事実　235

第4節　考察 …………………………………………………………………………… 240

（1）ジョイント領域における顧客（最終消費者）の価値創造を
　　 どのようにサポートし得るのか　241

（2）顧客領域における顧客（最終消費者）の価値創造をどのように
サポートし得るのか　242

第5節　まとめ …………………………………………………………… 244

第19章　観光ビジネスにおける価値共創―（株）王宮の事例

第1節　企業等の概要 …………………………………………………… 247

（1）背景・問題意識・目的　247
（2）株式会社王宮について　248

第2節　先行研究レビュー/分析フレームワーク/分析視点の特定… 249

（1）価値共創型企業システム　249
（2）インターナル・マーケティング　250
（3）分析フレームワークと課題　251

第3節　事例分析 ………………………………………………………… 252

（1）社内に向けた調査　253
（2）顧客の評価　255
（3）課題の考察　256

第4節　まとめ …………………………………………………………… 258

第20章　地域活性化（中小企業支援）と価値共創

第1節　企業等の概要 …………………………………………………… 261

第2節　先行研究レビュー/分析フレームワーク/分析視点の特定… 262

（1）中小企業研究　262
（2）中小企業の戦略　263
（3）分析フレームワークと課題の設定　265

第3節　事例分析 ………………………………………………………… 266

（1）社会貢献への想い　266

xiii

（2）共創　**266**

（3）外部統合　**267**

（4）成果　**268**

第4節　まとめ ··· **270**

索　　引　**273**

凡例

略称	英文	和文
Cロジック	Customer Logic	カスタマー・ロジック
C-Dロジック	Customer-Dominant Logic	カスタマー・ドミナント・ロジック
FP	Fundamental Premises	基本的前提
Gロジック	Goods Logic	グッズ・ロジック
Sロジック	Service Logic	サービス・ロジック
S-Dロジック	Service-Dominant Logic	サービス・ドミナント・ロジック

第 I 部

理 論 編

第1章

新しいサービス概念とサービス社会
―価値共創マーケティングの成立―

第1節　はじめに

　マーケティング研究において，その発祥の地である米国では，長きにわたり，サービスをモノと同じように扱ってきた。そして，そこでは，サービスはモノに対して劣位にあるものとして捉えられ，いかにして，モノに近づけるかが研究の焦点であった。例えば，サービスに工業化を求める議論（Levitt, 1976）は，その典型例といえる。

　しかし，20世紀初頭に誕生したこうした米国マーケティングも，21世紀になるとサービスに対する新たな概念を受け入れることとなった。それは，Vargo and Lusch（2004）によるS-Dロジックにおいて示されたものであり，有形財としてのモノに対する無形財としてのサービスではなく，プロセス，すなわち，行為としてサービスを捉えるという新たな学術的基盤となるものであった。そして，このプロセスとしてのサービス概念は，これまでのようなモノに焦点を置いたマーケティングから，サービスを基盤とする新しいマーケティングへの転換を促すことになった。一方，サービスやマーケティングの行為対象である消費者および行為主体としての企業を取り巻く環境についても大きく変化してきているのが今日である。

　そこで以下，まずは，サービスおよびマーケティングを考える際の社会的・経済的背景について明らかにする。そして，上述した学術的基盤における大きな転換について触れ，そのうえで，プロセスとして捉えるサービス概念について詳述する。さらに，サービスを基軸とした新しいサービス社会とは何か，また，そこにおける企業と消費者の新たな関係について明らかにすることで本章

3

| 第Ⅰ部 | 理論編 |

の役割を果たし，後章におけるさまざまな議論につなげていく。

第2節　社会的・経済的背景と学術的背景

（1）社会的・経済的背景

①消費者意識の変化

近年，消費者意識は大きな変化を見せている。端的にいうなら，それは「所有から利用へ」という，伝統的な市場を基盤とする経済社会を揺るがすような大変革である。これまでの経済社会では，消費者の所有意識に依拠する形で，企業は何らかのモノをつくり，消費者との市場取引に臨んできた。いわゆる所有権移転を内実とするビジネスあるいはマーケティングの展開である。

しかし，今日，消費者がモノの所有に拘らないというのであれば，これまでのような企業行動は見直しを迫られることになる。昨今のサブスクリプションビジネスの隆盛は，そのことを物語っている。消費者はモノを所有せず，一定の支払いによるモノの利用に主眼を置く行動をみせるようになってきた。

そして，こうした利用ということに注目するなら，そこにおいては，いわゆるサービスの利用も含まれていることに留意する必要がある。言い換えるなら，もともとサービスは所有できず，その本質は利用という側面にこそ見出し得るものであったのであり，それが，モノの所有から利用へと消費者の関心が移行することで，結果的に，そもそもサービスとは何かが問い直されることになったのである。

②情報通信技術の進展

伝統的に経済学，商学，経営学といった社会科学分野にあっては，供給と需要あるいは生産と消費，そして企業と消費者は，離れた位置関係にあるとされ，それゆえに，両者をマッチングさせる機能を流通あるいはマーケティングが果たすと考えられてきた。

しかし，こうした暗黙の前提は，今日，大きく変化することになったが，そ

新しいサービス概念とサービス社会 —価値共創マーケティングの成立— **第1章**

の最大の要因として考えられるのはICT（情報通信技術）の急速な進展である。すなわち，ICTが発展することで，モノのインターネット化（IoT: Internet of Things）が進み，すべてのモノとヒトがつながったのである。したがって，これからは，企業と消費者は「離れた関係」から「一緒の関係」になったのであり，このことを前提に置いて，ビジネスあるいはマーケティングを考える必要が生じたといえる。

　言い換えるなら，今日，企業はいかにして消費者とつながり，そこから，いかにしてビジネスを構築していくかが問われている。さらに重要な変化は，こうした新たな前提のもとで，企業と消費者はこれまでのような片方向ではなく双方向のコミュニケーションを可能にしたということであり，企業はサービスの提供が，また，消費者はサービスの利用が極めて簡単に行えるようになったのである。

（2）学術的基盤の変革

　前述したように，S-Dロジックの登場は，まさにサービス概念の捉え直しを内容とするものであり，そこにおいては，モノとしてのサービスではなく，プロセスとしてサービスを理解することにあった。

　この意味において，Vargo and Lusch（2004, 2006）は，マーケティングおよびサービスの考え方を，これまでのいわゆるモノとその市場での交換価値に焦点を置いたG-Dロジックから，サービスとそこから生まれる文脈価値を中軸とするS-Dロジックに切り替えることの必要性を指摘したといえる。そして，サービスとは，ナレッジとスキルを適用することであるとし，これまでのサービス概念を大きく転換させたのである。したがって，プロセスとしてサービスを捉えることで，消費者ニーズの探索に始まり，市場販売に至る伝統的なマーケティングの役割は大きく低下することになった。

　なぜなら，サービスの利用は，必ずしも市場で行われるわけではなく，むしろ，「その後」の時空間においてなされるからである。言い換えるなら，サービスは，これまでモノと同じように扱われることを強いられてきたが，サービスにとって重要なことは，それが利用される時空間，すなわち，いつ，どこで

5

第Ⅰ部 理論編

ということであり，また，それによって何がもたらされるかということである
にもかかわらず，これまでそうした視点からサービスが理解されることはなか
った。

なお，この世界的な議論を巻き起こすことになったS-Dロジックであるが，
サービスをプロセスとして捉えることそれ自体は，実は，すでに北欧学派あるいはその重鎮であるGrönroosによって示されていたこともあり，むしろ，彼らから影響を受けたことは想像に難くない。そのこともあってか，Grönroosは直ちにSロジックを提示し，1970年代末に北欧ではじまった新しいサービス概念の提示とそれに基づくマーケティングについて論じることとなった（Grönroos, 2006）。

つまり，サービスが授受されることで新たな価値が生まれることを前提に置き，Sロジックでは，企業を価値促進者，消費者を価値創造者として位置づけ，さらに，両者がサービスにおける相互作用を通じて新たな価値を生み出すことを価値共創として捉えたのである。したがって，そこでは，企業はいかにして，消費者の価値創造プロセスに関与するかが問われるのであり，また，そのことを通じて，新たなビジネスが構築されることになる。

以上，今日，消費者は利用への関心をますます高め，ICTが企業と消費者をつなぎ合わせることで，新たな社会的・経済的背景が生まれているのであり，一方で，そのことに関する学術的な裏付けとなるような新たな論理も提示されることになった。

第3節　新しいサービス概念と価値共創概念への到達

（1）北欧学派におけるサービス概念

さて，Grönroosを嚆矢として，いわゆる北欧学派なるものが形成されたのであるが，そのもととなったのは，前述したように1970年代末からはじまる彼自身によるサービス研究である。当時，米国で一般的に理解されていたモノ・ベースのマーケティングは，サービス企業には適用できないという彼自身の問

6

題意識から，固有のサービスおよびマーケティング研究に取り組むことになり，そこから，プロセスとして捉えるサービス概念が生まれたのである。そして，そのことは，サービスは結果を消費することではなく，プロセスを消費することであるとの指摘（Grönroos, 1998）からも明らかである。

　ここで当時の米国マーケティングといえば，いうまでもなくKotlerのマーケティングを指している。彼は，比較的初期において示されたマーケティング・マネジメント体系（Kotler, 1967）を引き継ぎ，その中核を為す4Psモデルを広く定着させ，その後の米国マーケティングを力強く牽引したのであり，モノ・ベースのマーケティング研究にあって，まさに中心的な存在といえる。そして，そうした歴史的経緯の中で，前節で示したサービスに焦点を当てたS-Dロジックが Vargo & Lusch によって提唱され，繰り返すまでもなく世界的な議論を生み出すことになったのである。ところで，彼らの画期的な論文がジャーナルに掲載されるのにかなりの時間を要したといわれているが，それは，サービスをモノとして捉えてきた米国マーケティングの存在が大きく影響していたからと考えられる。

（2）日本のサービス研究とサービス概念
①野村のサービス概念

　一方，米国マーケティングを戦後いち早く導入し，瞬く間にその広がりをみせた日本では，米国マーケティングにおいて大前提とされ，日本の産業および学術の世界でもそのまま受け入れられていた無形財としてのサービス概念に対する再検討が1980年代初期になされた。そして，そこでの見解がまさにGrönroosおよび北欧学派と同じくプロセスしてのサービス概念であったことは，非常に興味深いことである。

　それは，当時，広告会社に勤務しつつ大学院での研鑽に励んでいた野村清氏による主張である。彼は製造業とサービス業とではその経営に大きな違いがあるにもかかわらず，これまでのところ，モノあるいは製造業に向けた研究が中心となっているとの認識から，サービスおよびサービス業に関する研究を目指すことになったという（野村, 1983）。このくだりからは，まさにGrönroosと同

7

じ問題意識を持っていたことがわかる。案の定，まず，彼はサービスとは何か
を論じ，そのうえでサービス業における経営問題を明らかにし，続いて，そこ
で適用すべき経営について述べたのである。そして，彼のサービス概念は次の
ように説明される。

　すなわち，それまでサービスが無形財として捉えられてきたことに正面から
向き合い，形の有無から捉えるのではなく，サービスとは働きであるとし，具
体的には，利用可能な諸資源が使用価値を実現する過程（野村，1983），すなわち，
プロセスであるとしたのである。興味深いのは，そこで示された定義は「利用
可能な諸資源」，「使用価値」という用語にみられるように，すでにS-Dロジッ
クにも通じるような考え方が含まれていた点である。

②上原のサービス概念とその適用

　そして，こうした新たなサービス定義を受け，さらに，独自にサービス論議
を展開したのが，上原征彦氏である。彼は，サービスにおいては企業と消費者
の間に協働関係が存在するとし（上原，1984），そこにあっては，いわゆる社会
学的な相互制御関係が認められることを指摘した（上原，1985）。

　すなわち，企業と消費者との間の協働関係とは，サービスは企業によっての
み成立するのではなく，それには，消費者の参加が不可欠であることを意味し
ているのであり，また，サービスには市場取引後の時空間での企業と消費者に
よる相互作用関係が含まれることを述べているのである。そして，協働関係も
相互作用関係もいずれにあっても，そこには行為としてのプロセスを伴うとい
うことが示唆されているのであり，そのことは，野村，さらには，Grönroos
および北欧学派におけるサービス概念に通じるものといえる。

　そして，上原はこうした新たなサービス概念を基に，マーケティングの再提
示を試みている。すなわち，これまでのマーケティングを操作型とし，新たに
求められるマーケティングは，消費者が財の生産過程に介入し，企業と消費者
による価値創造活動が展開される協働型マーケティングであるとした（上原，
1999）。これは，明らかに価値創造における消費者参加，そこにおける企業と
消費者による相互作用的なサービス授受を前提に置いたものといえる。

新しいサービス概念とサービス社会 —価値共創マーケティングの成立— **第1章**

　なお，こうした進歩的なサービス概念とそれを適用した協働型マーケティングへの理解は，当時，必ずしも十分ではなかったのであり，そうしたこと自体が，実は日本のマーケティング研究において問題であると考えられる。

（3）S-DロジックおよびSロジックにおける価値共創概念
①多様な価値共創概念

　以上みてきたように，サービス概念の大きな転換は，Grönroosおよび北欧学派のサービス研究，S-Dロジック，そして，Sロジックといった時間の流れの中で行われた。しかし，Grönroosおよび北欧学派によるサービス研究が開始された直後には，サービスに関する同様の考え方が日本でもみられ，マーケティングへの適用が試みられたこと，また，Sロジックについては，北欧学派によるサービス・ベースのマーケティング研究にその基盤があったことに留意しておきたい。

　そして，こうした概念的なサービス論議は，新たに価値共創なる概念の導出へと向かうことになった。すなわち，S-Dロジックでは，価値共創は①例えば，企業と消費者の間にあっては，消費プロセスで両者が文脈価値を共創することを意味する「価値の共創」と②中核となるモノ等の提供物を一緒になって作る共同生産からなるとされた（Lusch and Vargo, 2006）。また，Sロジックでは，まずは①主体間における相互作用を共創として捉え，②その時空間が価値創造プロセスにあり，そこで共創されるのが利用価値である場合を価値共創と呼ぶということが示された（Grönroos and Gummerus, 2014）。

　他方，こうしたサービスおよびマーケティング研究にとっては，隣接領域ともいえる経営学において，S-Dロジックが提唱されたのと同時期に，別途，価値共創概念が提示されたこともあって，価値共創をどのように捉えるかについての混乱が多くみられるようになった。

　すなわち，Prahalad and Ramaswamy（2004）は，価値共創が行われる時空間（消費プロセス，生産プロセス）がいつ，どこだろうが，また，それによって生み出される価値（交換価値，文脈価値/利用価値）が何だろうが，そのこととは関係なく，企業と消費者による共同行為を価値共創と呼んだことから，マーケ

9

ティング研究でいう価値共創概念との間に大きな齟齬が生まれたのである。

　もともと，Prahaladの一連の関心は，競争力の源泉がどこにあるかにあり，事業単位，ポートフォリオ，サプライヤーやパートナーに続いて，消費者や消費者コミュニティにあるとの考えに辿り着き，消費者とのあるいは消費者コミュニティでの顧客との価値共創の重要性を指摘したのである。繰り返すまでもなく，そこにおける価値共創は，とにかく，消費者と一緒に価値創造に取り組むことのみが強調されているに過ぎない。また，前述した上原（1999）も，協働行為を生産プロセスにおける消費者参加を念頭に置いているのであれば，それは，今日的には交換価値を高めることを意識した消費者/顧客参加型製品開発と同じ意味と考えられ，S-DロジックやSロジックのように文脈価値/利用価値の問題に帰着する価値共創の考え方とは異なるものといえる。

②本書における価値共創および価値共創マーケティングの定義

　それでは，以上のことを踏まえて，本書における価値共創および価値共創マーケティングをどのように捉えるかについて明らかにする。

　もし，S-Dロジック・Sロジックにおける価値共創概念を所与とするなら，それは，明らかに文脈価値/利用価値に関連づけられる必要がある。さらに，Sロジックで明示的な相互作用を踏まえたものとするなら，まず，価値共創は「消費プロセスで企業と顧客が直接的相互作用によって文脈価値/利用価値を生み出すこと」（村松, 2017，下線部は筆者加筆修正）として定義される。そして，消費プロセスという極めて経済学ベースの用語ではなく，Sロジックがいうように，それが顧客にとっての価値創造プロセスを指していることを踏まえるなら価値共創は「価値創造プロセスで企業と顧客が直接的相互作用によって文脈価値/利用価値を生み出すこと」（村松, 2017，下線部は筆者加筆修正）として再定義される。また，価値共創マーケティングは「価値創造プロセスで直接的相互作用によるサービス提供を通じた顧客との共創によって文脈価値/利用価値を高めるマーケティング」（村松, 2017，下線部は筆者加筆修正）として再定義されることになる。

　このように，本書における価値共創および価値共創マーケティングは，これ

新しいサービス概念とサービス社会 —価値共創マーケティングの成立— 第1章

までのようなモノ・ベースによるものとは明らかに異なるものとして提示できる。すなわち，顧客の価値創造プロセスでの企業と顧客の相互作用を価値共創といい，さらに，そうした相互作用によって文脈価値/利用価値を向上させるための行為こそが価値共創マーケティングということになる。

しかし，S-Dロジック・Sロジックにおけるサービスの考え方を土台にするものの，価値共創および価値共創マーケティングにおける成果の捉え方については，両ロジックとは異なるものとなる。それは，後述するように，S-Dロジック・Sロジックが交換価値に紐付けて成果を捉えようとしているのに対して，価値共創および価値共創マーケティングは，文脈価値/利用価値に紐付けることで新たに成果を把握しようと考えており，その結果，価値共創および価値共創マーケティングにおける学術的および実践的領域はこれまで以上に広がることになる。

第4節 サービス社会における市場と生活世界

（1）サービスの本質

このようにサービスは無形財という名のモノではなく，プロセスであり，与え手と受け手による相互作用を伴うものとして理解しておく必要がある。

さて，モノの場合は，市場での売買取引によって，カネと等価交換されてきたことからわかるように，売り手と買い手は相互に利己的であり，両者の調整役として市場があった。したがって，これまで極めて他律的な調整が市場でなされてきたのであり，そこにおいて売り手と買い手はあくまでも利己的な主体として意味づけられてきた。言い換えれば，社会的調整は市場が担うという他者依存的な存在として売り手も買い手も描かれてきたのである。

これに対して，サービスにあっては，与え手と受け手の関係はかなり異なるものとなる。なぜなら，モノとは違いサービスは事前に用意することはできず，それゆえに，与え手は受け手から要求されるまでサービスの与え手とはなり得ない。その意味でサービスにおけるプロセスの開始を決めるのは受け手であり，

11

また，サービス授受によって価値共創が可能になるが，それが生み出す文脈価値/利用価値に対する評価を受け手が行うことを踏まえるなら，その終了を告げるのも受け手ということになる。すなわち，サービスにおいては，プロセスの開始も評価も終了もすべて受け手が主導するのであり，サービスとモノとでは，この点において極めて大きな違いがある。

そして，さらに重要なことは，それゆえに社会的調整は市場ではなく受け手が担うという点である。すなわち，受け手の自律性は極めて高く，社会の有様は受け手の判断結果によるということになる。その意味で，受け手が求めた与え手からのサービスに相互作用的に対応していくことは，単なる利己を超えるものとなり，受け手にこそ課せられることになった新たな義務といえる。

このようにサービスの本質は，まさに受け手主導という点に見出すことができ，それゆえに社会的調整機能を委ねられた受け手に求められるのは，社会性をいかにして内部化し，価値判断につなげるかということになる。そのこと自体，受け手にとっては望むべきことであり，それは人間社会の成熟化をますます促進することになる。

（2）目的としての生活世界，手段としての市場

こうしたサービスが基軸となる社会をサービス社会と呼ぶなら，それは，市場と生活世界からなっている（図表1-1）。

そして，売り手と買い手，すなわち，企業と消費者が交換価値に基づく取引を通じてモノとカネが等価交換されてきたのが市場であり，それは，サービス社会にあってもその限りにおいて機能する。しかし，今日，重要性が高まっているのは所有ではなく利用である。そこで，サービスの授受がなされる時空間とそれを主導する受け手，すなわち，生活世界における消費者/顧客の視点から，サービス社会について考えてみる。

さて，Grönroosに戻るまでもなく，消費者/顧客は価値創造者であり，生活世界で日々の暮らしを営んでいる。すなわち，より良い生活を求めて常日頃から価値創造に勤しむ主体として理解することができる。より具体的にいえば，消費者/顧客は，より良い生活のための創造活動において，自身のナレッジ・

図表1-1　サービス社会

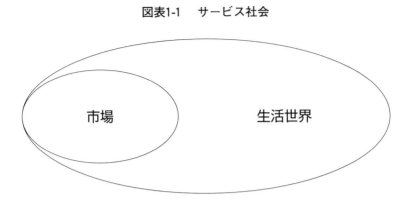

出所：村松（2019）を基に筆者一部修正。

スキルを適用し，新たなナレッジ・スキルを生んだり，モノをつくり出したりする。そして，そのためのナレッジ・スキルが不足する場合は，友人・知人，夫婦，家族，組織等にナレッジ・スキル求め価値共創に至るが，例えば，それが企業であった場合について，これまで取り上げてきたということになる。

その際に確認しておきたいのは，生活世界における価値創造活動とそれによるより良い生活の実現こそが消費者/顧客にとっての目的だということである。そして，自身に対するナレッジ・スキルの適用あるいは他者からの援用によってナレッジ・スキルあるいはモノを新たに創造するより，市場で購買した方が適切だと判断した場合，消費者/顧客は市場に出向くのであり，この意味において，市場は彼らにとって手段でしかない。要は，人間にとって生活世界における価値創造こそが目的なのである。

言い換えるなら，これまでのマーケティングやビジネスは，人間が消費者/顧客としてほんのわずかな時間しか割くことのない市場取引に焦点を当ててきたのであるが，目を向けるべきは，生活世界での価値創造活動であり，そこにこそ新たなビジネス機会が存在している。

第I部 理論編

第 **5** 節　おわりに

　サービス社会におけるマーケティングあるいはビジネスにとって重要なことは，生活世界で消費者/顧客が意図する価値創造をいかにして支援するかという点にある。すなわち，消費者/顧客からサービス提供を求められる存在として，文脈価値/利用価値の共創に取り組み，さらに，それを高めるマーケティングあるいはビジネスを展開する必要がある。

　言い換えるなら，これからのマーケティングあるいはビジネスが対象とすべき領域は，市場ではなく生活世界であり，そこには，いまだ手つかずの膨大なまでの機会が存在する。そこからすべては始まり，マーケティングあるいはビジネスとして市場への関与のあり方さえも決まっていく。

　すなわち，消費者/顧客の手段ではなく，彼らの目的に向けたマーケティングあるいはビジネスに関する学術的研究，実践的落し込みが，今日，求められている。

参考文献

Grönroos, C（1998）"Marketing Service: The Case of a Missing Product," *Journal of Business Industrial Marketing*, 13 (4/5), pp.322-338.

Grönroos, C（2006）"Adopting a Service Logic for Marketing," *Marketing Theory*, 6(3), pp.317-333.

Grönroos, C. and J. Gummerus（2014）"The Service Revolution and Its Marketing Implication: Service Logic vs Service-Dominant Logic," *Managing Service Quality*, 24(3), pp.206-229.

Kotler, P.（1967）*Marketing Management: Analysis, Planning, and Control*, Prentice-Hall Inc.（稲川和男・竹内一樹・中村元一・野々口格三共訳（1971）『マーケティング・マネジメント（上）（下）』鹿島出版会。）

Levitt, T.（1976）"The Industrialization of Services," *Harvard Business Review*, 54(5), pp.63-74.

Lusch, R.F. and S.L. Vargo（2006）"Service-Dominant Logic: Reactions, Reflections, and Refinements," *Marketing Theory*, 12(2), pp.281-288.

Prahalad, C.K and K. Ramaswamy（2004）*The Future of Competition: Co-Creating Unique Value with Customers*（有賀裕子訳（2004）『価値共創の未来へ―顧客と企業のCo-Creation』ランダムハウス講談社; 有賀裕子訳・一條和夫解説（2013）『コ・イノベーション経営―価値共創の未来に向けて』東洋経済新報社。）

Vargo, S.L. and R.F., Lusch（2004）"Evolving to a New Dominant Logic for Marketing," *Journal of Marketing*, 68(1), pp.1-7.

Vargo and Lusch（2006）"Service Dominant Logic: What it is, What it is not, What it might be," in Lusch and Vargo eds, *The Service-Dominant Logic of Marketing: Dialog, Debate, and Directions*, M.E. Sharpe, pp.43-56.

上原征彦（1984）「サービス概念とマーケティングへの若干の示唆」『マーケティングジャーナル』4 (1), 2-11頁。

上原征彦（1985）「サービス・マーケティングの本質とその日本的展開」『マーケティングジャーナル』4 (4), 11-18頁。

上原征彦（1999）『マーケティング戦略論―実践パラダイムの再構築』有斐閣。

野村清（1983）『サービス産業の発想と戦略―モノからサービス経済へ』電通。

村松潤一（2017）「価値共創マーケティングの対象領域と理論的基盤―サービスを基軸とした新たなマーケティング」『マーケティングジャーナル』37 (2), 6-24頁。

村松潤一（2019）「価値共創，価値共創マーケティング研究の到達点と課題」日本マーケティング学会マーケティングカンファレンス2019リサプロセッション報告PPT資料。

村松潤一（2020）「サービス社会とは何か」村松潤一・山口隆久編著『サービス社会のマネジメント』同文舘出版。

第2章

消費者意識の変化と
情報通信技術の進展

第1節　はじめに

　マーケティングの理論的な視点は，社会と市場に現実的かつ実践的な影響を及ぼす。大切なことは，理論的視点が示唆する含意であり，関連する社会的課題の焦点化の方が重要になる。この社会的課題に目を向けたとき，近年の情報通信技術（ICT）[1]の進展は目を見張るものがある。ICTの進化は市場を変化させ，同時に顧客の力と役割は将来さらに大きくなるという見通しがある（Lemon and Verhoef, 2016）。そうであればこそ，顧客との関係を対象とするマーケティング研究は，変化に応じた思考を確立しなければならない。こうした局面においては，顧客が何を根拠に企業が提示した価値を受け入れるのかが重要になる。

　こうしてマーケティング研究の関心はいかに価値創造するかではなく，いかに価値を促進し続けるかに転換していくが，その背景にサブスクリプション・モデルなどの台頭がある。そこで本章では消費行動の変化に注目しながら，あらゆる企業活動がサービス化する必要を確認し，必要となる思考の転換にも言及する。

第2節　所有から利用へ

（1）消費支出の変化

　ICTの発展が所有から利用のトレンドを牽引しているのは，家計調査データからもみてとれる。図表2-1によれば，消費支出は2000年以降伸び悩み，2023年は2020年より増加しているものの，2000年には及ばない。そうした中で通信

17

の支出は増える一方で，2023年はやや減らしたものの，2020年における消費支出に占める割合は4.85％に伸ばしている。さらにその内実は，デジタルコンテンツへの支出の増加にある。

図表2-2からは，全世代において電子書籍やダウンロード版の音楽・映像，アプリなどの消費が増加していることが確認でき，これはサブスクリプション・モデルのサービスが増加していることを明確にしている。これらはオンライン

図表2-1　家計調査（家計支出編，二人以上の世帯）にみる消費支出と通信

	2000年	2005年	2010年	2015年	2020年	2023年
消費支出	3,807,937	3,606,377	3,482,930	3,448,482	3,335,114	3,527,961
指数	100	95	91	91	88	93
通信	114,393	136,519	144,157	153,433	161,781	146,376
指数	100	119	126	134	141	128
割合	3.00%	3.75%	4.14%	4.45%	4.85%	4.15%

出所：総務省統計局より筆者作成。

図表2-2　デジタルコンテンツへの1世帯当たりの支出金額（二人以上の世帯）

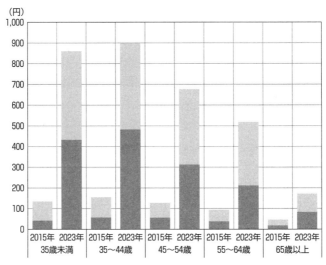

出所：総務省統計局。

消費者意識の変化と情報通信技術の進展　**第2章**

での消費が増えていること，そして，継続してサービス利用するのが一般化していることを象徴している。

（2）ICTの進化

　こうしたICTの進化は，日本では1990年代以降に急速な進展を遂げたとみるべきである。いわゆる情報化が進展したのはこの時期からで，インターネットの普及により，大量の情報が瞬時に入手できる環境が整備された。携帯電話が今や生活に欠かせない通信手段になるなど，情報化や産業社会のみならず，家庭や個人のライフスタイルにも大きな変化をもたらした。インターネット上に新しいビジネスが登場し，電子商取引の進展がみられた。Amazonの日本語サイトがオープンしたのは2000年11月である。インターネットはネットワークとして開放されていることもあり，さまざまな形での新規参入が可能となり，多くのICTサービスが誕生するようになった。

　さらに2020年には5Gの商用サービスが日本国内で始まり，大容量のデータ送信が可能になると，ますます新しい商用サービスが開発され利活用されることが期待されている。すでに現在ですら膨大な数の機器やシステムがネットワークによってつながっており，オンライン・プラットフォームに接続されている。ネットワークに接続されている機器の稼働状況などは随時更新され，遠隔でモニタリングしたり制御したりすることができる。Social Networking Service（SNS）でのコミュニケーションにおいても動画コンテンツの利用が当たり前となり，今や多くの人々がSNSのアカウントを持ち，自らの日常や趣味，関心を発信することが当たり前となっている。要するに，ICTの進展は従来の顧客像を転換し得る大きな要因となっている。オンライン上で欲しい商品を買うこともあるが，提供されるサービスを継続的に利用する機会も増えている。

　このようなICTの進化は今日において珍しいものではないが，近年の急速な変化のトレンドとして，サブスクリプション・モデルのサービスの増加が挙げられる。ますますサービスの利用が増大し，それとともに商品（有形財）の利用すら，所有を前提としない形が増加する点に特徴がある。

19

第Ⅰ部 理論編

（3）新しいサブスクリプション・モデルの台頭

　近年の特徴として，図表2-2にあるサブスクリプション・モデルの広まりが，サービス利用の存在感を高めている。もともとサブスクリプションとは定期購入や（クラブなどの）会費といった意味であった。新聞，雑誌，牛乳などのように定期購入や定期配達のビジネスとして，すでにサブスクリプション・モデルは違和感なく日々の生活に浸透している。一方で，2010年ごろからeコマース企業の提案にサブスクリプション・モデルがみられるようになった。

　これは，eコマース関連の新興企業が定期購入取引によって在庫リスクを低くしたいという目的で，相次いでサブスクリプション・モデルを採用したからである。さらにその後，クラウド・コンピューティングが普及すると，Software as a Service（SaaS）が台頭し新たなビジネスが相次いで登場した。この背景には，ICT関連技術の目覚ましい進歩がある。ディープラーニング，マシンラーニング等のAI技術の発展や5Gの進展がデジタル・トランスフォーメーション（DX）[2]を推進することとなり，オンライン・プラットフォーム上であらゆる問題解決が可能になることが具体化していったからである。

　このSaaSの多くは，サービス提供においてサブスクリプション・モデルを前提とする。顧客はソフトウェアを購入するのではなく，ソフトウェア・ベンダ（サービス・プロバイダ）側でソフトウェアを稼働させて，顧客はソフトウェアの機能のみをサービスとしてネットワーク経由で利用する。このSaaSのビジネスは，不特定多数の顧客がいつでもどこからでも必要なだけサービスを利用できる契約のビジネスであり，SaaS企業各社は相次いで提供するサービスとそれに適合した課金方式を採用する。

　これこそ近年注目されている，サブスクリプション・モデルである。SaaSを利用する顧客は，継続してサービスを利活用することで諸問題に対処する。いわば，顧客の日常で機能するサービスがSaaSの特徴であり，それはオンライン上でのコンテンツ配信サービスにおいても同様である。こうした業態にとって主な関心事は，提供するサービスの最適化やサービス利用自体が合理的，効率的であるかにある。それは，従来のサブスクリプション・モデルと同様な側面もありながら，従来のモデルの枠に留まらない提案を踏まえて側面を持つ。

20

消費者意識の変化と情報通信技術の進展　**第2章**

図表2-3　サブスクリプション・モデルの違い

	伝統的サブスクリプション・モデル（定期購入取引モデル）	新しいサブスクリプション・モデル（期限付きサービス利用モデル）
定　義	定期的な購読，購入，利用が契約されたフロー型ビジネスモデル	契約に基づく一定の期間内において，機能，品質，および価格が保障されたサービスを経常的に利用するストック型ビジネスモデル
ケース	Birchbox, Dollar Shave Club, 新聞や雑誌の定期購読，牛乳やダスキンの定期配達，置き薬ビジネス　など	・Netflix型 レンタルし放題サービス ・Hulu, HBOなど映像系の見放題 ・Amazon Prime, Costco型会員制サービス，または有料年会費クレジットカードのラウンジ無制限利用サービスなどの会員サービス ・Adobe Licence, RedHat, Microsoft 365などのソフトウェアライセンス，OneDriveやDropboxなどのデータベース・クラウドサービス ・フィットネスクラブやスポーツジム，食べ放題レストラン

出所：谷守（2017）105頁。

こうしたサブスクリプション・モデルの違いについて，谷守（2017）は2つのタイプに区別して示している（図表2-3）。

（4）新しいサブスクリプション・モデルが促すサービス化

　今日では珍しいことのないサブスクリプション・モデルだが，現在伝統的なサブスクリプション・モデルと類似する，商品（有形財）中心のBtoBの取引を前提とする企業ほど，サブスクリプション・モデルの実装に苦戦している。

　これは，コネクティビリティの向上によってあらゆる商品（有形財）がインターネットと接続されることが当たり前となり，多くの企業がネットワークに接続されたサービスを追加することで，新たなサービスを包含した提案へと進化させているからであり，多くの企業が商品（有形財）の販売という一時的な収益の獲得とは異なる，サブスクリプション・モデルによる継続的な収益獲得モデルへの移行を加速させているからである。ただし，BtoBの取引を前提とする企業にとって取引先との関係において何をサブスクリプション・モデルに

第Ⅰ部 理論編

反映するかが複雑で，共同プロセスを通じて統合されたリソースの線引きが曖昧であるために，オファリングの特定に苦慮し対応もさまざまとなり，結果的にサブスクリプション・モデルの実装に苦戦するという実態が生じている（Kowalkowski and Ulaga, 2024）。

　このことはすなわち，サブスクリプション・モデルがサービス利用の促進を優先する傾向を強め，企業はますますサービス中心の体制に移行する必要があることを示している（Raddats *et al.*, 2019）。特に近年は，デジタル技術の進展による高度で広範なサービス提供への移行が可能になっているがゆえに，エコシステムにおける主体が連携し，より良い成果への到達に重点が置かれている（Kohtamäki *et al.*, 2019; Sjödin *et al.*, 2020）。このように，新しいサブスクリプション・モデルの台頭は，製品を供給する製造業すらサービス化（servitization）が求められる状況を創り出しているといって過言ではない。

第3節　交換価値からの転換

　ところで，インターネットを介したさまざまなサービスは，利用しないと価値を認識できない。このとき価値とはどのようなもので，価値をどのように認識するのかが見通せなければ，サービス利用を意思決定できない。だからこそ，意思決定の根拠として幅広く活用されているのが口コミである。

（1）口コミにみる利用への関心の拡大

　消費者行動研究においては，Hirshman（1980）を筆頭に顧客（消費者・生活者・ユーザ）の能動性や積極性に注目する研究が続く。濱岡（2001）もまた，創造的な消費を行う主体をアクティブ・コンシューマとし，消費，創造，普及プロセス全般において他者とのコミュニケーションを通じて，情報の収集・交換，問題の発見，解決方法の発見，テストなどを行うことがあることに言及した。こうした研究は，当時の消費者行動研究において支配的だった刺激－反応モデル（Howard and Sheth, 1969）に合致しない，特殊なモデルとして注目されたのだが，今日のようにICTが進展し，SNSの利活用が当たり前の社会が到来すると，企

業も顧客もともに，コミュニティを通じた共感や支持の獲得が重要になる。一連の研究は決して特殊事例などではない。

　このことを裏付けるのが口コミ（word of mouth: WOM）研究の文脈である。Bayus（1985）はWOMが観光商品においては重要な変数であるだけでなく，WOMのコミュニケーションが観光顧客にとって有意義であることを実証している。Buttle（1998）も，顧客間（C to C）のWOMは管理できないものの，従業員や対象となる市場といったほかの文脈にも影響があることを明らかにしている。Matos *et al.*（2008）は，WOMに顧客コミットメントが強い影響を与えること，またWOMとロイヤルティの関連は弱く，むしろ満足度の方がロイヤルティよりもWOMに強い関連があることなどが確認できたことを示している。

　こうして次第にWOMの実態が明らかになるにつれ，WOMをバズと捉えマーケティングの対象にしようとする考えも生まれてくる。濱岡（2007）はWOMの主役である消費者側の情報受発信行動に着目し，バズの発生メカニズムを踏まえたバズ・マーケティングの展開を論じる。WOMはしばしばアンフェアなマーケティング（＝ステルス・マーケティング）にも用いられる危惧があるというものの，顧客が自身の率直な評価を伝えるのは説得力がある。

　これほどWOMが有力なマーケティング手法として注目されるのは，ひとえにWOMの影響力が大きいからであるが，それは企業からの情報に不満を感じる消費者心理が少なからず反映されることになる。とはいえ顧客にとって，製品やサービスの消費，利用体験を企業側の情報から得られるとは想定できない。まさに利用価値（value-in-use）の一端が（ex: Normann and Ramirez, 1993），WOMに示されるといえる。もとより，Haywood（1989, p.56）の「サービスを購入する場合，消費者のリスク意識は製品を購入する場合よりも強い。なぜならサービスを評価するのは難しく，それを実際に経験した人の情報が強い影響を与えるからである」にあるように，企業の提案がサービスとなれば利用した実感が大切になり，4Psを中心としたマーケティングと同じ手法で訴求することに限界がある。

　つまり，顧客が知りたい欲求はWOMによって顕在化するといえ，企業も顧客もともにWOMの影響力を利用しようとする。ここにインターネットの普及

| 第Ⅰ部 | 理論編 |

も相まって，ますます顧客の主体性は表現しやすいように社会構造が変化しているとみるべきであり，WOMの影響力の増大はこれを象徴している。SNSの利活用を通じて消費や利用の体験が共有できる前提が一般化することもあって，WOMの活用はさまざまなサービス利用を円滑化する力を持つに至ったといえる。こうして顧客による積極的なサービス利用が当たり前のこととなり，そうした社会が構築されてきたとみることができるのである。

　以上を踏まえれば，WOMを従来の交換価値に基づくマーケティング理論で捉えたのでは，顧客にとっての価値に即した企業活動の探求が不足する。むしろ，それは利用価値の一端なのだから，利用価値あるいは消費や利用の文脈に基づくマーケティングのアプローチが次々に示されるべきだといえる。

（2）対顧客関係の変化

　今日では，サブスクリプション・モデルが顧客との長期の関係に基づくサービス提供を前提に成立している。

　これはSaaSの躍進とともに一般化しつつあり，そこでの企業は顧客との長期的な関係による安定した収益の確保をねらいとする。それとともに，顧客が期待するのはサービスの充実や拡充である。とりわけ，顧客にとっての価値の認識は極めて重要になり，継続的な顧客との関係を前提とする局面において，企業による価値提案は根本的な変化を遂げようとしている。それは，購買時に確認できる交換価値とは異なるもので，企業はサービス利用後に気づく顧客によって実現する価値（利用価値：value-in-use）を理解し伝える力が必要である（Anderson and Narus, 1998）。顧客もまたそうした提案を通じてサービス利用することが当たり前の時代を迎えていることを物語っている。より具体的には，企業が用意した製品やサービスが売れることよりも，サービス利用を通じて顧客の問題が解決すること，あるいは解決の幅が広がること，さらには，顧客のあらゆる日常がサービス利用によって向上することが重要であり，それは交換価値が前提では捉えきれない。そうした前提がICTの進展によって現実味を帯びるようになったのである。サブスクリプション・モデルの普及や浸透は，これを象徴している。

消費者意識の変化と情報通信技術の進展　**第2章**

　なお，顧客はさまざまなWOMを用いて，あるいはWOMを発信しながらサービスを利用する。継続したサービス利用の中にWOMがあることは間違いなく，そこにインフルエンサーが重要な役割を担っていることは明らかなほか（Veirman *et al.*, 2017; Lou and Yuan, 2019），企業はWOMを顧客理解の契機にしたり，あるいは顧客経験を共有する場として有効性を高めようとする動きがみられる[(3)]。企業のほか顧客にとって，WOMの活用がさまざまなサービス利用を円滑化することもまた，当然のように位置づけられているのである。

　少なくともICTの進展と無関係になり得ない消費行動は，その目的が所有ではなく利用へと移行している。それは取引の形だけでなく，独自の情報を持った顧客がサービス利用を選択して行動することが根拠となる。当然のように，売り手と買い手といった主体間の関係は，顧客にとっての価値に即したインタラクションを豊富化させていくことが求められるといえ，マーケティング研究もまた新たな視座に基づく検討が求められているのである。このときWOMにその手掛かりがあり，WOMが利用価値の一端であるといっても，そこから消費の文脈を鮮やかに説明し，インタラクションの機会を創出して価値共創マーケティングに結びつけるといった視点が，現段階においては不足しているといわざるを得ない。ここに，新たなマーケティング研究の必要性を確認できるといえ，価値共創マーケティングの貢献が期待されるのである。

第 **4** 節　おわりに

　本章では，ICTの進展に伴う消費・利用の変化について検討した。ICTの進展があり，オンラインのプラットフォームが生まれると，それを活用したSaaSが躍進する。これは，あらゆる企業がサービス化する契機となる。サービス化というトレンドは，顧客にとっての価値を尊重する転機であり，それは顧客が制御不能であるがゆえに，企業に価値提案の進化を求める傾向を強めることになる。まさにマーケティング研究は，そうした変化に応じた思考を確立しなければならない。まさに，冒頭で述べた社会と市場に現実的かつ実践的な影響を及ぼすマーケティングの理論的な視点が必要である。

25

第Ⅰ部 理論編

　また，WOMに象徴される顧客の声は，もはや大きな影響力をもつものとなる。サービス利用が当たり前の時代に突入すると，WOMは顧客にとっての価値を象徴するものとして，企業は十分にインタラクションに組み込んだ価値の促進が行われなければならない。これは，商品（有形財）の販売が主な関心事であったマーケティング研究の関心が転換する十分な理由になる。それまで副次的な側面に留まっていたサービスへの関心は，顧客にとっての価値や関係性を検討するうえで，改めて注目される局面を迎えている。

　いよいよ企業は，顧客がより主体的に利便性や合理性を判断することを捉えた取組みが求められるようになり，それはこれまでの支配的，権威的なマーケティング観から生まれることのない，新たな性格を有しているといえる。ここに，顧客との安定した関係を確立してさまざま消費の経験を豊かにするといった価値共創マーケティングの視点は不可欠であり，消費経験の洞察に基づく文脈の豊富化や最適な価値促進を確立することが，ますます求められている。

注

(1) ICTはInformation and Communication Technologyの略称である。日本語では情報通信技術と訳される。われわれは，普段の日常でスマートフォンを活用し，他者とのコミュニケーションや外出先での書類作成と送付などで，気軽にICTを使っている。ICTは，デジタル化された情報の通信技術のことであり，インターネットなどを経由して人と人とをつなぐ役割を果たしている。この時期以降，日本政府をはじめ，国際的にも「ICT」と表現することが多くなった。

(2) デジタル・トランスフォーメーションとは，ICTの浸透が人々の生活をあらゆる面でより良い方向に変化させることを指す。情報通信白書（2021）はより具体的なものとして，「企業が外部エコシステム（顧客，市場）の劇的な変化に対応しつつ，内部エコシステム（組織，文化，従業員）の変革を牽引しながら，第3のプラットフォーム（クラウド，モビリティ，ビッグデータ/アナリティクス，ソーシャル技術）を利用して，新しい製品やサービス，新しいビジネスモデルを通して，ネットとリアルの両面での顧客エクスペリエンスの変革を図ることで価値を創出し，競争上の優位性を確立すること」と定義している。

(3) 日本マーケティング学会第11回マーケティングカンファレンスにおけるリサーチ・プロジェクトセッションでは（2022年10月16日（日）於：法政大学），ユーザ・コミュニティ・ビジネスを代表する㈱コミューンの執行役員CMO 杉山信弘氏が価値共

創型マーケティング研究会に登壇した。そこでは，ユーザ・コミュニティの形成が消費や利用の文脈を読み解く重要な方法になることを含めた，コミュニティ・ビジネスの特徴や成果が紹介され，多くのアカデミアの関心を集めた。

参考文献

Anderson, J.C. and J.A. Narus (1998) "Business Marketing: Understand What Customers Value," *Harvard Business Review*, 76(6), pp.53-65.

Bayus, B.L. (1985) "Word of Mouth: The Indirect Effects of Marketing Efforts," *Journal of Advertising Research*, 25, pp.31-39.

Buttle, F.A. (1998) "Word of Mouth: Understanding and Managing Referral Marketing," *Journal of Strategic Marketing*, 6, pp.241-254.

Haywood, K.M. (1989) "Managing Word of Mouth Communications," *Journal of Services Marketing*, 3(2), pp.55-67.

Hirschman, E.C. (1980) "Innovativeness, Novelty Seeking and Consumer Creativity," *Journal of Consumer Research*, 7(3), pp.283-395.

Howard, J. and J.N. Sheth (1969) *The Theory of Buyer Behavior*, Wiley and Sons. Ltd.

Kohtamäki, M., V. Parida, P. Oghazi, H. Gebauer and T. Baines (2019) "Digital Servitization Business Models in Ecosystems: A Theory of the Firm," *Journal of Business Research*, 104, pp.380-392.

Kowalkowski, C. and W. Ulaga (2024) "Subscription Offers in Business-to-business Markets: Conceptualization, Taxonomy, and Framework for Growth," *Industrial Marketing Management*, 117, pp.440-456.

Lemon, K.N. and P.C. Verhoef (2016) "Understanding Customer Experience Throughout the Customer Journey," *Journal of Marketing*, 80(6), pp.69-96.

Lou, C. and S. Yuan (2019) "Influencer Marketing: How Message Value and Credibility Affect Consumer Trust of Branded Content on Social Media," *Journal of Interactive Advertising*, 19(1), pp.58-73.

Matos, C.A., C. Alberto and V. Rossi (2008) "Word of Mouth Communications in Marketing: A Meta Analytic Review of the Antecedents and Moderators," *Journal of the Academy of Marketing Science*, 36, pp.578-596.

Normann, R. and R. Ramirez (1993) "From Value Chain to Value Constellation: Designing Interactive strategy," *Harvard Business Review*, 71(4), pp.65-77.

Raddats, C., C. Kowalkowski, O. Benedettini, J. Burton and H. Gebauer (2019) "Servitization: A Contemporary Thematic Review of Four Major Research Streams," *Industrial Marketing Management*, 83, pp.207-223.

Sjödin, D., V. Parida, M. Kohtamäki and J. Wincent (2020) "An Agile Co-creation Process for Digital Servitization: A Micro-service Innovation Approach," *Journal of Business Research*, 112, pp.478-491.

Veirman, M.D., V. Cauberghe and L. Hudders (2017) "Marketing Through Instagram Influencers: The Impact of Number of Followers and Product Divergence on Brand Attitude," *International Journal of Advertising*, 36(5), pp.798-828.

総務省統計局「家計調査」。

総務省（2021）『情報通信白書』。

谷守正行（2017）「サブスクリプションモデルの管理会計研究」『専修商学論集』（専修大学）105, 99-113頁。

濱岡豊（2001）「アクティブ・コンシューマ―想像しコミュニケートする能動的な消費者モデルの開発に向けて」未来市場開拓プロジェクト・ワーキングペーパー（東京大学経済学部）。

濱岡豊（2007）「バズ・マーケティングの展開」『AD STUDIES』20, 5-10頁。

第3章

サービス・ドミナント・ロジックとマーケティング研究

第1節　はじめに

　2000年代初頭にサービス中心のロジックが提唱されてから，その中核概念である価値共創に対する関心は急激に高まった。現在でも，それらのロジックや価値共創は，マーケティング研究だけでなく実務においても重要なテーマの1つとなっている。特にS-Dロジックは，マーケティング研究に対しインパクトを与え続けていると考えられる。

　S-Dロジックに関する研究は，市場あるいは交換の一般理論の開発を目標にS-Dロジックの精緻化（例：基本的前提の修正）に取り組む研究と，他の研究にS-Dロジックの枠組みを活用するといったS-Dロジックを適用する研究（例：Jaakkola and Alexander, 2014）に分けられる。S-Dロジックは，ブランドやマーケティング・コミュニケーションといったマーケティングの下位分野だけでなく，イノベーションやツーリズム領域など分野横断的に普及している（Vargo and Lusch, 2017）。

　VargoとLuschは，他の研究者からのS-Dロジックに対する意見や批判の声に応える形で，基本的前提（FP）や語彙の追加・修正・整理を行い，S-Dロジックを洗練させ普及させようとしてきた。なぜなら，S-Dロジックで使用される用語は独特なものであるため，同ロジックが示す枠組みや概念を理解することが困難であったり誤解されたりする場合があったからである。また，S-Dロジックは，初期のミクロレベルに焦点を当てた経営管理的志向からズーミング・アウトし，ネットワーク志向へと移行するなど進化しており（Vargo and Lusch, 2017），これまでのS-Dロジックに関する研究について整理しておくことは，マ

29

第Ⅰ部 理論編

ーケティング研究者にとって重要であると思われる。

　そこで，本章では，S-Dロジックの枠組みや独自の基本的概念について整理し，現在のS-Dロジック研究の研究焦点を明確化したうえで，S-Dロジックがマーケティング研究に与える示唆について考察することを目的とする。

第2節 S-Dロジックの発展と S-Dロジックを支える基本概念

　本節では，最初にS-Dロジックの発展過程を簡単に確認していく。2004年から2014年までのVargoとLuschによる基本的前提の修正および追加の取組みについて整理することを通じ，S-Dロジックの基盤となる主要な概念を抽出した後に，それらの概念について詳述する。

（1）S-Dロジックの発展過程

　S-Dロジックは，Vargo and Lusch（2004）が*Journal of Marketing*誌に発表した "Evolving to a new dominant logic for marketing"という論文において提唱された。この論文が，マーケティング分野のジャーナルに掲載されていることやタイトルからもわかるように，その焦点は，相対的にミクロ・レベル（企業と顧客）であり経営管理的なものであった。それは，S-Dロジックの基盤となる初期の基本的前提で「共同生産」，「顧客志向」，「競争優位」といったマネジリアルな用語が使われていた点からも明らかである（図表3-1）。

　当初のS-Dロジックの枠組みの中核をなすのは以下の２つであり，単純なものであった。まず，第１に，マーケティング活動や経済活動全般をグッズとグッズの交換あるいはグッズと貨幣の交換という観点ではなく，サービスとサービスの交換という観点から理解する点である（サービスについては後述する）。第２に，価値は１人のアクターによって創造され伝達されるものではなく共創されるものという点である（Lusch and Vargo, 2014）。

30

サービス・ドミナント・ロジックとマーケティング研究 **第3章**

図表3-1 基本的前提（FP）の発展

FP	2004年	2008年	2016年
FP 1	専門化されたスキルと知識の適用が交換の基本的単位である	サービスが交換の基本的基盤である	変更なし（公理1）
FP 2	間接的交換は交換の基本的単位を見えなくしてしまう	間接的交換は交換の基本的基盤を見えなくしてしまう	変更なし
FP 3	グッズはサービス提供のための伝達手段である	変更なし	変更なし
FP 4	知識が，競争優位の基本的源泉である	オペラント資源が，競争優位の基本的源泉である	オペラント資源が戦略的ベネフィットの基本的源泉である
FP 5	すべての経済がサービス経済である	変更なし	変更なし
FP 6	顧客は常に共同生産者である	顧客は常に価値の共創者である	価値は受益者を含む複数のアクターたちによって常に共創される（公理2）
FP 7	企業は，価値提案を策定することしかできない	企業は価値を提供することができず，価値提案を提示することしかできない	アクターは価値を提供することができず，価値提案の創造と提案に参加することしかできない
FP 8	サービス中心の考え方は，顧客志向であり，かつ関係的である	サービス中心の考え方は，元来，顧客志向であり，かつ関係的である	サービス中心の考え方は，元来，受益者志向的であり，かつ関係的である
FP 9		すべての社会的および経済的アクターが資源統合者である	変更なし（公理3）
FP10		価値は常に受益者によって独自にかつ現象学的に判断される	変更なし（公理4）
FP11			価値創造はアクターが創造した制度や制度配列を通じて調整される（公理5）

出所：Vargo and Lusch (2016).

　VargoとLuschは，単純で超越的な市場およびマーケティングに対する見方すなわちマインドセット（またはレンズ）を提供することを目指して，S-Dロジック（特に基本的前提）を更新し続けてきた。したがって，基本的前提の変遷を確認することにより，S-Dロジックにおいて特に重要な概念を抽出することができると思われる。

第Ⅰ部 理論編

　図表3-1は，S-Dロジックの基本的前提の修正・変更の過程を示したもので
ある。すでに述べたように，2004年に提示された基本的前提では，経営管理的
側面が志向されていたが，市場の一般理論あるいは価値共創の一般理論を目指
し，基本的前提の追加・修正・整理が行われてきた。例えば，2008年に，FP1
は「専門化されたスキルと知識の適用が交換の基本的単位である」から「サー
ビスが交換の基本的基盤である」へ修正されている。さらに，このFP1は他の
FP（具体的にはFP2～FP5）のプラットフォームとなる公理1に位置づけられた
（Lusch and Vargo, 2014）。このことからも，「サービス」は中心的概念の1つで
あることがわかるであろう。

　また，FP6も継続的に修正が加えられている基本的前提である（最終的に公理
2へアップデートされている）。 2004年の「顧客は常に共同生産者である」の中
の共同生産という表現は，企業のオファリングの設計や創造に顧客が能動的に
参加することと同一視され混乱を生じさせてしまった。Vargo and Lucsh（2016）
で述べられているように，そのFP6で彼らが示したかったのは，受益者は常に
彼ら自身の価値創造の当事者であることであった。そこで，この「価値の共創
は選択的なものではない」点を明確に伝えるために，FP6は「顧客は常に価値
の共創者である」（Vargo and Lusch, 2008）へ修正され，さらに，価値は市場を
通じてさまざまなアクターたちから提供された資源が統合されて創造されるこ
とを表す「価値は受益者を含む複数のアクターたちによって常に共創される」
（Vargo and Lusch, 2016）へ修正されている。これらのことから，価値共創も重
要な概念であるといえる。

　最後に注目するのは，FP10「価値は常に受益者によって独自にかつ現象学
的に判断される」である。この基本的前提は，Vargo and Lusch（2008）で追
加され，後に公理4に位置づけられた。これは，価値は顧客を取り巻く文脈の
中で顧客が主観的に認識するものというS-Dロジックの価値や価値判断の捉え
方を明示したものである。基本的前提として示される前にも，S-Dロジックの
議論において，焦点アクター（例えば，顧客）が知覚する価値が文脈に影響を
受ける点は暗示されていたが，それを明確化したことからもS-Dロジックにと
って価値（または文脈価値）概念は重要なものと判断できる。

サービス・ドミナント・ロジックとマーケティング研究　**第3章**

（2）S-Dロジックの基本概念

　以下では，前項において抽出されたS-Dロジックの基本的な概念（サービス，価値共創，価値）について詳述する。

①サービス

　VargoとLuschは，論文や書籍の中で，単数形の「サービス」と複数形の「サービシィーズ」の区別について繰り返し説明している。S-Dロジックでは，サービスは，交換の「単位」ではなく交換を支える「基盤」として理解されなければならない（Vargo and Lusch, 2016）。

　サービスとは，「他のアクターあるいは自身のベネフィットのために資源を適用すること」と定義される（Lusch and Vargo, 2014; Vargo and Lusch, 2017）。つまり，サービスは，自身が保有している資源を使用するというプロセスであり，S-Dロジックにおいてはアウトプットとして表現されるグッズとサービシィーズの上位概念として描かれる。したがって，S-Dロジックの枠組みでは，直接的（対人の相互作用）または間接的（グッズ）のいずれか（あるいは同時並行的に）を通じて，サービスが提供されると捉える。

　また，資源は，天然資源のような静態的な性質を有するオペランド資源と，知識やスキルのような他の資源に作用を及ぼす動態的な性質を持つオペラント資源に分けられるが，S-Dロジックで重視されるのは，オペランド資源よりもベネフィット創造に重要な役割を担うオペラント資源である。

②価値共創

　すでに述べたように，S-Dロジックは，サービス交換という観点から価値共創についての統合的な思考の枠組みを提示している（Vargo and Lusch, 2017）。したがって，価値共創は，S-Dロジックの核となる概念であり，多くの研究者たちの関心を集めた。しかし，これまでにも「価値創造」，「共創」，「共同生産」といった用語は概念化されており，それらを別々の形で，時には互換的に使用してきたことから，S-Dロジックの価値共創概念について混乱が生じている（McColl-Kennedy and Cheung, 2019）。例えば，Grönroos and Voima（2013）は，

33

価値共創を企業と顧客のダイアディックな直接的相互作用に限定する（Grönroos and Gummerus, 2014）。したがって，価値は限られた場面でのみ共創される。また，企業のオファリングのデザインや開発に顧客が参加することを価値共創と理解する研究者や実務家も多い。

　しかし，S-Dロジックの価値共創は，上記の捉え方とは異なる。S-Dロジックでは，市場のアクター（例：企業）や焦点顧客と関連する社会的アクター（例：家族や友人），パブリックサービスを提供する公的アクター（例：国や地方公共団体）などの複数のアクターたちから提供される資源が交換され統合されることを共創という表現を用いて表している（Vargo and Lusch, 2016）。したがって，S-Dロジックのパースペクティブからみれば，価値は，焦点アクター単独で創造するのではなく，市場や社会システムにおいて常に共創されるのである。

③価値

　FP10（価値は常に受益者によって独自にかつ現象学的に判断される）で強調されるのは，そのプロセスから生じる結果いわゆる焦点アクター（例：顧客）が知覚する価値の性質である。FP10にしたがえば，文脈価値は，独特で状況依存的で主観的なものである。Vargo et al. (2017) は，サービスエコシステムの観点から文脈価値の4つの特性を示した。

　1つ目の特性は，価値の現象学的性質である。文脈価値は，さまざまなアクターたちにより経験的に個別に知覚される。例えば，移動の利便性を求める顧客は，ライドシェアの普及によりポジティブな価値を認識するが，タクシードライバーやタクシー業界の企業にとってはネガティブなものとなる（Vargo et al., 2017）。2つ目は，すでに指摘した通り，文脈価値は，企業や顧客，サプライヤーを含む多様なアクターにより常に共創される点である。3つ目の特性は，多次元的性質である。文脈価値は，個人的，社会的，技術的，文化的側面を有する。先のライドシェアの例を用いれば，ライドシェアの価値は，ライドシェアに対する個人のニーズやウォンツだけでなく，社会的規範，技術的能力（モバイル技術の有用性や操作性），文化的受容（地域が有しているライドシェアに対する考え方や価値観）といった複数の次元から捉えられる。4つ目の特性は，創発

性である。価値は，アクターを取り巻く環境に存在する制度やシステムの影響を受けながら，絶えず創造される。Vargo *et al.*（2017）は，ライドシェアの価値は，ライドシェアに関連する社会システムと，その受益者である顧客との関係（例：顧客の移動のニーズ，制度的インフラへのアクセスのしやすさ）に依存し創発的に形成されると主張する。

第3節　S-Dロジックに関する研究の展開

S-Dロジックの研究は，S-Dロジックの開発に関する研究とS-Dロジックを適用する研究の2つに分けることができる。前者は，S-Dロジックで使用される用語の整理や基本的前提の追加・修正，他の学問分野からの理論援用による精緻化など，S-Dロジックの理論化を目指す研究である。後者は，S-Dロジックの枠組みや考え方をさまざまな研究分野に応用する研究である。以下では，各研究の具体的取組みについて概観する。

（1）S-Dロジック開発に関する研究

S-Dロジックの開発は，VargoとLuschおよび彼らの研究協力者たちにより推進されている。基本的前提の修正や整理だけでなく，近年増えているのは，サービス・エコシステムと制度概念についての議論である。

すでに述べたように，S-Dロジックは，ダイアディック志向からネットワーク志向へ移行している。なぜなら，Vargoらは，ダイアディックなインタラクションは，それ自体が孤立的な状態の中で生じるのではなく，複数のアクターからなるネットワークの中で生じると考えたからである。さらに，Vargo and Lusch（2017）は，価値共創プロセスを理解するためには，単にネットワーク（構造）を理解するだけでは不十分であると指摘する。そこで，彼らは，各アクターたちによる資源統合によってネットワーク自体あるいはネットワークの性質が変化すると述べ，そのような多数のアクターたちから構成され動態的で自己調整的なシステムをサービス・エコシステムと呼び，S-Dロジックの枠組みに導入することで，明示的に価値共創のネットワーク的およびシステム的な性質

を示した。

　このサービス・エコシステムと密接に関係するのが，制度概念である。Vargo and Lusch（2016）は，制度や複数の制度の集合体となる制度配列は，アクターたちの行動を可能にしたり制約したりし，社会生活を予測可能で有意義なものにするために人間が考案した規則や規範，信念であり，サービス・エコシステムを機能させる重要な役割を担っていると指摘する。そこで，社会学や制度理論を援用し，S-Dロジックを支える5番目の公理（および基本的前提11）「価値創造はアクターが創造した制度や制度配列を通じて調整される」を新たに追加した。Vargo and Lusch（2017）は，制度および制度配列をS-Dロジックの枠組みに加えることで，市場交換や社会的交換を超越したあらゆる交換にS-Dロジックが適用できるようになると主張する。

　そして，これまでのS-Dロジック開発に関する研究の成果として，価値共創を中心とした5つの要素からなるS-Dロジックのナラティブとプロセスが示された（図表3-2）。このナラティブとプロセスでは，「アクターたちは，入れ子状に重なり合ったサービス・エコシステムにおいて内生的に生成された制度と制度配列によって調整される資源統合とサービス交換を通じて価値を共創する」

図表3-2　S-Dロジックのナラティブとプロセス

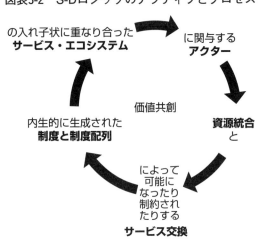

出所：Vargo and Lusch（2016）．

といった因果関係が示される。

（2）S-Dロジックを適用する研究

　S-Dロジックの枠組みや考え方をマーケティングの下位分野や他の学問分野に応用しようとする研究が増えている。例えば，顧客経験や顧客エンゲージメント研究では，多様なアクターによる共創といったS-Dロジックの枠組みを援用し，社会的相互作用に注目したり（Jaakkola and Alexander, 2014），顧客主導型の経験共有という新たな概念について議論したりしている（Chen et al., 2018）。また，Rather et al.（2022）は，ツーリズムの文脈で，S-Dロジックに基づく顧客経験価値と価値共創と観光客の再訪意向との関係について実証的に検討する。これらの研究の多くは，S-DロジックのFP6やFP9を参考にしていると考えられるであろう。

　また，S-Dロジックでは，価値は常に受益者によって独自にかつ現象学的に判断される（公理4/FP10）。この考え方は，マーケティングにおける価値創造プロセスの範囲を拡張し，購買を超えた消費や使用段階に着目することを示唆する。そこで，顧客エンゲージメントの研究者たちは，顧客エンゲージメントを，顧客と企業やブランドとの特定のインタラクションにおいて現れる状況依存的な顧客の状態（Brodie et al., 2011）であり，顧客の購買を超えて行われる行動（van Doorn et al., 2010）であると理解する。これは，既存のマーケティング研究において主流であった顧客を管理しようとする考え方とは大きく異なるものといえよう。他にも既存の顧客経験研究は，個人の経験のみにしか焦点を当てていないという問題意識に基づき，Becker et al.（2023）は，集団レベル（家族，事業部門，社会全体等）の経験いわゆるアクター経験概念を提示し，集合的経験がどのように形成されるのかについて議論する。さらに，彼女たちは，アクター間の社会的相互作用や制度的要因が，アクターの知覚価値に与える点を指摘する。

　このアクター経験の枠組みは，サービス・エコシステム概念や制度概念を参考にしたものである。このようにS-Dロジックにネットワーク志向が取り入れられ，より精緻化されていくにつれ，いろいろな研究分野において，S-Dロジ

第Ⅰ部 理論編

ックのエコシステムや制度の枠組みをベースとする研究が増加している。例え
ば，Alexander *et al.*（2018）は，S-Dロジックのサービス・エコシステム概念
を導入し，支配的なダイアディックの視点を超え，ミクロ，メソ，マクロおよ
びメタレベルといった複数の集約レベルの視点からアクターのエンゲージメン
ト行動を理解しようとする。ヘルスケアの文脈で，マルチレベルの価値共創へ
実証的にアプローチする研究では，患者と医療従事者（ミクロレベル），医療機
関ネットワーク（メソレベル），国全体の医療情報エコシステム（マクロレベル）
を分析し，リソースへのアクセスや共有および再結合，リソースのモニタリン
グ，ガバナンスや制度の創出といった各レベルにおいて価値共創に影響を与え
る要因が特定されている（Beirão *et al.*, 2017）。

　また，イノベーションに関する研究でも，制度化がイノベーションに果たす
役割を探求したVargo *et al.*（2015）は，伝統的な企業（または技術）中心のイノ
ベーションモデルではなく複数のアクターが参加しているというシステム的視
点からイノベーションについて検討する。彼らは，S-Dロジックを適用するこ
とによって，技術的側面（新たな価値提案の創出）と市場的側面（新たなソリュー
ションや価値提案の制度化および受容）からイノベーションの本質を捉えることが
可能となり，S-Dロジックの枠組みが既存のイノベーション研究に重要な示唆
を与えると指摘する。

第4節　S-Dロジックのマーケティング研究に対する貢献

　ここまで，S-Dロジックの基本的概念や，同ロジックをめぐる研究動向につ
いて簡単に整理してきた。S-Dロジックは，マーケティングに関する理論だけ
でなく，ネットワーク理論などの他の分野の枠組みや概念を統合しながら，同
時に他の学問分野にも影響を与え，現在も進化し続けている。S-Dロジックは，
資源を統合するアクターが，アクター自身によって構築された制度により調整
されるサービス・エコシステム内でサービス交換を通じて価値を共創するとい
う，市場あるいは価値共創についてのメタ理論的枠組みを提供する（Vargo and
Lusch, 2016）。この枠組みが，現在のS-Dロジック研究の到達点であるといえる

38

が，本節では，改めてS-Dロジックのマーケティング研究に対する貢献について議論していきたい。

S-Dロジックが多くの研究者からの関心を集める理由の1つとして，同ロジックが多様な分野（例：マーケティング，情報システム，経営学，ヘルスケア，デザイン，観光）に幅広く応用可能な点が挙げられる。具体的には，S-Dロジックは，マクロ（例：社会），メソ（例：市場），ミクロ（例：ダイアド取引）といった異なる集合レベルに適用でき，さらに，すべての理論レベル（メタ理論的，中範囲理論的，ミクロ理論的）に適用可能であることを意図して開発されている（Jaakkola *et al.*, 2024）。

その一方で，マーケティング研究や実務に対する示唆が乏しいという理由から，S-Dロジックを批判する研究者たちもいる（例：Grönroos and Gummerus, 2014）。Grönroos and Voima（2013）は，より多くの実務的示唆を得るためには，厳密に定義された概念やモデルが必要になると主張し，相互作用的視点から顧客の価値創造を捉える分析枠組み，いわゆるSロジックを提示する。彼らは，企業が顧客との対話的プロセス（直接的相互作用）に従事することのみを価値共創と定義し，グッズを提供することは価値促進と理解する。そうすることで企業のマーケティング行為について具体的に分析したり議論したりすることが可能になると主張する。

他にも，HeinonenらはS-DロジックやSロジックとは異なるC-Dロジックの開発を進めている（Heinonen *et al.*, 2010）。C-Dロジックは，個々の顧客が有する各個人特有の観点に焦点を当てる。その観点とは，どのように自身の生活を組織化したり，どの企業のどのオファリングを選択したりするのかに関する顧客ごとに異なる考え方（つまり顧客のロジック）である（Heinonen and Strandvik, 2020）。その顧客のロジックには，顧客独自の活動パターン（Mickelsson, 2013）や焦点顧客を中心とした顧客エコシステム（Heinonen and Strandvik, 2020）も含まれる。

しかし，ここでわれわれが注意しなければならないのは，各ロジックの対象である。S-Dロジックは市場や社会を理解するための理論的レンズあるいは基盤であり（Vargo and Lusch, 2017），その一方でSロジックおよびC-Dロジックは，

第Ⅰ部 理論編

マーケティングに対する経営管理的な分析枠組みや概念の構築を意図している。したがって，顧客（またはアクター）が認識する価値がどのように創造されるのかに注目する点では，3つのロジックのスタンスは共通しているが，SロジックおよびC-Dロジックは，あくまでも企業のマーケティングを捉える視点であることに留意する必要がある。それは，「Sロジックの導入は戦略的オプションである」（Grönroos and Gummerus, 2014）という指摘や，「C-Dロジックに基づけば，企業は顧客をどのようにビジネスに巻き込むかに焦点を当てるのではなく，顧客の生活世界にどのように関与できるかに関心を持つ必要がある」（Heinonen *et al.*, 2010）といった主張に現れている。

　つまり，理論の抽象度レベルの観点では，S-Dロジックが，市場や社会，その他の人間中心主義的なシステム（いわゆる価値共創）を理解するためのメタ理論的レンズ（McColl-Kennedy and Ceung, 2019）であるのとは対照的に，SロジックやC-Dロジックは，マーケティングの文脈で企業と顧客というダイアディックな関係を対象とする中範囲理論的なものであるという大きな違いが存在するのである。中範囲理論は，メタ理論よりも抽象度が低く，各文脈に特化した概念や説明を提供し，経験的研究の基礎を提供する。

　繰り返しになるが，S-Dロジックは，価値創造に対するメタ理論的なパースペクティブとして機能し，人間中心主義的なシステムを分析するための概念や測定可能な構成要素の開発へ情報を提供する（Jaakkola *et al.*, 2024）。例えば，Hartmann *et al.* (2018) は，S-Dロジックの制度概念やエコシステム概念を適用し，営業（selling）概念の再定義を試みる。このように，既存の枠組みや概念に新たな視点を提供できることが，マーケティング研究に対するS-Dロジックの最大の貢献点であると考えられるであろう。

　しかしながら，Vargoらも指摘しているように，今後は，各集合レベル（ミクロ・メソ・マクロ）におけるS-Dロジックベースの中範囲理論およびミクロ理論に関する研究が求められる（Vargo and Lusch, 2017）。それらの研究を推進することがGrönroosらの批判に対する答えとなるかもしれない。いずれにせよ，価値共創を理解するためには，エコシステム内に存在するさまざまなアクターたちに着目し，各個人（アクター）間の相互作用を分析することが不可欠である。

40

この点は，S-Dロジック，Sロジック，C-Dロジックに共通する重要な研究焦点
となる。

第5節　おわりに

　本章では，マーケティング研究に大きな影響を与えているS-Dロジックの基
本的枠組みや重要な概念について整理し，S-Dロジックに関する研究の焦点や
具体的内容について確認した。

　S-Dロジックは，サービスを中心に価値が創造される価値共創プロセスを捉
えるメタ理論的枠組みとして開発され発展している。そして，この枠組みは，
あらゆる集合レベル（ミクロ・メソ・マクロ）における多様なアクターたちのサ
ービス交換を理解することに有効であるため，マーケティングの下位分野およ
び他の研究領域に適用されている。しかし，抽象度が高いS-Dロジックから，
より具体的な経営管理的示唆を得ることは難しく，そのために，マーケティン
グの文脈に適した中範囲理論を開発したり，実証研究を進めたりするための研
究を推進することが今後の研究課題となる。

参考文献

Alexander, M.J., E. Jaakkola and L.D. Hollebeek（2018）"Zooming Out: Actor Engage-
　　ment Beyond the Dyadic," *Journal of Service Management*, 29(3), pp.333-351.

Becker, L., I.O. Karpen, M. Kleinaltenkamp, E. Jaakkola, A. Helkkula and M. Nuutinen
　　（2023）"Actor Experience: Bridging Individual and Collective-Level Theorizing,"
　　Journal of Business Research, 158, 113658.

Beirão, G., L. Patrício and R.P. Fisk（2017）"Value Cocreation in Service Ecosystems:
　　Investigating Health Care at the Micro, Meso, and Macro Levels," *Journal of Service
　　Management*, 28(2), pp.227-249.

Brodie, R.J., L.D. Hollebeek, B. Jurić and A. Ilić（2011）"Customer Engagement: Concep-
　　tual Domain, Fundamental Propositions, and Implications for Research," *Journal of
　　Service Research*, 14(3), pp.252-271.

Chen, T., J. Drennan, L. Andrews and L.D. Hollebeek（2018）"User Experience Sharing:
　　Understanding Customer Initiation of Value Co-creation in Online Communities,"

European Journal of Marketing, 52(5/6), pp.1154-1184.

Grönroos, C. (2006) "Adopting a Service Logic for Marketing," *Marketing Theory*, 6(4), pp.317-333.

Grönroos, C. and J. Gummerus (2014) "The Service Revolution and Its Marketing Implications: Service Logic vs Service-Dominant Logic," *Managing Service Quality*, 24(3), pp.206-229.

Grönroos, C. and P. Voima (2013) "Critical Service Logic: Making Sense of Value Creation and Co-creation," *Journal of the Academy of Marketing Science*, 41(2), pp.133-150.

Hartmann, N.N., H. Wieland and S.L. Vargo (2018) "Converging on a New Theoretical Foundation for Selling," *Journal of Marketing*, 82(2), pp.1-18.

Heinonen, K. and T. Strandvik (2020) "Customer-Dominant Service Logic," in Bridges, E. and K. Fowler (eds.) *The Routledge Handbook of Service Research Insights and Ideas*. New York: Routage, pp.69-89.

Heinonen, K., T. Strandvik, K. Mickelsson, B. Edvardsson, E. Sundström and P. Andersson (2010) "A Customer–Dominant Logic of Service," *Journal of Service Management*, 21(4), 531-548.

Jaakkola, E. and M. Alexander (2014) "The Role of Customer Engagement Behavior in Value Co-creation: A Service System Perspective," *Journal of Service Research* 17(3), pp.247-261.

Jaakkola, E., V. Kaartemo, J. Siltaloppi and S.L. Vargo (2024) "Advancing Service-Dominant Logic With Systems Thinking," *Journal of Business Research*, 114592.

Lusch, R.F. and S.L. Vargo (2014) *Service-Dominant Logic: Premises, Perspectives, and Possibilities*, Cambridge University Press.

McColl-Kennedy, J. and L. Cheung (2019) "Value Cocreation: Conceptualizations, Origins, and Developments," in Vargo, S. L. and S. L. Lusch (eds.) *The SAGE Handbook of Service-Dominant Logic*. London: SAGE Publications, pp.62-79.

Mickelsson, K.J. (2013) "Customer Activity in Service," *Journal of Service Management*, 24(5), pp.1-20.

Rather, R.A., L.D. Hollebeek and S.M. Rasoolimanesh (2022) "First-time Versus Repeat Tourism Customer Engagement, Experience, and Value Cocreation: an Empirical Investigation," *Journal of Travel Research*, 61(3), pp.549-564.

Van Doorn, J., K.N. Lemon, V. Mittal, S. Nass, D. Pick, P. Pirner and P.C. Verhoef (2010) "Customer Engagement Behavior: Theoretical Foundations and Research Directions," *Journal of Service Research*, 13(3), pp.253-266.

Vargo, S.L. and R.F. Lusch (2004) "Evolving to a New Dominant Logic for Marketing,"

Journal of Marketing, 68(1), pp.1-17.

Vargo, S.L. and R.F. Lusch（2008）"Service-Dominant Logic: Continuing the Evolution," *Journal of the Academy of Marketing Science*, 36, pp.1-10.

Vargo, S.L. and R.F. Lusch（2016）"Institutions and Axioms: An Extension and Update of Service-Dominant Logic," *Journal of the Academy of Marketing Science*, 44(1), pp.5-23.

Vargo, S.L. and R.F. Lusch（2017）"Service-Dominant Logic 2025", *International Journal of Research in Marketing*, 34(1), pp.46-67.

Vargo, S.L., M.A. Akaka and C.M. Vaughan（2017）"Conceptualizing Value: A Service-Ecosystem View," *Journal of Creating Value*, 3(2), pp.117-124.

Vargo, S.L., H. Wieland and M.A. Akaka（2015）"Innovation Through Institutionalization: A Service Ecosystems Perspective," *Industrial Marketing Management*, 44, pp.63-72.

第4章

サービス・ロジックと価値共創研究

第1節　はじめに

　北欧学派のSロジックは，学術的および実務的な注目を集めている。その定義は，サービス・プロバイダーが顧客の価値創造を支援するプロセスを促進することにあり（Grönroos, 2006），従来のグッズ（Goods）中心のマーケティング理論から，サービス（Service）を中心とした新たな枠組みを提唱している。Sロジックは，顧客の価値創造をビジネスの基盤とし，価値を動的かつ文脈依存的に形成する点で，従来の「商品としての価値」の固定的な枠組みを超えた新しい理解をもたらした。

　顧客の価値創造とは，顧客が自身の経験やロジック，利用するリソースを通じて価値を引き出す能力を指す（Grönroos and Voima, 2013）。これに基づき，プロバイダーの役割は，オファリングを提供することから，顧客の経験や価値創造プロセスにどのように貢献するかにシフトする。このような視点は，サービス社会におけるプロバイダーと顧客の関係性を再定義し，新しいマーケティング理論の基盤を形成している。

　Sロジックは2006年の提唱以降，サービス・ドミナント・ロジック（Service-Dominant logic, 以下，S-Dロジック）との理論的差異を含め，価値創造や価値共創に関する議論を深化させてきた。また，理論的な枠組みの発展だけでなく，さまざまな文脈における経験的研究も進展している[1]。2020年代に入ると，Sロジックの提唱者であるGrönroosは，ロジック自体の議論から一歩進み，それを用いたマーケティング理論や研究のあり方に焦点を当てた理論的議論を展開している。本章を執筆する時点における最新の議論として，Grönroos（2024a）

45

第Ⅰ部 理論編

がSロジックの概念を基に,「マーケティングとは何か」「マーケティングが真に意味するものとは何か」という根源的な問いに挑み,マーケティング論そのものをリフォームする試みを行っている。

　本章では,上記の議論を含め,顧客の価値創造を支援するプロセス（サービス）をいかに促進するかという観点から,Sロジックに関する議論を整理する。そのうえで,Sロジックが価値共創ないし価値共創マーケティングへの接点としてどのように位置づけられるかを考察する。また,価値共創マーケティングの理論的基盤としてSロジックの限界を検討し,今後の研究課題についても議論を行う。

第 **2** 節　Sロジックと本日的到達点

（1）マーケティング論の再構築における新しい視点

　Sロジックは2006年に提唱されて以来,2010年代を通じて,S-Dロジックとの理論的差異を明確にする研究が展開されてきた。この間,北欧学派のサービス・マーケティングおよび関係性マーケティングの研究成果を基盤に,利用価値（value-in-use）,価値創造（value creation）,価値共創（value-co-creation）の概念が議論されてきた（Grönroos, 2008; 2011; Grönroos and Voima, 2013; Grönroos and Gummerus, 2014）。

　Sロジックの提唱者であるGrönroosがS-Dロジックに直接合流せず,独自の理論を提唱した背景には,北欧学派のサービス研究がマーケティングという学問分野に基盤を置いていることが挙げられる。また,マーケティングは学問的理論と実務的応用の両輪で支えられるべきであるという信念がその根底にある。この流れを受け,2020年代に入ると,Sロジックを基盤としたマーケティングの学問的アプローチに関する理論的研究が一層進展している。

　従来のマーケティング理論は,Gロジックに基づき構築されてきた。具体的には,プロバイダーが提供するグッズやサービスには自動的に意味もしくは価値が備わっていると前提され,マーケティングの成果は主に市場シェア,売上

高，顧客満足度といった定量的な指標で測定されてきた。しかし，このアプローチには限界がある。マーケティングそのものが何を達成すべきか，また顧客や利害関係者が価値をどのように体験するかといった根本的な議論が不足しているためである（Grönroos, 2006）。

　例えば，マーケティング活動は特定の構造に基づいて組織され，マーケティング担当者が需要の喚起やプロミスの形成に重点を置く一方向的なアプローチが主流だった。このような活動の基盤には，「価値のあるオファリングを交換すること」や「ニーズの充足」という前提が存在するものの，顧客や利害関係者への意義の追求が十分でなかった。また，マーケティングはグッズやサービスに対する限定的なコントロールしか持たないため，顧客の消費体験や購買行動に影響を与える他の要因への対応も十分ではない。この結果，マーケティングは需要の満足や供給側の管理に対するコントロールを急速に失ってきていると指摘されている（Grönroos, 2023; 2024a）。

　このような背景の中，北欧学派のサービス・マーケティングおよび関係性マーケティング研究は，従来の主流的なマーケティングの枠組みとは異なるアプローチを提示している。これらの研究では，固定的な活動の構造ではなく，顧客とプロバイダーが相互に作用するプロセスに焦点を当てている。また，顧客を単なる対象として捉えるのではなく，インタラクションに主体的に参加する存在として位置づけている（Grönroos and Voima, 2013）。

　Sロジックは，このような北欧学派の議論を基盤に，マーケティングを顧客への「有意味性」（meaningfulness）の観点から再構築する視座を提供している（Schauman, 2022; Grönroos, 2023; 2024）。有意味性とは，「顧客の生活に関連があり目的があることであり，そのために顧客が自身にとって価値ある方法で個人の生活プロセスや組織の業務プロセスを管理できるようにすることである」（Grönroos, 2023, p.276）。このような有意味性についての議論に基づけば，現象としてのマーケティングとは「組織によって提示されたオファリングが，そのユーザーにとって有意味なものへさせるプロセス」として定義される（Grönroos, 2023, p.275）。この定義は，マーケティング活動の核心を，オファリングそのものの特性ではなく，オファリングが顧客の文脈においてどのような価値や意義

第I部 理論編

を持つかという視点に置き換えるものである。具体的には，有意味性のあるマーケティングは，プロバイダーがオファリングを通じて顧客の生活や活動にポジティブな影響を与え，顧客の価値創造プロセスを支援することに焦点を当てる。このプロセスにおいて重要なのは，オファリングが顧客にとって理解にかなった支援として認識されることであり，それが顧客の日常生活や目標の達成において意味を持つものであることを示す。オファリングを有意味にさせるプロセスはサービスそのものでもある[2]。

　また，有意味性は，顧客に首尾一貫性や目的意識を提供する要素としても機能する。オファリングが顧客の生活をより理解しやすいものにし，価値のあるものとしての帰属感を与える場合，そのオファリングは単なる取引対象としてではなく，顧客の全体的な体験の中で意義深いものとなる（Martela and Steger, 2016）。この場合，オファリングは顧客の価値創造および価値共創リテラシーを向上させる役割も果たしている。この点について，本書の第6章で詳しく考察する。

（2）Sロジックを基盤にしたマーケティング

　Sロジックは多次元的な性質を持つものであり，以下の2つのロジックに分類される。（1）顧客が日常のプラクティスにおいて，企業が提供するリソースとその他のリソースを利用し，自身のスキルを適用することで価値を創造する「顧客サービス・ロジック」，（2）グッズやサービスの利用において顧客とインタラクティブな接点を形成することで，企業が顧客とともに顧客のための価値を共創する機会を開発する「プロバイダー・サービス・ロジック」である（Grönroos, 2008）。

　Sロジックをマーケティングと関連づけて議論した理論的研究は，2020年代以降において顕著に進展している。これらの研究は，Sロジックの議論の本日的到達点といえる。本節では，Grönroos（2023; 2024a; 2024b）の議論を中心に整理し，Sロジックを基盤にしたマーケティングの理論的枠組みを検討する。

　Sロジックを基盤としたマーケティング理論では，「マーケティング・プロセス」と「顧客プロセス」という2つの異なるプロセスが密接に絡み合ってい

る点が強調される。このうち，マーケティング・プロセスはプロバイダー・サービス・ロジックに関連し，顧客プロセスは顧客サービス・ロジックに関連するものである。

有意味性を重視するマーケティング・プロセスにおいては，「プロミスの創出（making promise）」と「プロミスの遂行（keeping promise）」という2つの軸が存在し，北欧学派の関係性マーケティングの主要概念である「プロミス・マネジメント」に依拠している（Grönroos, 1999; 2009）。

プロミスの創出は，顧客を深く理解することから始まる。プロバイダーは，顧客の興味を引くために，自社のオファリング（グッズ，サービス，情報，その他のリソース）の魅力を提示する。Grönroos（2009）によれば，プロミスの創出は顧客の期待を形成する重要なステップであり，これが成功すれば，顧客は企業のオファリングに対して肯定的な反応を示す可能性が高まる。具体的には，顧客がオファリングに肯定的な判断を下すためには，過去の経験，他者からの意見，競合他社の情報など，多様な情報源を含む埋込型コミュニケーションが不可欠である。顧客は，企業が提示するプロミスが自身のニーズに適しているかどうかを評価し，その結果が肯定的であれば，企業との関係が深化する。

一方で，プロミスの遂行の段階では，顧客とのインタラクションを通して，プロバイダーが顧客に提示した潜在的価値を実際に提供することが求められる。このプロセスにおいては，バックオフィスの運用やフロントラインのサービス提供が重要な役割を果たす。例えば，サービス失敗への対応，請求システムの利便性，カスタマーサポートの質などが，顧客体験の評価に影響を与える要素として挙げられる。これらの活動が適切に管理されることで，プロミスの遂行は成功し，顧客の信頼と継続的な関係が築かれる。

顧客プロセスは，プロミスの想像（promise imagination）とプロミスの体験（promise experiencing）の2つの段階から成る。プロミスの想像とは，プロバイダーが提示したオファリングについて顧客が理解を深め，そのオファリングが十分に意味のある方法で自身のニーズにかなうかどうかを判断しようとすることである。この段階では，顧客はプロバイダーから提供された情報，過去の経験，他者からの評価，競合他社のコミュニケーションなど，さまざまな要素を

第Ⅰ部 理論編

基にオファリングの潜在的価値を評価する。この評価が肯定的であれば，企業は顧客から条件付きの受け入れを得ることができる。一方で，評価が否定的であれば，顧客はオファリングを拒否し，関係が終了する可能性がある。

次に，プロミスの体験とは，実際に提供されたオファリングが顧客の期待を満たしたかどうかを判断するプロセスである。この体験が肯定的であれば，企業は顧客のニーズを満たし，価値あるプロバイダーとしての役割を果たしたことが証明される。一方で，体験が否定的であれば，顧客との関係は終結する可能性が高い。この段階において企業はプロミスを果たすだけでなく，顧客がオファリングを通じて価値を感じることを保証する必要がある。

マーケティング・プロセスは，これらの顧客プロセスを支えるために設計される。顧客プロセスに関するインサイトを収集し，それに基づいてプロミスの創出と遂行を最適化することで，顧客の期待に応えることが可能となる。したがって，顧客プロセスとマーケティング・プロセスは密接に関連しており，両者の調和が成功するマーケティングの鍵となる。

さらに，顧客プロセスとマーケティング・プロセスの関連と調和は，顧客が属するカスタマー・エコシステムによってさらに複雑化する。カスタマー・エコシステムは，顧客が価値を創造し，評価するための広範な文脈を提供する。このエコシステムは，顧客の個人的な経験，社会的な関係，そして市場環境によって形成される。プロバイダーがこのカスタマー・エコシステムを理解するためには，顧客がどのように価値を創造し，その中で自社のオファリングがどのように受け入れられるかを把握することが重要である。

以上のように，Sロジックを基盤としたマーケティングは，オファリングが顧客の価値創造において意味のあるものとして機能し，認識されるプロセスに焦点を当てている。顧客の価値創造プロセスの中で，自社のオファリングを意味があるものとするための支援活動こそが，マーケティングそのものである。このようなマーケティングの起点は，組織の外部に位置する顧客や価値創造プロセスにある。この点は，価値共創マーケティング（村松 2015; 2017）が主張する内容と共通している。

サービス・ロジックと価値共創研究　**第4章**

第 **3** 節　価値共創マーケティングとの接点

（1）Sロジックと価値共創マーケティングの共通点と相違点

　価値共創マーケティングは，消費プロセスにおける直接的なインタラクションを通じたサービス提供により，顧客との共創を実現し，文脈価値を高めるマーケティングとして定義されている（村松, 2017）。その中核は，顧客との直接的な関係を構築するための「4Cアプローチ」および「文脈マネジメント」にある。4Cアプローチは，価値共創マーケティングを実施するための一連のプロセスを示しており，顧客との接点づくり（Contact）を通じて消費プロセス（価値創造プロセス）に入り込み，双方向のコミュニケーション（Communication）を交わして顧客のタスクを理解する。その後，顧客との共創活動（Co-creation）を行い，最終的に文脈価値（value-in-Context）を創造する。

　文脈価値は，顧客が特定の状況やニーズにおいてオファリングをどのように活用するかに依存する。この価値そのものにプロバイダーが直接介入することはできない。しかし，文脈自体は顧客との継続的な関係を通じてプロバイダーがある程度コントロール可能であり，これを適切にマネジメントすることで文脈価値を高めることが可能となる。

　Sロジックを基盤としたマーケティングと価値共創マーケティングはいずれも，顧客の価値創造を支援することを目的としている。この点で，従来のグッズ・ロジックに基づくマーケティング理論との大きな違いが際立つ。グッズ・ロジックでは市場交換そのものが焦点であり，プロバイダーはオファリングを提供した時点で役割を終えると考えられている。この枠組みでは，オファリングが顧客の価値創造にどのように寄与するかにはほとんど関心が払われない。一方，Sロジックや価値共創マーケティングでは，オファリングそのものよりも，それが顧客の価値創造にどのように機能するか，またその支援に焦点が当てられる。この支援を遂行するためには，組織全体の機能が必要不可欠である。

　しかし，両者には以下のような重要な相違点が存在する。

第Ⅰ部 理論編

①顧客の価値創造を支援する手段

　Sロジックを基盤にしたマーケティングでは，「プロミスの創出」と「プロミスの遂行」を通じて顧客の価値創造を支援する。このプロセスは，潜在的な価値を約束する段階（プロミスの創出）から始まり，それを確実に顧客の価値創造に機能させる段階（プロミスの遂行）へと移行する。一方，価値共創マーケティングは顧客との直接的なインタラクションを通じて価値創造を支援する。ここでは，プロバイダーが顧客の文脈に適した形でオファリングを提案し，それを有意味なものとして認識させる支援が行われる。このプロセスにおいて，顧客との緊密かつ直接的な関係構築が必須条件となる。

②顧客に対する働きかけ

　Sロジックを基盤としたマーケティングでは，オファリングは需要を刺激する手段としても機能する。このオファリングは，顧客に目的意識を持たせる役割を果たし，プロバイダーが提示するプロミスを顧客が想像する契機となる。顧客がそのプロミスを自身の価値創造に合致すると判断すれば市場交換が成立するが，合致しない場合にはオファリングを拒否し，プロバイダーとの関係を中断することになる。このため，Sロジックに基づくマーケティングでは，プロミスを的確に設計し，顧客に適切な価値創造の可能性を提示することが重要である。

　一方で，価値共創マーケティングは，4Cアプローチのコミュニケーションおよび共創活動を通じて，顧客の価値創造意欲を高める役割を担う。具体的には，プロバイダーが顧客の文脈やニーズに基づいたコミュニケーションを図ることで，価値創造を遂行するためのナレッジやスキルの向上を促進する。また，共創活動を通じて顧客との信頼関係を構築し，価値創造が中断されることを防ぐプロセスも同時に実現される。このプロセスにおいて，プロバイダーは積極的な姿勢を示し，顧客との関係を維持・深化させる努力が求められる。

　さらに，価値共創マーケティングでは，顧客がプロバイダーから受けるサポートを通じて，自身の価値創造プロセスに対する自信を深めることが期待される。このアプローチは，単なるオファリングの提供を超えて，顧客の価値創造

サービス・ロジックと価値共創研究　**第4章**

を持続可能にするための基盤を構築する点で大きな意義を持つ。

③市場交換の所在

　Sロジックを基盤にしたマーケティングでは，市場交換はプロミスの創出と遂行の間に位置づけられる。プロバイダーはプロミスを通じて需要を喚起し，顧客がそのプロミスを自身の価値創造プロセスに適合すると判断した場合に市場交換が成立する。その後，プロバイダーは交換後のオファリングが顧客にとって意味のあるものとなるよう支援する。一方で，価値共創マーケティングでは，市場交換は顧客との直接的な関係の中に統合されている。共創活動を通じて最適化されたオファリングがカスタマイズされ，その機能は直接的なインタラクションの中で保証される。

④伝統的マーケティングとの関係

　Sロジックを基盤にしたマーケティングは，伝統的なマーケティングのフレームワークを包括しようとしている。これには，プロバイダーと顧客が対等な関係にあることを前提とする点が反映されている。一方，価値共創マーケティングは，伝統的なマーケティングとはまったく異なる視点から構築されている。事前価値のプロミスを対象とせず，むしろ顧客との直接的な関係の中で価値が創造されることを重視する。これにより，価値共創マーケティングは顧客の価値創造を最優先事項とし，価値創造の中断や価値破壊を防ぐためにプロバイダーの積極的な支援能力と意欲が求められる。

（2）価値共創の持続性の問題

　価値共創は，顧客がプロバイダーのオファリングやリソースを活用して価値を引き出す利用価値（value-in-use）の創造プロセスにおいて行われる。このプロセスは，顧客の経験，ロジック，そしてリソースをどのように活用するかに基づいており，継続的かつ顧客固有のものといえる（Grönroos and Voima, 2013）。

　プロバイダーは，価値創造プロセスにおいて顧客とインタラクションする機

53

会を作ることで，価値共創を行う。しかし，ここで重要な問いとして，「価値創造はいつまで続くのか？」や「価値はいつまで存在するのか？」という問題が浮上する。Grönroos and Voima（2013）は，顧客の価値創造プロセスが直線的ではなく，プロバイダーの活動に自動的に従うものではないことを指摘している。このプロセスは，顧客がプロバイダーのオファリングに出会う前に始まり，オファリングを利用した後にも継続する。

　例えば，レストランでの食事を例に挙げてみよう。レストランを訪れる前に，顧客はウェブサイトでメニューを確認したり，ソーシャルメディアで他人の体験をみたりすることで，自身の食事体験を想像する。この段階からすでに価値創造は始まっている。実際にレストランで食事をする際には，フロントラインの従業員との会話や友人とともに美味しい食事を楽しむことで非日常感を満喫する。そして，食事後には，当時の体験を友人と話し合ったり，1人で回想したりすることが価値創造プロセスの一環となる。このように，顧客の価値創造は単なる経験に留まらず，回想や想像といった時間軸の長いプロセスによって成り立っている。

　さらに，価値は顧客がそれを思い出さなくなるタイミングまで存在すると考えられる（Grönroos, 2008; 2011）。この特性から，価値創造プロセスには長い時間軸が伴い，価値が消えるまで価値共創の可能性が続くことになる。逆にいえば，共創活動を継続させることで，価値の存続期間を延ばすことが可能である。経験，回想，再び経験といったサイクルの中で，プロバイダーがどのように関与し，顧客との関係を維持していくかが重要な課題である。

　これまでの価値共創に関する議論は，主に横の展開，すなわち複数のステークホルダーがどのように共創活動に取り組むかに焦点を当ててきた。しかし，縦の展開，すなわち共創活動を通じてどのように価値創造プロセスを持続させるかについての検討は十分とはいえない。プロバイダーは，価値創造プロセスが持続する仕組みを深く理解し，その中で顧客との関係性をどのように強化するかを再考する必要がある。

　価値共創の持続性を実現するためには，顧客の経験がどのように回想につながり，それが再び次の経験を喚起するかを包括的に捉え，プロバイダーがこれ

らのプロセスに適切に関与する方法を模索することが不可欠である。価値創造プロセスの長期的な視点を持ち，顧客の文脈に寄り添い続けることで，価値共創の新たな可能性が開かれるといえる。

第4節　Sロジックの問題点

Sロジックは，顧客の価値創造を支援することに焦点を当てた革新的なマーケティング理論の基盤として広く認識されている。しかし，この理論にはいくつかの課題があり，その普及や実用化において制約となっている。

まず，Sロジックに関する経験的研究が限定的であるという問題が挙げられる。公共サービス（Grönroos, 2019），ヘルスケアサービス（Davey and Grönroos, 2019），アートギャラリー（Williams *et al.*, 2020），教育（Dean *et al.*, 2016）など，一部の分野ではSロジックの適用可能性を検証する研究が行われている。しかし，営利目的の組織において，特に限られた経営資源を用いて最善の市場パフォーマンスを追求するプロバイダーに焦点を当てた研究は極めて少ない。営利組織におけるSロジックの適用は，理論的には可能性を秘めているものの，実務上の有効性や実現可能性については未解明の部分が多い。

このような状況が生じている背景には，Sロジックの中心的な概念である顧客の価値創造を支援するというビジネス行為が，どのようにして企業の利益に還元されるのかという議論が不十分である点がある。営利組織においては，顧客支援活動そのものが直接的に売上や利益に結びつくかどうかが重要な評価基準となる。しかし，顧客価値創造の支援活動が企業に具体的な成果をもたらすプロセスについては，理論的な説明や経験的な証拠が不足している。そのため，営利組織はSロジックの適用に慎重にならざるを得ず，実際の採用が進まない原因となっている。

さらに，Sロジックを実行するためには，顧客の価値創造を深く理解し，それを支援するための組織的なリソースや仕組みが必要である。この点において，多くの営利組織は限られたリソースをどのように配分し，Sロジックに基づくマーケティング活動と直接的な収益追求のバランスを取るべきかに関する具体

第Ⅰ部 理論編

的な指針を欠いている。これもまた，Ｓロジックの普及を妨げる一因となっている。

　これらの課題に対する取組みを通じて，Ｓロジックが営利組織においても有効に機能し，より多くの組織で採用される可能性が広がるだろう。

第5節　おわりに

　本章では，Ｓロジック，それを基盤としたマーケティング，価値共創マーケティングとの接点，さらにSロジックの問題点について検討した。Ｓロジックは，顧客の価値創造を支援するという新しい視点を提供するが，経験的研究の不足や，営利組織への具体的な適用における課題が存在することが明らかとなった。また，顧客との持続的なインタラクションや価値創造プロセスの長期的な支援が，価値共創の鍵であることが示された。一方で，顧客支援活動が企業利益に還元される仕組みの明確化が今後の課題として残る。

注

(1)　Ｓロジックを適用した経験的研究について，村松・大藪編著（2021）第5章にご参照ください。
(2)　このような議論において，サービスとは，オファリング（グッズまたはサービス）のユーザーにとって何かが可能となることを確実にするために「誰かを支援すること」（to help someone）（Grönroos, 2024b, p.350）と定義される。

参考文献

Davey, J. and C. Grönroos (2019) "Health Service Literacy: Complementary Actor Roles for Transformative Value Co-creation," *Journal of Services Marketing*, 33, pp.687-701.

Dean, A.M., M. Griffin and A. Kulczynski (2016) "Applying Service Logic to Education: The Co-creation Experience and Value Outcomes," *Procedia - Social and Behavioral Sciences*, 224(15), pp.325-331.

Grönroos, C. (1999) "Relationship Marketing: Challenges for the Organization," *Journal of Business Research*, 46(3), pp.327-35.

Grönroos, C.（2006）"Adopting a Service Logic for Marketing," *Marketing Theory*, 6(3), pp.317-333.

Grönroos, C.（2008）"Service Logic Revisited: Who Creates Value? And Who Co-creates?" *European Business Review*, 20(4), pp.298-314.

Grönroos, C.（2009）"Promise Management: Regaining Customer Management for Marketing," *Journal of Business & Industrial Marketing*, 24(5/6), pp.351-359.

Grönroos, C.（2011）"Value Co-creation in Service Logic: A Critical Analysis," *Marketing Theory*, 11(3), pp.279-301.

Grönroos, C.（2019）"Reforming public service: does service logic have anything to offer?" *Public Management Review*, 21(5), pp.775-788.

Grönroos, C.（2020）"Viewpoint: Service Marketing Research Priorities," *Journal of Services Marketing*, 34(3), pp.291-298.

Grönroos, C.（2023）"Towards a Marketing Renaissance: Challenging Underlying Assumptions," *Australasian Marketing Journal*, 31(4), pp.270-278.

Grönroos, C.（2024a）"Service-informed Marketing Reform," *Journal of Services Marketing*, 38(10), pp.32-43.

Grönroos, C.（2024b）"Business Model Innovation through the Adoption of Service Logic: Evolving to Servification," *Journal of Service Theory and Practice*, 34(3), pp.347-360.

Grönroos, C. and J. Gummerus（2014）"The Service Revolution and Its Marketing: Service Logic vs. Service Dominant Logic," *Managing Service Quality*, 24(3), pp.206-229.

Grönroos, C. and P. Voima（2013）"Critical Service Logic: Making Sense of Value Creation and Co-creation," *Journal of the Academy of Marketing Science*, 41(2), pp.133-150.

Schauman, S.（2022）"Meaningfulness and the Significance of Things: An Exploration of Meaningful Consumer-Object Relation," *Doctoral Thesis, Economics and Society 363, Hanken School of Economics.*

Williams, M., S. Biggemann and Z. Tóth（2020）"Value Creation in Art Galleries: A Service Logic Analysis," *Australasian Marketing Journal*, 28(1), pp.47-56.

村松潤一（2015）「価値共創の論理とマーケティング研究との接続」村松潤一編著『価値共創とマーケティング論』同文舘出版，129-149頁。

村松潤一（2017）「価値共創マーケティングの対象領域と理論的基盤—サービスを基軸とした新たなマーケティング」『マーケティングジャーナル』37(2)，6-24頁。

第5章

カスタマー・ドミナント・ロジックと価値共創研究

第1節　はじめに

　本章で取り上げるC-Dロジックは，組織が顧客に焦点を当てる必要性の高まりに応えるようにして開発された。それは，S-DロジックやSロジックとは異なるものであり，顧客の消費プロセスへの入り込みを志向する価値共創マーケティングの主な関心事となる（村松, 2017），顧客の生活世界を焦点化する。このパースペクティブは，顧客ロジック（Cロジック）の理解を通じて，企業のオファリングが顧客の人生あるいはビジネスにどのように埋め込まれるのかに基づいている。そこで本章では，その特徴を理解しながら，どのような意義や発展に向けた課題があるのかを確認する。

第2節　C-Dロジックとは

（1）C-Dロジックの特徴

　C-Dロジックが示された当時の問題認識は，S-Dロジックが対象としない研究上の空白にあった。S-Dロジックのコア概念である価値共創は，価値を創造するためにサービス交換する主体がともにリソースの使用に組み込まれることを強調し，交換価値と対比する形で示された（Vargo and Lusch, 2008）。これによって，顧客も価値創造者であるとした解釈が新たな示唆をもたらしたが，Voima *et al.* (2010) はそれ自体を存在論的に薄弱な考え方だと指摘したのである。S-Dロジックがマーケティングの中核を，客観主義的で生産志向の視点から，

59

第Ⅰ部 理論編

価値はもはや提供されず，代わりに共創されるリソースの視点へと進化させたことに意義があるにせよ，サービス利用時の価値（value-in-use）を論じたことにはならない点に課題がある。また，かねてより利用時の価値を論じたSロジックも顧客を焦点化してはおらず（Grönroos, 2008），どちらかといえばプロバイダのためのロジック（プロバイダ・ロジック）と見なすことができる。

つまり，従来のサービス研究の多くが，インタラクションに留まらない顧客の姿を取り上げずして利用時の価値を説明できない。それにもかかわらず，S-Dロジック，Sロジックはともに，インタラクションを重視したリソース・ベースの視点を提供したに過ぎない。こうした見方によって，C-Dロジックはこうしたパースペクティブと一線を画し，あるいは価値共創における価値を論じるのではなく，顧客にとっての価値を説明しようとする。こうしてC-Dロジックは検討が進められていく。

（２）ビジネス・ロジックとしてのC-Dロジック

そもそも，顧客抜きにビジネスは成立せず，サービス・プロバイダは顧客を理解することから始めるべきである。C-Dロジックは顧客のさらなる理解に向けた，ビジネスの中心的な問題に対処すべきものとして，その考え方が示された（Heinonen *et al.*, 2010; Heinonen and Strandvik, 2015）。それゆえC-Dロジックはビジネス・ロジックであるというのが，HeinonenやStrandvikらの主張である。

このことを図表5-1でみるとわかりやすい。顧客（Y）にサービス企業（X）は何を提供できるかが重要であり，サービス・マネジメントの関心はサービスXの提供とその前後のインタラクションにあった。あるいはS-Dロジックが顧客の世界にも踏みこんだ議論を進展させ，サービス提供の前後にも視野を広げるも，あくまでサービスによる主体間の関係およびその周辺にしか視野がない。これとは別に顧客の世界を幅広く捉え，その中にサービス利用があるとした見方はこれまで存在しなかったといえ，C-Dロジックはこの部分を対象にすることで，サービス研究に新たな知見を提供できると考えたのである。

マーケティング研究におけるC-Dロジックは，これまでサービス・プロバイダが主導しようとする顧客志向の考え方を上回っている（ex: Kohli and Jaworski,

1990; Narver and Slater, 1990）。S-DロジックやSロジックと異なるだけでなく，サービス品質を重視しサービス・エンカウンターに焦点を当てる従来のサービス・マーケティングやインタラクションやリレーションシップ，そしてネットワークに焦点を当てるリレーションシップ・マーケティングとも違うことは明らかである（Ford, 2011; Moller, 2013）。このような焦点と範囲の変化，そして基本的な前提の違いは，新しい概念やモデル，そしてそこから洞察が生じる可能性をもたらしている。このようにC-Dロジックには，ほかのパースペクティブとは異なる大きな特徴がある（今村, 2023）。

図表5-1　C-D ロジックとサービス・マネジメント，S-D ロジックの違い

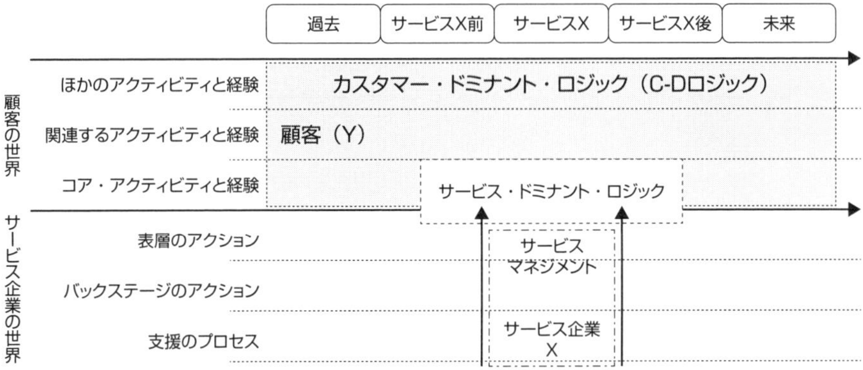

出所：Heinonen *et al.* (2010) p.535.

（3）C-Dロジックで用いる諸概念

このC-Dロジックの全体像を捉えるうえで，Cロジックや価値形成，そして顧客エコシステムの概念は重要になる。

Cロジックは，顧客の行動，反応，習慣，好みなどが決定するための基本であり，C-Dロジックを説明するうえで重要な因果関係となる。価値形成は，例えば顧客の行動だけで説明できない価値の構造を明らかにしようとするとき，どのようなプロセスや主体を必要とするのかを説明するための視点である。顧客エコシステムは，価値が生じる文脈の中に存在する主体間の行動を指す概念

第Ⅰ部 理論編

である。また，顧客の行動が生じる根拠はCロジックにあるとする。特にHei-
nonenやStrandvikらは，図表5-1に示されたC-Dロジックの領域をどのように
構造化して説明できるかを進展させるうえで，これら概念を用いてきたのであ
る。

①Cロジック

一般に「顧客」の概念は，自分が製品やサービスを利用したいために消費行
動する一人の人間を指すこともあれば，家族や集団を捉えて消費者の集合体を
指すこともある。さらに顧客は企業を指す場合もあれば，あらゆる種類の組織，
またはそれらのグループである場合もあり，より広義で捉えると地域または国
を指す場合もある。さらに厄介なことに，購買や取得という行為は，誰かのた
めに行う場合もあり，「顧客」という概念は非常に複雑な事情とともに用いら
れている。重要なのは，何らかの単位として捉えることのできる「顧客」が，
自身の目標を達成するために何を欲するか，あるいは選択するかである（図表
5-2）。この点をみれば，消費文化論研究（Consumer Culture Theory: CCT）とも
似ている（ex: Arnould and Thompson, 2005）。

ただしC-DロジックはCCTとは違い，文化的側面を根拠にしようとはしない。
顧客の個人および集団のアイデンティティやロジックが同様に普及しているこ
とを重視する（Heinonen *et al.*, 2019）。すべての経験，活動，価値観には個人的
および集団的な特性があり，顧客はこれらの要因の影響のバランスをとると考
える（Heinonen *et al.*, 2018）。もちろん，顧客はそれぞれ独自のロジックを適用

図表5-2　顧客ロジック（Cロジック）

定義	顧客ロジック（Cロジック）は，顧客の目標を達成し，タスクを実行するための適切な方法についての，顧客の特異な推論と意味づけとして定義できる。
説明	顧客の行動を通知する特異なロジックである。Cロジックは認知的かつ感情的であり，部分的にのみ明示的である。またCロジックは，利用可能なオファリングの中から顧客が選択する方法と，顧客がさまざまなオファリングの価値を体験する方法に影響を与える。

出所：Heinonen and Strandvik（2015）p.478.

するが，これは実際には無数のロジックがあるとは考えない。むしろ，状況的，社会的，文化的，心理的要因がこれらの特異なロジックに影響を与え，形成し，その結果，サービス・マネジメントの観点から，有限かつ妥当な数のロジックのクラスターが得られると予想する。このとき，サービス・プロバイダにとっての関心は，およそ特定し得るCロジックであり，C-DロジックはCロジックを焦点とし（図表5-2），Cロジックを背景として表出されるアクティビティを研究の対象としている。

　ここに，消費の背景となる文化に文脈的な根拠を求めながら消費という実在を捉えようとするCCTとの違いを説明することができ，それとともにC-Dロジックは，顧客をミクロからマクロまで，幅広く想定して検討が進められていることを確認できる。

②価値形成

　顧客自体を焦点とするC-Dロジックは，顧客にとっての価値がどのように形成されるのかを念頭とした検討を進めている。ここにもS-DロジックやSロジックと違いがある（図表5-3）。

　顧客価値の形成をめぐるHeinonenらの研究には，顧客自身が創造する価値がどのように形成されるのかについての検討がある。オンライン・コミュニティの登場によって，顧客とサービス・プロバイダとの関係以外に，オンライン上の集団との関係がある。このことによって，顧客自身の価値形成にどのような違いがあるのかを議論している。図表5-4は価値形成を４つの領域に分けて検討できるとするものである。Heinonen *et al.* (2018) が積極的に価値形成を論じるのは，価値形成の前提条件や構成の解明にある。価値形成に作用し得るのはサービス・プロバイダのほか，サービス利用と付随したインタラクションする主体を含める必要がある。このとき，インタラクションの主体はさまざまで特定するのは難しい一方で，一般化が可能な顧客の現象や行動が抽出できれば，検討することができる。サービス利用の文脈を想定するとともに，安定したサービス提供が可能になれば，企業による顧客にとっての価値の促進が見通せるようになる。こうして顧客価値がプロバイダ主導で形成されるものと顧客主導

第Ⅰ部 理論編

図表5-3 価値形成

定義	顧客価値形成とは，顧客が日常生活やビジネスで提供するサービスを解釈，体験，統合する行動および精神のプロセスの出現と定義され，その結果は肯定的または否定的なものになる。サービス・プロバイダによる価値形成とは，サービス・プロバイダの能力とスキル，およびCロジックの解釈に基づいて，提供するサービスを戦略化し，設計し，実装する進化するプロセスと定義され，その結果もまた肯定的または否定的なものになる。
説明	価値創造ではなく価値形成の視点が用いられることで，価値創造の概念とは対照的に，サービス利用時の価値（value-in-use）の出現特性を強調する。
結果 (what)	Cロジック，タスク，およびニーズによって，提供されるサービスがどのように体験され，サービス利用時の価値（value-in-use）が形成されるかが決まる。
プロセス (how)	価値は，顧客とサービス・プロバイダがそれぞれ別に関連するプロセスによって形成される。顧客の価値形成プロセスは，Cロジックとアクティビティによって推進され，他のアクターのアクションによって影響を受ける。サービス・プロバイダの価値形成プロセスは，サービス・プロバイダのビジネス・ロジックとアクティビティによって推進され，他のアクターのアクションによって影響を受ける。
場所 (where)	サービス利用時の価値（value-in-use）は，常に特定の文脈において顧客にとって現れる。顧客の世界では，特定のサービス・プロバイダに関連する，または関連しない活動や経験が発生し，価値形成につながる可能性がある。
時間 (when)	サービス利用時の価値（value-in-use）は，好ましい段階と好ましくない段階，要素を含む，不確定な時間にわたるプロセスとして進化する。 サービス利用時の価値（value-in-use）は解釈され，再解釈され，異なる時点での相対的な評価となる
顧客 (who)	顧客には，消費者，企業，組織，個人，グループ，その他の単位として表されるその他の主体など，さまざまな種類がある。また，顧客は価値形成を調整する。
プロバイダ (who)	サービス・プロバイダは，顧客にサービスを提供する企業，組織，個人，またはその他の主体がある。

出所：Heinonen and Strandvik (2015) p.479.

で形成されるものを区別したうえで，それがどのような行動において表出されるかを捉えている。

　このようにC-Dロジックはビジネスに有用な論理の発見に努めているが，サービスという実在を研究の対象とするとき，絶えず顧客の心理や行動およびその背景と切り離すことはできない。顧客価値形成の視点は，このことを踏まえた検討であり，それは以降の研究の手掛かりとなるのである。

図表5-4 さまざまな形態の顧客価値形成

C：自分から自分へ 特徴 内容：他の活動や経験との比較 方法：個人のセンスメイキング。そこに秘密は存在しない いつ：期間は活動や経験によって相対的 場所：プライベートなドメイン 誰が：自分（個人的で独特なもの） **原動力は選択**	D：自分から集団へ 特徴 内容：ほかの人との比較 方法：社会的に影響を受けた推論、部分的に見える秘密 いつ：単独のとき（バイラル効果） 場所：共有されたプライベートなドメイン 誰が：身近だが密接でもない関係の集団 **原動力はつながり**
A：自分からプロバイダへ 特徴 内容：従来のサービス要素 方法：明白でしっかり影響を受けたもの いつ：タイミングは繊細で一瞬 場所：プロバイダあるいはサービス・ドメイン 誰が：プロバイダあるいはメンバーと1対1 **原動力は能力**	B：集団からプロバイダへ 特徴 内容：サービスを基盤として多くの資源と関連 方法：見えるものでほかの顧客の影響をもつ いつ：長期 場所：共有されたドメイン 誰が：集団プロバイダ・ネットワーク **原動力は注意や配慮**

（縦軸：中心／顧客ドメインで形成・プロバイダ・ドメインで形成　横軸：範囲／個人・個人）

出所：Heinonen *et al.* (2018) p.100.

③顧客エコシステム

　サービス・プロバイダはCロジックに焦点を当ててインタラクションを創造するが，それに加えて顧客エコシステムも考慮する必要がある。ここでいう顧客エコシステムとは（図表5-5），サービス交換を焦点化して論じるサービス・エコシステムの概念とは対照的である（Chandler and Lusch, 2015）。顧客エコシステムは，選択されたサービス・プロバイダが顧客の世界における生活（システム）の一部であることを意味する。したがって，サービス・エコシステムの概念と顧客エコシステムの概念は完全に別個のものである。

　さらに顧客エコシステムは，顧客に関連したさまざまな種類の関係を通じて相互にリンクされている主体，リソース，および要素のシステムである。結果として，それらは顧客の選択，使用法，サービスの評価に影響を与える（Hei-

第Ⅰ部 理論編

nonen and Strandvik, 2015)。つまり，顧客エコシステムには，顧客による価値
形成に作用する範囲を意識したもので，それはサービス・エコシステムにおけ
るサービス・プロバイダとのインタラクションに留まらない。つまり，Cロジ
ックの検討は，顧客エコシステムの概念を用いながら，顧客理解に必要な価値
を単位とした構成，価値形成の範囲，および関連する主体間のシステムなどが
どのように概念化されるかについて考察する。

図表5-5 顧客エコシステム

定義	顧客エコシステムは，顧客と関連し，特定のサービスに関連するアクターと要素のシステムとして定義できる。これには，サービス プロバイダ，他の顧客（個人またはビジネスの主体），その他の主体（コミュニティなど），およびサービスに関連するインストール済みの物理的および仮想的な構造が含まれる。
説明	サービス・エコシステムは，顧客エコシステムの一部に過ぎない。顧客エコシステムは，社会的であるだけでなく，商業的，物理的，および仮想的な機能も備えている。顧客エコシステムは，さまざまな抽象化レベルで説明できる。

出所：Heinonen and Strandvik (2015) p.480.

　これらをまとめれば，顧客への注目を通じて明らかとなる行動の根拠はCロ
ジックにあり，行動による主体間の関係は顧客エコシステムとなる。さらに，
顧客エコシステムを通じて価値形成が説明できるといえ，こうした諸概念を用
いてようやく，C-Dロジックの全体を捉えることができる。また，これらC-D
ロジックの諸概念は，価値共創マーケティングにおける共創に資する価値の検
討，さらには消費や利用の文脈に接近するサービスの意義を説明するうえでも
重要になる。なぜなら，価値共創マーケティングは共創の領域を顧客の生活世
界に求めており，それによって生じる新たな文脈に基づく価値を成果とする視
点を持つからである。

（4）顧客起点の捉え方への転換

　こうした顧客を焦点とする考え方は，顧客によって形成される市場像を検討
するうえで有効であり，それはオンライン・コミュニティの出現といった社会

の変化とともにもたらされるものである。これは，Layder（2018）の見解への応用によって検討することができる。図表5-6中のプロバイダや顧客は，縦方向の構造のひとつと捉えることができ，未来を展望するうえでC-Dロジックが寄与し得ることを示すことができる。こうした見方に基づいて，C-Dロジックが顧客の特異なロジックを重視することは，他の社会的な領域に向けた潜在的な影響と矛盾しない。

図表5-6　サービス産業の変化と課題

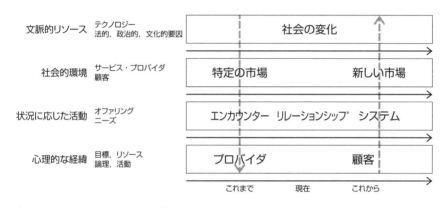

出所：Heinonen and Strandvik（2020）p.77.

これは，顧客が主体的に判断して行動することを前提に，その行動に応じた活動やシステムが存在し，さらに新たな市場を創造できるとする考え方を持つからである。すると，すでに提供されたサービスが及ぼす影響の全体を捉えたサービス・エコシステムといった，S-Dロジックと実在に対する認識は異なり，C-Dロジックの方が，より状況に応じた顧客の行動ないしその背景となる心理的な経緯を重視することを意味する。この違いは，それぞれの理論的枠組みの観点から，何が研究課題と密接に関連するかを考えることができるといえ，サービス産業の関心の変化に応じた研究課題を確認することにつながる。

第Ⅰ部 理論編

（5）小括─特異な視点を提供する原動力として

　C-Dロジックにみられる数々の特徴を踏まえたとき，それは従来のサービス・マーケティング研究の観点とは大きな違いがあることが確認できる。改めて，既存研究の多くがプロバイダ，あるいはシステムやネットワーク，さらには社会全体がどのように顧客に影響を与え，制御するか，つまり顧客がプロバイダの文脈に組み込まれるかを強調していることに気づかされる。

　ところが，C-Dロジックはこれら見解とは異なり，顧客はサービスそのものに興味を持つのではなく，サービス・プロバイダと関わり，社会的課題に関与することで目標を達成しようと努めているとする見方を強調する。この着眼点の違いは大きな意味を持ち，顧客がサービス・エコシステムにどのように関与できるかに焦点を当てるのではなく，顧客の目標や願望を達成するために重要な顧客の内部および周囲の環境の側面に重点を置くことができる。こうしてC-Dロジックは，特異な視点を提供する原動力となり得るのである。

第 **3** 節　価値共創および価値共創マーケティングとの接点

（1）価値共創との関心の違い

　価値共創の概念は，顧客の自立的な行動に即した企業側の態度を論じる形で登場する（Prahalad and Ramaswamy, 2000）。当初は顧客と企業との間のコラボレーションに関する視点として描かれていたが，次第にシステムに複数の利害関係者を組み込む方向に移行している（Payne *et al.*, 2008; Vargo *et al.*, 2008）。またそれは，価値共創をコア概念としたロジックに基づくものであり，顧客とサービス・プロバイダ間で調整された対話の中で生み出される前提での検討となっている。そこでの顧客は，共創への参加者に位置づけられる。

　こうした捉え方は，インタラクションと共創が価値創造の主要な課題であるという仮定に焦点を当てているが，実際には，共創のレベルに応じて顧客に異なる関心や態度があるといえ，焦点化される研究課題もこの点に集中する傾向にある。インタラクションや共創の主な焦点は，プロバイダが価値提示の役割

68

を担い，価値創造を調整できることを暗示するが，C-Dロジックは，それが常に意図的かつ相互に創造されるわけではないとする（Heinonen *et al.*, 2013）。このほかC-Dロジックは，インタラクションやタッチポイントなどをサービス・プロバイダがデザインし価値が調整されるのではなく，顧客自身の生活世界に価値形成が蓄積すると認識される（Heinonen *et al.*, 2010）。このような立場をとるC-Dロジックは，顧客にとっての価値が独自に生じることを前提とし，焦点化されるべきは顧客による価値形成にあるとする。こうした価値形成に関する時間的および文脈的な観点は広範囲に及び，サービス・プロバイダが設計したタッチポイントだけでなく，複数の基準点が関係すると考えている。

なお価値形成は単独のイベントではなく，むしろ他の顧客の現実とリンクしているとする。もはや共創は価値創造の特殊なケースとみるべきであり，C-Dロジックは，価値経験が基本的に特異で相対的なものであると仮定している。これは，何が利益で何が犠牲になるかは顧客固有であり，サービス・プロバイダが事前に決定することはできないことを意味している。

（2）価値共創マーケティングとの接点

村松（2015）によって示された価値共創マーケティングは，前項に示した価値共創研究のトレンド（＝システムに複数の利害関係者を組み込む方向への移行）も踏まえつつ，より顧客にとっての価値から共創の機会を探る方向性を持つ。それは，従来のマーケティング研究が生産プロセスを舞台としており，消費プロセスを舞台としたマーケティングが空白だったことを指摘することから始まっている。そのうえで，いかに顧客の生活世界での成果を求めることができるかにおいて特徴的な視点を提供しており，それはC-Dロジックが説明しようとする領域と同様であることが確認できる。

この価値共創マーケティングが重視するのは，プロバイダ・ロジックたるSロジックを基盤としつつ，利用価値の探求を通じて共創の機会が消費プロセスへと拡張し得るという考え方を持っている点である。端的にいえば，価値共創は結果でなく起点である。いかに顧客の意志を通じて共創の機会が獲得できるかが重要であり（村松, 2017），積極的な顧客の生活世界への入り込みを志向す

第Ⅰ部 理論編

る点は，C-Dロジックの関心そのものである。価値共創マーケティングが，あらゆる顧客の生活世界の中で，ビジネスの機会の創出を企図していることを踏まえれば，プロバイダ・ロジックとの違いを鮮明にするC-Dロジックとは異なるものの，ビジネス・ロジックとして顧客の生活世界を描こうとする点は同じであり，これらは相互補完関係にある。

第4節　C-Dロジックの展開と課題

　ここまでみたC-Dロジックは，近年注目されているさまざまな検討に示唆を与えるものであり，いくつもの研究テーマの中で取り上げられている。

　近年，学術と実務の両面で注目されるようになった顧客エンゲージメントにおいて（Brodie *et al.*, 2013; Jaakkola and Alexander, 2014），プロバイダ・ロジックに留まらない顧客主体のアプローチを確立するうえで，C-Dロジックに基づいた顧客の関心分野，活動，ライフスタイルなど，顧客が定義したターゲットを対象にすることができる。また，サービスがどのように社会のウェルビーイングを促進できるかを検討する重要な領域として注目されている変革的サービス研究（Transformative Service Research）においても，個人（消費者，従業員など），コミュニティ，およびエコシステムのウェルビーイングを向上させる可能性のある経験的および概念的研究に焦点を当てることにより，この欠点に対処することをテーマにするようになる（Anderson *et al.*, 2013; Ostrom *et al.*, 2010; 申・今村, 2021）。あるいは，デジタル・トランスフォーメーション（DX）をテーマにした研究においても，従来なら市場のダイナミクスの主な焦点は通常，トップ・マネジメントや企業組織，あるいは何らかの規制を設ける当局や組織にあるが（Mele *et al.*, 2018），顧客主導で再構築される合理的な行動が生じる局面においては，顧客の行動や経験への注目がますます重要になる。C-Dロジックは，市場のダイナミクスに関する顧客の視点を提供し，実務家やアカデミアの関心を顧客の認識，経験，または評価の変化に向けることができる。いずれも，プロバイダ・ロジックとは違う特異性が活かされるといえ，新たにサービスを開発するうえで，C-Dロジックは有用な視点が提供し得る。

70

その一方で，C-Dロジックが示すコア概念の多くは推論によって議論を蓄積することはできても，価値を測定するような実証に適していない。あるいは，顧客の行動特性や経験と価値を接続する議論の進展が求められる。結果として，Cロジックを構造的に捉えるような知見に到達してはおらず，ここにC-Dロジックの課題が指摘できる。またそれは，価値共創マーケティングでいう消費や利用をめぐる文脈の構造的な解明という研究課題と重複する。すなわち，Cロジックの知見がプロバイダ・ロジックに応用されてこそ，C-Dロジックがビジネス・ロジックであることを説明できる。こうした方法論的示唆への到達もまた，C-Dロジック研究の課題だといえる。

第5節　おわりに

C-Dロジックは，従来のサービス研究にみられたプロバイダ・ロジックと異なり，独立した主体たる顧客を対象とした検討を進めている。それは，顧客の消費行動およびその周辺の行動までを，研究の範囲としてサービスをデザインするような思考にも合致する (ex: Gummerus *et al.*, 2021)。

消費や利用の文脈とともに，顧客の価値形成がある以上，顧客の価値形成にアクセス可能なサービス提供が必要である。こうした構造的な理解に基づく顧客の適切な理解を深めるには，C-Dロジックの進展が不可欠である。それとともに，これら示唆は顧客の生活世界への入り込みを志向する価値共創マーケティングにも活かされるといえ，顧客の行動や価値形成に基づくサービスによるインタラクションは価値共創の起点であり，消費や利用の文脈への関与が始まると捉えることができる。それは，価値共創マーケティングであり，同時にC-Dロジックも実践的含意への到達を可能にする。こうした研究の蓄積が，今後大いに期待されるのである。

参考文献

Alexander, M., E. Jaakkola and L. Hollebee (2018) "Zooming Out: Actor Engagement Beyond the Dyadic," *Journal of Service Management*, 29(3), pp.333-351.

Anderson, L., A.L. Ostrom, C. Corus, R.P. Fisk, A.S. Gallan, M. Giraldo, M. Mende, M. Mulder, S.W. Rayburn, M.S. Rosenbaum, K. Shirahada and J.D. Williams (2013) "Transformative Service Research: An Agenda for the Future," *Journal of Business Research*, 66(8), pp.1203-1210.

Arnould, E.J. and C.J. Thompson (2005) "Consumer Culture Theory (CCT): Twenty Years of Research," *Journal of Consumer Research*, 31(4), pp.868-883.

Brodie, R.J., A. Ilic, B. June and L. Hollebeek (2013) "Customer Engagement in a Virtual Brand Community: An Exploratory Analysis," *Journal of Business Research*, 66(1), pp.105-114.

Chandler, J.D. and R.F. Lusch (2015) "Service Systems: A Broadened Framework and Research Agenda on Value Propositions, Engagement, and Service Experience," *Journal of Service Research*, 18(1), pp.6-22.

Ford, D. (2011) "IMP and Service-Dominant Logic: Divergence, Convergence and Development," *Industrial Marketing Management*, 40(2), pp.231-239.

Grönroos, C. (2008) "Service Logic Revisited: Who Creates Value? And Who Co-creates?" *European Business Review*, 20(4), pp.298-314.

Gummerus, J., J. Mickelsson, J. Trischler, T. Härkönen and C. Grönroos (2021) "ActS‐Service Design Based on Human Activity Sets," *Journal of Service Management*, 32(6), pp.28-54.

Heinonen, K. and T. Strandvik (2015) "Customer-Dominant Logic: Foundations and Implications," *Journal of Services Marketing*, 29(6/7), pp.472-484.

Heinonen, K. and T. Strandvik (2020) "Customer-Dominant Service Logic," (In) Bridges, E. and K. Fowler (Eds) *The Routledge Handbook of Service Research Insights and Ideas*, Routledge Ltd, pp.69-89.

Heinonen, K., K-J. Mickelsson, B. Edvardsson, E. Sundstrom and P. Andersson (2010) "A Customer-Dominant Logic of Service," *Journal of Service Management*, 21(4), pp.531-548.

Heinonen, K., T. Strandvik and P. Voima (2013) "Customer Dominant Value Formation in Service," *European Business Review*, 25(2), pp.104-123.

Heinonen, K., E. Jaakkola and I. Neganova (2018) "Drivers, Types and Value Outcomes of Customer-to-Customer Interaction: An Integrative Review and Research Agenda," *Journal of Service Theory and Practice*, 28(6), pp.710-732.

Heinonen, K., C. Campbell and S. Lord Ferguson (2019) "Strategies for Creating Value Through Individual and Collective Customer Experiences," *Business Horizons*, 62(1), pp95-104.

Jaakkola, E. and M. Alexander (2014) "The Role of Customer Engagement Behavior in

Value Co-creation: A Service System Perspective," *Journal of Service Research*, 17(3), pp.247-261.

Kohli, A.K. and J. Jaworski (1990) "Market Orientation: The Construct, Research Propositions, and Managerial Implications," *Journal of Marketing*, 54(2), pp.1-18.

Layder, D. (2018) *Investigative Research*, London: SAGE.

Mele, C., T. Russo-Spena and M. Tregua (2018) "The Performativity of Value Propositions in Shaping a Service Ecosystem: The Case of B-corporations," (In) Barile, S., M. Pellicano and F. Polese (Eds) *Social dynamics in a systems perspective*, pp.75-94.

Moller, K. (2013) "Theory Map of Business Marketing: Relationships and Networks Perspectives," *Industrial Marketing Management*, 42(3), pp.324-335.

Narver, J.C. and S.F. Slater (1990) "The Effect of a Market Orientation on Business Profitability," *Journal of Marketing*, 54(4), pp.20-35.

Ostrom, A.L., M.J. Bitner, S.W. Brown, K.A. Burkhard, M. Goul, V. Smith-Daniels, H. Demirkan and E. Ravinovich (2010) "Moving Forward and Making a Difference: Research Priorities for the Science of Service," *Journal of Service Research*, 13(1), pp.4-36.

Payne, A.F., K. Storbacka and P. Frow (2008) "Managing the Co-creation of Value," *Journal of the Academy of Marketing Science*, 56(1), pp.83-96.

Prahalad, C.K. and V. Ramaswamy (2000) "Co-opting Customer Competence," *Harvard Business Review*, 78(1), pp.79-90.

Vargo, S.L. and R.F. Lusch (2008) "Service-Dominant Logic: Continuing the Evolution," *Journal of the Academy of Marketing Science*, 36(1), pp.1-10.

Vargo, S.L., P.P. Maglio and M.A. Akaka (2008) "On Value and Value Co-creation: A Sendee Systems and Service Logic Perspective," *European Management Journal*, 26(3), pp.145-152.

Voima, P., K. Heinonen and T. Strandvik (2010) "Exploring Customer Value Formation: A Customer Dominant Logic Perspective," *Hanken School of Economics Working Paper*, 552.

今村一真 (2023)『サービスにおける顧客優位のマーケティング―価値共創を基軸としたダイアディック・アプローチ』同文舘出版。

申立婷・今村一真 (2021)「マーケティング研究におけるウェルビーイングへの接近―変革的サービス研究に向けた北欧学派の貢献」『カンファレンスプロシーディングス』(日本マーケティング学会) 10, 234-242頁。

村松潤一 (2015)「価値共創の論理とマーケティング研究との接続」村松潤一編著『価値共創とマーケティング論』同文舘出版, 129-149頁。

第Ⅰ部　理論編

村松潤一（2017）「価値共創マーケティングの対象領域と理論的基盤―サービスを基軸
　とした新たなマーケティング」『マーケティング・ジャーナル』（日本マーケティング
　学会）37(2), 6-24頁。

第6章

顧客の生活世界と価値創造

第1節　はじめに

　サービス研究において顧客の生活世界を理解することは，ますます重要な課題となっている。サービス中心の視点に立つと，サービスは単なるオファリングではなく，顧客の価値創造を支援するものとして位置づけられる。したがって，サービス社会における新しいマーケティングの役割は，顧客の価値創造プロセスに積極的に関与し，共創の機会を提供することでマーケティング成果を高めることにあるといえる（Grönroos and Voima, 2013; 村松, 2015）。

　価値創造プロセスは，企業が提供するオファリングの利用に限定されるものではなく，より広範な生活世界において実現される。そのため，顧客のタスクや活動，実践，経験，そして文脈に対する深い理解が不可欠である。特に，Heinonen *et al.* (2010) は，価値共創に関する従来の視点を逆転させる必要性を提唱している。それは，顧客を企業の共創プロセスに巻き込む方法を模索するのでなく，サービス提供者が顧客の日常生活にどのように関与できるかに焦点を当てるべきだという考え方である。

　このような視点から，マーケティングは単なるオファリングの提供に留まらず，それが顧客にとって有意味なものへと変わるプロセスとして再定義される（Grönroos, 2023）。この「有意味性」を実現することが，オファリングを顧客の価値創造に確実に結び付けるうえでの目標となる。そのためには，顧客の生活世界全体にわたる洞察が必要である。具体的には，企業のオファリングが顧客の生活にどのように組み込まれ，どのように意味のあるものとして認識されるのかについての理解を深めることが求められる。この理解に基づき，オファリ

第Ⅰ部 | 理論編

ングに必要なリソースの定義や，顧客の目標達成に向けた共通認識のもとでのインタラクションのあり方に関する洞察を得ることが可能となる。

　本章では，顧客の生活世界における価値創造の捉え方を検討することを目的とする。その中で，マーケティングの観点から，企業がどのように顧客の生活世界に有効に入り込み，価値共創を実現するかについて議論を深めていきたい。

第 **2** 節　価値創造者としての顧客

（1）顧客の主体性─価値創造の主導者としての生活者

　サービス中心の考え方（S-Dロジック，Sロジック，C-Dロジック）の広がりに伴い，顧客を価値創造の主体として捉える視点が進展してきた。これらの考え方は，従来の「企業主導」の価値創造観から「顧客主導」の価値創造観への転換を促し，顧客の生活文脈を理解することの重要性を強調している。しかし，多くの場合，この議論は企業と顧客の接点に限定されがちであり，顧客の生活世界全体を十分に考慮しているとはいえない。本節では，この限定的な視点を超え，顧客を「生活世界」における価値創造の主導者として再整理する。

　顧客は，自身の生活世界における価値創造の主導者であり，日常生活の管理者としての役割を担っている。顧客の日常は，日々の実践や経験を通じて形成されており，これらは多くの場合，無意識的で自発的な活動であり，企業にとっては可視化が困難な領域に属するとされている（Heinonen *et al.*, 2010）。このため，企業が顧客との関係性を築くうえで，顧客の生活世界における文脈を深く理解することが重要となる。

　顧客の価値創造は，単に企業のオファリングの受容に留まらず，より広い文脈の中で展開される。グッズやサービスといったようなオファリングを顧客がどのように理解するかだけではなく，それらのオファリングをどの程度重要視しているかと関連する（Schauman, 2022）。これにより，価値創造の文脈を定義し，それを枠づける役割を担うのは顧客自身であるといえる。顧客は，自身のタスクや目標を達成するために，価値があると見なされるリソースや支援を提

顧客の生活世界と価値創造　**第6章**

供できる組織を選び出し，この過程で，顧客は，自身の生活を管理し価値を生み出すための最適なソリューションを探し求める（Grönroos, 2024）。

このような顧客の行動を説明するうえで，「責任化（responsibilization）」の概念が重要であると指導されている（Lipkin and Heinonen, 2022）。顧客は自身の人生目標の達成に対して個々に責任を持ち，それを実現するために十分な能力や技能を備える必要がある（Anderson *et al*., 2016）。そのため，企業は顧客の目標達成を支援するためのオファリングやサービスを提供し，それを顧客がどのように利用し，意義を見出すかを慎重に考慮する必要がある。

さらに，Strandvik *et al*.（2012）は，顧客がグッズやサービスを独立して評価するのではなく，それらが現在および将来のオファリングや企業との適合性を重視していることを指摘している。この観点から，企業が提供するオファリングの特性や品質だけでなく，それが顧客の日常生活の中でどのように位置づけられるかを理解することが重要である。日常生活の文脈において，個別の企業やオファリングへの評価は，企業が想定するほど決定的ではない場合が多いと考えられる[1]。

顧客は，企業が直接観察することもコントロールすることもできない日常生活の領域において価値創造を行う。その中には，企業のオファリングと関わりながら価値を創造する部分もあれば，企業とは無関係に価値を創造する部分も含まれる。また，これらの価値創造プロセスには，意識的な行動だけでなく，無意識的に価値が生成される場合もある（Grönroos and Voima, 2013）。企業にとって，自社のオファリングが顧客の日常生活においてどのように利用されているかを理解することがもちろん重要であるが，企業と直接関係のない場面や，無意識的に価値が生成されるプロセスは，これまで把握が難しい領域とされてきた。このような利用文脈の中には，オファリングの設計や改善に活かせる多くの知見が隠されている。

（2）経験を通じた価値創造

価値は，顧客が日常生活や使用状況の中で経験を通じて創造するものであり，その本質は，顧客が企業のオファリングの利用経験を通じて「より良くなる」

第I部 理論編

または「より悪くなる」と感じる程度にある（Grönroos, 2008; 2011）。すなわち，価値は利用経験に関連する経験を通じて時間とともに蓄積され，これが顧客の価値創造の基盤となる。

Grönroos and Voima（2013）は，利用価値（value-in-use）の概念を顧客の幸福感を高める記憶に残る経験と関連づけており，この経験が顧客にとっての価値を決定すると述べている。このように，価値は過去や現在の経験に基づくだけでなく，将来の経験を想像し，それを予期する過程で構築される（Helkkula and Kelleher, 2010）。顧客の価値創造の中核には，利用経験を通じて蓄積される個人的・社会的な経験，そしてこれに関連するリソース，プロセス，文脈が存在している。また，Edvardsson *et al.*（2011）は，価値が社会的に構築されるものであると指摘している。これは，顧客の経験が単なる個別的なものではなく，社会的なインタラクションや共有された文脈の中で意味を持つことを示している。

図表6-1は，顧客の生活世界における経験を通じた価値創造のプロセスを示している。この説明モデルでは，顧客がさまざまなアクターとのインタラクションを通じて新たな経験を得ることが出発点となる。このインタラクションによって得られた原体験は，顧客の生活世界に取り込まれる。その後，顧客はこの原体験を日常生活の多様な文脈に照らし合わせて調整し，意味づけを行うことで，自分にとっての価値を主観的に判断する。価値が生成されると，この一連の価値創造のプロセスは記憶に残る経験として蓄積される。この蓄積された経験は，次回のインタラクションに直接フィードバックされるか，あるいは経験調整プロセスに間接的に反映される可能性がある。このように，顧客の経験は動的な循環プロセスの中で発展し，生活世界における価値創造を深化させていくと考えられる。

Zhang and Liang（2023）は，記憶に残る経験が顧客の動的な経験形成にどのような影響を与えるかを研究し，フィードバックルートの重要性を実証した。この研究では，12名の生活者に深層インタビューを実施し，記憶に残る経験が他のアクターとのインタラクションや価値創造に与える影響を示している。ある生活者は，7年前に自動車を購入した経験を「人生で初めて高価なものを購

入した」という特別な経験として認識している。その後，この経験は，高額商品を購入するたびに想い起こされ，購買に関する意思決定や他のアクターとのインタラクションに影響を与えている。別の生活者は，20年前に出産後に補正下着を購入した際の経験を「美の追求」をテーマとした記憶として保持している。この経験は，販売スタッフとの複数回のインタラクションを通じて形成され，「女性は年齢や状況にかかわらず美を追求すべきだ」という信念へとつながった。20年後，入院中に同室の70代の女性が毎日化粧をしている姿をみた際に，この補正下着購入の原体験を思い出した。このように，記憶に残る経験は自己拡大（Self-Expansion）と結びつき，20年以上にわたって価値判断の基盤として機能している。

このような記憶に残る経験は，顧客にとって単なる過去の出来事ではなく，日常生活における価値判断や他者とのインタラクションに活用される「生きたリソース」として機能する。また，顧客は原体験を文脈に応じて再解釈し，より広範な意味を付与することで，自己のアイデンティティや価値観を変遷する可能性がある。このプロセスを理解することで，企業は顧客の価値創造プロセスにより深く関与するための新たな視点を得ることができる。

図表6-1が示すプロセスは，顧客の経験を中心に据えた価値創造の進化を示

図表6-1 顧客の生活世界における価値創造の流れ

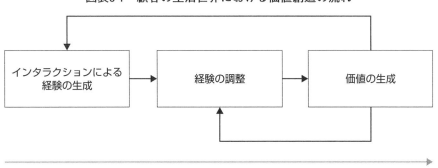

出所：筆者作成。

第Ⅰ部 理論編

している。アクターの１つである企業は，顧客との接点をデザインする際に，どのように原体験を形成し，それを顧客の生活文脈にどのように活かすかが重要な課題となる。企業は，顧客が得た原体験が日常生活の中で意味を持ち，価値として認識されるよう，戦略的に接点を設計する必要がある。さらに，記憶に残る経験を顧客に想起させることも，価値創造の持続的な進化にとって重要な意味を持つだろう。

第**3**節　企業との価値共創

（1）顧客の生活世界の可視化と企業の役割

　企業は，実行可能なマーケティング行為を出発点として，顧客の生活世界に焦点を当て，その一部を可視化する努力が求められる。例えば，Heinonen and Strandvik（2015）は，カスタマー・エコシステムの概念を提唱し，顧客に関連する特定のサービスに関わるアクターや要素のシステムの観点から顧客の生活世界の可視化にアプローチしている。従来のサービス・エコシステムは必ずしも顧客中心ではなく，サービス提供や交換に焦点を当てる傾向があった（Vargo and Lusch, 2016）。これに対し，カスタマー・エコシステムは，アクター固有の人間中心の視点を取り入れ，顧客とそのシステム的文脈を分析の中心に据える。このように，企業は制限的なインタラクションの縛りから解放し，顧客の目標志向の行動やタスク，さらには顧客の人生における重要な節目や幸福（eudaimonia）を研究することを促進する（Lipkin and Heinonen, 2022）。つまり，顧客の目的や主なタスクは，単に企業のオファリングを利用することではない。顧客は，自身の生活世界に価値をもたらす方法で日常的なプロセスを処理するための支援を求めている。そのため，顧客は，自身のタスクや生活を管理し，価値を生み出すことを可能にするリソースを提供できる組織を探し出し，共創に取り組むことを期待されている（Grönroos, 2024）。

　企業は，顧客が自身の生活文脈において意義を見出せるような支援を提供する能力と意欲を持ち，顧客との共創を通じて価値を創造することが求められる。

顧客の生活世界と価値創造　**第6章**

言い換えれば，企業は，顧客が自身の目的を達成し，生活の質を向上させるためのリソースや支援を提供する役割を担う必要がある。

（2）企業との価値共創が顧客にもたらすもの

　企業との価値共創を通じて，顧客は何を得ることができるのだろうか。より一般的なレベルでは，価値創造は，顧客のウェルビーイングを高めるプロセスを意味する。つまり，顧客がある側面で「より良い状態」になることが価値創造の目的である（Grönroos, 2008; Vargo *et al.*, 2008）。この「より良い状態」とは，顧客が自身の生活において意義を見出し，目的を達成することを指す。価値共創において，企業は，顧客が自身の目標を実現するための支援を提供し，顧客の生活に有意義なインパクトを与える役割を果たす。

　SロジックやC-Dロジックは，顧客を自身の人生目標を責任を持って実現しようとする主体，また，価値創造のための十分な能力を持つ主体として捉えている。この観点では，企業のオファリングは，顧客に首尾一貫性や目的意識を提供する要素として機能する。この場合，企業のマーケティング対象は，意識と能力が高い顧客に限定されがちである。一方で，現実には，すべての顧客が明確な目的意識や価値共創能力を備えているわけではなく，日常生活の中で価値創造の潜在的可能性に気づかない場合も多い。さらに，意識的で能力の高い顧客であっても，自身が認識していない価値創造の可能性が存在する。

　新たな価値創造の駆動要因には，友人や家族，有名人などの他者の影響や企業からの影響が含まれる。第4章で述べたSロジックを基盤としたマーケティングにおいて，プロミスの創出を通じた需要創造は，企業からの影響の1つのパターンである。また，価値共創マーケティングでは，顧客との綿密なコミュニケーションを通じて，顧客とともに目的意識を育て，直接的なインタラクションを通じて目的の達成を支援する。これにより，顧客は単発的な価値創造を実現するだけでなく，自身の価値を高めるための目的意識や共創能力を向上させることも可能になる。

　企業との価値共創は，顧客にとって単なるサービスの利用を超え，自身の生活における意義や目的を見出し，持続的な価値創造を実現するためのプロセス

第Ⅰ部 理論編

となり，重要な手段である。企業にとって，価値共創は単なる顧客満足を超え，顧客の人生にポジティブなインパクトをもたらす手段として機能するのである。

第4節 顧客による市場への関与

（1）生活世界におけるリソース調達の多様性

　顧客が日常生活の中で目標を達成するためには，多様なリソースが必要となる。これらの資源は市場からだけでなく，家庭や地域社会，友人ネットワークといった市場外のアクターからも調達される場合が多い（Heinonen *et al.*, 2010）。例えば，ある家庭が健康的な食事を実現しようとする場合，自宅で栽培した野菜や近所からの無償提供といった市場外のリソースを利用することがある。しかし，これらのリソースが目標達成に不十分である場合，顧客は市場に目を向ける。市場からのリソース調達が必要となるのは，例えば特定の栄養価を含む食品や特殊な調理器具が必要な場合などである。

　市場外のアクターとの関係は，顧客にとって重要な生活支援の役割を果たす。しかし，市場外のリソースが制約を抱えていることも多い。特に，特定の専門性や技術を必要とする課題では，市場が提供するプロフェッショナルなオファリングが決定的な役割を果たす。このように，顧客の生活世界におけるリソース調達は，市場と市場外リソースの間で補完的な関係を形成しているといえる（Vargo *et al.*, 2008）。

（2）市場関与への動機付け

　顧客が市場に関与する際，その動機は主に不足するリソースを補完するためである。生活目標を達成するためのリソースが市場外では入手困難である場合，顧客は市場からのオファリングを探求することになる。この際，顧客は単に製品やサービスの物理的な属性だけでなく，自己の価値観や生活文脈に合致する意味を持つオファリングを求める。このような明確な目的意識を持つ顧客は市場との接点を持つ際に，自らの価値創造タスクや価値観を表明することで，企

顧客の生活世界と価値創造　**第6章**

業とのインタラクションを行う。

　市場から調達したオファリングを顧客の生活文脈に適合させるプロセスは，顧客の主体的な意味づけに依存する。例えば，ある顧客が新しい調理器具を購入する場合，それを単なる調理のためのツールとしてだけでなく，自分の健康的なライフスタイルや家族との絆を深める手段として位置づける場合がある。このように，オファリングの価値は顧客の主観的な解釈によって多様化する（Vargo and Lusch, 2004）。

　企業は，顧客がオファリングに対して意味を付与するプロセスを理解し，それを支援する役割を果たすことが重要である。例えば，グッズやサービスがどのように顧客の価値創造に寄与するかを明確に示すストーリーテリングや，顧客とのコミュニケーションを通じて価値共創を実現する取組みが有効である。さらに，顧客が市場での行動を通じて提供するフィードバックを積極的に取り入れることで，企業は顧客の期待に応えるだけでなく，新たな価値創造の機会を発見することができる。

第5節　おわりに

　本章では，価値創造を顧客の生活世界という広い視野からどのように捉えるべきかを検討してきた。顧客は単なるオファリングの利用者ではなく，自らの生活文脈に基づいてリソースを組み合わせ，価値を創造する主体である。この価値創造は，市場外のリソースを活用するだけでなく，市場のオファリングを積極的に取り入れ，それらを自らの目的に適合させるプロセスを通じて進められる。この点は，従来のグッズ中心のマーケティング研究が顧客を受動的な存在として捉えてきた視点や，顧客を企業と協働して価値を生み出すパートナーとする企業中心のマーケティング研究の枠組みと異なるアプローチである。

　企業にとって，顧客の価値創造活動を理解し支援することは重要な課題である。市場外リソースを補完する形でのオファリングの提供，顧客の主体的な意味づけを促進するストーリーテリング，そして顧客からの情報を活用した価値共創の仕組みがその一例となる。特にデジタル化の進展により，顧客と企業の

83

第Ⅰ部 理論編

双方向的なやりとりが一層可能になり，新たな価値創造の可能性が広がっている。

注

(1) Zhang（2024）は，食生活に焦点を当て，顧客の日常生活における経験について研究調査を実施した。「記憶に残る食生活の経験」に関する自由記述のデータ分析の結果，日常的で平凡な経験はサンプル全体の26.1%を占めていることがわかった。例えば，「毎日，妻と一緒に食事をするのは感動的で楽しい。それは穏やかで幸せな生活の証だと思う。」といった記述が含まれる。また，企業のオファリングの利用や企業とのインタラクションについて言及した経験は，全体の36.2%を占めている。企業のマーケティングに対する反応に焦点を当てる調査の結果と異なることがわかる。

参考文献

Anderson, L., J. Spanjol, J. Go Jefferies, A. Ostrom, C. Nations, S. Bone, H. Downey, M. Mende and J. Rapp（2016）"Responsibility and Well-being: Resource Integration under Responsibilization in Expert Services," *Journal of Public Policy & Marketing*, 3(2), pp.262-279.

Edvardsson, B., B. Tronvoll and T. Gruber（2011）"Expanding Understanding of Service Exchange and Value Co-creation: A Social Construction Approach," *Journal of the Academy of Marketing Science*, 39(2), pp.327-339.

Grönroos, C.（2008）"Service Logic Revisited: Who Creates Value? And Who Cocreates?" *European Business Review*, 20(4), pp.298-314.

Grönroos, C.（2011）"Value Co-creation in Service Logic: A Critical Analysis," *Marketing Theory*, 11(3), pp.279-301.

Grönroos, C.（2023）"Towards a Marketing Renaissance: Challenging Underlying Assumptions," *Australasian Marketing Journal*, 31(4), pp.270-278.

Grönroos, C.（2024）"Service-Informed Marketing Reform," *Journal of Services Marketing*, 38(10), pp.32-43.

Grönroos, C. and P. Voima（2013）"Critical Service Logic: Making Sense of Value Creation and Co-creation," *Journal of the Academy of Marketing Science*, 41(2), pp.133-150.

Heinonen, K. and T. Strandvik（2015）"Customer-Dominant Logic: Foundations and Implications," *Journal of Services Marketing*, 29(6/7), pp.472-484.

Heinonen, K., T. Strandvik, K.-J. Mickelsson, B. Edvardsson, E. Sundström, P.

Andersson（2010）"A Customer-Dominant Logic of Service," *Journal of Service Management*, 21(4), pp.531-548.

Helkkula. A and C. Kelleher（2010）"Circularity of customer service experience and customer perceived value," *Journal of Customer Behaviour*, 9(1), pp.37-53.

Lipkin, M. and K. Heinonen（2022）"Customer Ecosystems: Exploring how Ecosystem Actors Shape Customer Experience," *Journal of Services Marketing*, 36(9), pp.1-17.

Martela, F. and M.F. Steger（2016）"The Three Meanings of Meaning in Life: Distinguishing Coherence, Purpose, and Significance," *Journal of Positive Psychology*, 11(5), pp.531-545.

Schauman, S.（2022）"Meaningfulness and the Significance of Things: An Exploration of Meaningful Consumer-Object Relation," *Doctoral Thesis, Economics and Society 363, Hanken School of Economics.*

Strandvik, T., M. Holmlund and B. Edvardsson（2012）"Customer Needing: A Challenge for the Seller Offering," *Journal of Business & Industrial Marketing*, 27(2), pp.132-141.

Vargo, S.L. and R.F. Lusch（2004）"Evolving to a New Dominant Logic for Marketing," *Journal of Marketing*, 68(1), pp.1-17.

Vargo, S.L. and R.F. Lusch（2016）"Institutions and Axioms: An Extension and Update of Service-Dominant Logic," *Journal of the Academy of Marketing Science*, 44(1), pp.5-23.

Vargo, S.L., P.P. Maglio and M.A. Akaka（2008）"On Value and Value Co-creation: A Service Systems and Service Logic Perspective," *European Management Journal*, 26(3), pp.145-152.

Williams, M., S. Biggemann and Z. Tóth（2020）"Value Creation in Art Galleries: A Service Logic Analysis," *Australasian Marketing Journal*, 28(1), pp.47-56.

Zhang J.（2024）"Clarifying Experience Formation from the Customer's Perspective Using Critical Incident Technique," *Journal of Serviceology*, 9(1), pp.1-8.

Zhang, J. and T.C. Liang（2023）"Defining Memorable Service Experience: Understanding the Dynamic Customer Experience from the Perspective of Experience Memorability," *The 8th International Conference on Serviceology.*

村松潤一（2015）「価値共創の論理とマーケティング研究との接続」村松潤一編著『価値共創とマーケティング論』同文舘出版，129-149頁。

第7章

顧客との価値共創に主軸を置いた価値共創マーケティング

第1節 はじめに

　今日の社会的・経済的背景，そして，新たな学術的基盤を念頭に置くなら，これまでのマーケティングあるいはマーケティング研究は見直しを図る必要がある。とりわけ，形の有無からサービス概念を捉えるのではなく，プロセスとしてサービスを把握するという新たな考え方のもとでは，伝統的に「モノ，交換価値，市場」に焦点を当ててきたマーケティングは大きな転換を迫られることとなった。すなわち，今日，マーケティングは「サービス，文脈価値/利用価値，生活世界」のもとで再構築される必要がある。

　もともと，社会科学にあっては再現性がなく，マーケティング研究も常に時空間的制約を受けてきたことを考えるなら，新たな時空間のもとで有効な理論と手法を提示することもいわば当然のこととして理解できる。そして，プロセスとして捉えるサービス概念に基づくなら，企業と顧客との間のサービス授受によってもたらされるのが価値共創であることはいうに及ばない。

　本書では，すでに新しいマーケティングが置くべき諸前提について議論している。そこでそれらのことを踏まえ，顧客との直接的な相互作用を内実とするサービス授受によって達成する価値共創，そして，価値共創を主軸に置いた新しいマーケティングについて明らかにするなら，第1章で述べたように，価値共創とは「価値創造プロセスで企業と顧客が直接的相互作用によって文脈価値/利用価値を生み出すこと」であり，価値共創マーケティングは「価値創造プロセスで直接的相互作用によるサービス提供を通じた顧客との共創によって文脈価値/利用価値を高めるマーケティング」ということになる。

87

第Ⅰ部 理論編

そこで以下，新しい価値共創マーケティングに焦点を当て，伝統的なマーケティングとどのように異なるのか，新たなビジネスの構築にどのように寄与し，そのもとでは，どのようなマネジメントが行われるのかを明らかにする。

第 **2** 節　価値所与マーケティングと価値共創マーケティング

（1）志向論と起点論

　これまでのマーケティング研究にあっては，供給と需要，生産と消費，企業と消費者の位置関係は常に離れていること，すなわち「離れた関係」にあることがその前提にあり，それゆえに，両者における時間的・空間的離間をいかにして克服するかという重要な役割を担うために流通あるいはマーケティングに関する理論と手法が生まれ，また，実践されてきた。

　そこにおいては，例えば，ミクロ主体者としての企業は消費者にできる限り近づこうとしたのであり，それに理論的・実践的に応えたのがマーケティングである。すなわち，いかにして消費者ニーズを取り込むかに企業のマーケティングは主眼を置いてきたのであり，こうした考え方を志向論と呼ぶなら（村松，2010），それは，マーケティングの成立以降，実に長きにわたって理論と実践における支配的地位を得てきた。

　一方，消費者意識が所有から利用へと変化する中で，企業・消費者間におけるこれまでの「離れた関係」は，ICTの発展を基に一気に「一緒の関係」へと移行し，今日，企業を取り巻く社会的・経済的背景は大きく変貌した。さらに，「交換価値から文脈価値/利用価値へ」とマーケティングが主眼を置くべき学術基盤（S-Dロジック，Sロジック）が新たに現れることとなった。

　そして，この「一緒の関係」のもとでは，モノ・ベースの事前的なビジネスが求めた消費者ニーズの取り込みよりは，ひたすら「一緒の関係」のもとでサービス・ベースの同時的なビジネスを展開することが重要となる。すなわち，「一緒の関係」を起点として新たなマーケティングは理論化され，実践されるのであり，こうした考え方を起点論と呼ぶことができる（村松，2010）。

88

顧客との価値共創に主軸を置いた価値共創マーケティング **第7章**

　さて，留意しておきたいのは，起点論というと，これまでのビジネスあるいはマーケティングにおいて理論，実践としてすでに行われていたのではないかという指摘である。曰く，これまでも消費者ニーズを「起点」としてマーケティングを考えてきた…と。しかし，それは，消費者ニーズを基に，それに適合する製品開発を行ってきたという意味であり，そのねらいは，あくまでもいかにして市場での交換価値を高めるかに置かれていた。

　これに対して，ここでいう起点論とは，文脈価値/利用価値の導出とその向上を意図するものであり，そのためのマーケティングが企業と消費者の「一緒の関係」のもとで，サービスの特性が示すように同時進行的に行われる。そして，それを可能にするために，マーケティングは初めて行為主体としての企業の組織的な有様に関わるのであり，そこではサービスを基軸とした価値共創を起点にビジネスが構築されることになる。すなわち，意図する価値がモノ・ベースの交換価値にあるか，サービス・ベースの文脈価値/利用価値にあるかという点で志向論と起点論には大きな違いがある。

（2）価値所与マーケティングと価値共創マーケティングの対比

　こうした志向論と起点論に基づくなら，これまでのマーケティングを志向論に基づく価値所与マーケティング，新しいマーケティングを起点論に基づく価値共創マーケティングと言い換えることができる（村松, 2010; 2015）。

　周知のように，マーケティングは，モノの販売に代わる新しいビジネスの考え方として成立した。それが意味していたのは，販売は，すでにそれに先立ってモノが事前に存在するが，マーケティングはそもそも何を販売するかを考えるところから始める考え方であり，販売を遥かに超えた概念として生まれた。しかし，この新しい考え方をたとえマーケティングと呼ぼうが，そこで念頭にあるのは，あくまでも事前的なモノであり，市場での交換価値の向上を図ることにそのねらいがあったといえる。そして，そうであるなら，これまでの伝統的なマーケティングはいわば価値を所与としたマーケティングに過ぎず，そこで所与とされるのは，モノが持ち合わせている価値であり，それは市場での交換価値を指している。

89

第Ⅰ部 理論編

　このことを本書におけるサービスを基軸に置いた価値共創の議論と関連づけるなら，これまでのマーケティングは，企業が価値を生み出し，それをモノに埋め込み，交換価値をもって消費者との市場取引に臨むというものであり，手続き論的にはすでに一般化されてきた。すなわち，リサーチに基づいた製品開発，コストに見合う価格設定，標的消費者を見据えたプロモーション，製品特性と流通構造を踏まえたチャネル構築からなる4Psマーケティングがそうであり，それは，まさに事前的な価値を念頭に置いたマーケティングだったのである。そして，こうした枠組に不本意ながらも組み込まれてきたのが，いうまでもなく無形財としてのサービシィーズあるいはプロセスとしてのサービスであった。

　しかし，価値共創の考え方に従うなら，モノは単なる伝達装置でしかなく，市場取引後の消費・利用段階で，まさに利用を通じて新たな価値が生まれるのであり，それを文脈価値/利用価値といい，さらに，それに対する価値判断は，利用当事者である顧客が行うのである。したがって，価値を企業が決めてきたこれまでのマーケティングの有効性は，今日，大きく揺らいでいるといえる。そして，利用の際にそうしたサービスの授受を伴う形で顧客の価値創造プロセスに入り込み，顧客と相互作用を起こすことで達成されるのがまさに価値共創なのであり，この価値共創を促進するものこそが新しいマーケティング，すなわち，価値共創マーケティングということになる。

　そこで以上のことを企業と顧客の関係という視点から明らかにするなら，図表7-1のようになる。すなわち，これまでのマーケティングは，企業がその生産プロセスに顧客をニーズに基づいた製品開発あるいは参加型製品開発によって取り込むためのものであったが，新しいマーケティングは，顧客の価値創造プロセスに入り込み，彼ら単独の価値創造から企業との価値共創に持ち込むためのものとして理解することができる。

　さらに，以上のことを踏まえ，新旧のマーケティングの特性を対比させるなら，図表7-2のようになる。

　すなわち，価値所与マーケティングは，生産プロセスを対象領域とし，モノの交換価値を高めることに主眼があったが，価値共創マーケティングは，生産

90

顧客との価値共創に主軸を置いた価値共創マーケティング　第7章

プロセスではなく消費プロセス，すなわち，顧客の価値創造プロセスを対象領域とし，文脈価値/利用価値を導出し，それを高めることを目的としており，そのための具体的な方法も内容も大きく異なっている。

図表7-1　企業と顧客の関係

	生産プロセス	消費プロセス
企業	顧客を取り込む （これまでのマーケティング）	顧客の価値創造プロセスに入り込む （新しいマーケティング）
顧客	企業の生産プロセスに入り込む	企業を価値創造プロセスに取り込む

出所：村松（2017）図表-1を基に筆者修正。

図表7-2　価値所与マーケティングと価値共創マーケティング

価値所与マーケティング		価値共創マーケティング
企業の生産プロセス	対象領域	顧客の価値創造プロセス
モノの交換価値の向上	目的	サービスによる文脈価値/利用価値の導出と向上
生産プロセスへの入り込み	方法	顧客の価値創造プロセスへの入り込み
企業が交換価値を決め，顧客とのより良い市場取引に臨む	内容	顧客が決める文脈価値/利用価値を直接的相互作用により共創する
G-Dロジック，Gロジック	論理基盤	S-Dロジック，Sロジック

出所：村松（2017）表-2を基に筆者修正。

第 3 節　価値共創マーケティングによるビジネス構築

（1）ビジネスの基盤

　それでは，この新しい価値共創マーケティングのもとでビジネスはどのように構築されるのか。

　明らかなことは，価値共創マーケティングは，相互作用的サービスによる価値共創に主軸を置くものであり，それゆえに，サービスが持つ同時性という点に大きな特徴を求めることが可能である。さらに，サービスの授受が生活世界

91

第Ⅰ部 理論編

で行われる点にも留意する必要がある。

　改めるまでもなく，生活世界で，日々，より良い暮らしを求めて創造的な活動を繰り返しているのが消費者であり，単独によるそうした価値創造活動を相互作用的サービスによる価値共創という形で支援するものこそが価値共創マーケティングである。言い換えるなら，価値創造者たる顧客による価値創造が行われる生活世界には，いまだ手つかずの膨大なまでのビジネス機会が潜んでおり，そこに向けて，価値共創マーケティングは，どのようにアプローチするかが，今日，問われている。それは，まさに，価値創造から価値共創への転換を意図するマーケティングといえる。

　さて，Grönroos and Ravald（2011）によれば，S-Dロジックはサービスにビジネスの基盤を置く考え方であるが，Sロジックは価値創造にビジネスの基盤があるとしており，明らかに両者は異なっているという。すなわち，S-Dロジックにあっては，サービスとサービスが交換される際のサービスそのものにビジネスの基盤があるが，Sロジックでは，そのサービスは，顧客の価値創造に資することが重要だとし，あくまでも顧客の価値創造そのものにビジネスの基盤が置かれている。したがって，それは，価値共創マーケティングの考え方である顧客の価値創造を相互作用的サービスによる価値共創に持ち込み，いかにしてビジネスに仕上げるか，と相通じている。

（2）サービス関係起点の逆算的ビジネス構築

　サービスの本質のひとつは，与え手ではなく受け手に主導権があるということであり，そうした視点に立つなら，第1章で示したサービス社会は，サービス関係の連鎖からなる社会といえる。すなわち，サービスは，顧客が自身に向けてサービスすることから始まり，それで賄われない場合，顧客は他者にサービスを求めるが，前者を価値創造，後者を価値共創と呼ぶことはいうまでもない。そして，その他者も場合によってはさらに他者にサービスを求めることもあり，サービス社会はサービス関係の連鎖からなるといえる。

　伝統的なマーケティングは，これまで企業組織の存在を念頭に置き，市場取引に臨んできた。しかし，これからのマーケティングは，必ずしも組織の存在

を前提にしない。むしろ，顧客とのサービス関係を築き上げることが第一義となる。そして，理論的には構築された何らかのサービス関係のもとで，相互作用的サービスによる価値共創を可能にするような組織が形成されることになり，このことをサービス関係起点という。すなわち，起点というのは，そこで行われる何らかの活動そのものを出発点とするという意味である。そして，その際に新しいマーケティングでは，組織および経営資源を所与としないのであり，価値共創マーケティングにあっては，ビジネスは顧客とのサービス関係を起点としていわば逆算的に構築されることになる。

　したがって，価値共創マーケティングのもとでのビジネスは，理論的にはサービス関係の構築から始まるのであり，それを具体的に示すならサービスそのものを内容とするビジネス，すなわち，サービスビジネスがその出発点となる。そして，顧客とのサービス関係の中で，時としてサービスビジネスに関わるサービシィーズやサービスそのものの変革が求められるのであり，その場合は，ビジネス形態そのものも変わることになる。

　その興味深い事例としてS楽器がある。同社は人々に音楽のある豊かな生活を送ってほしいという理念を基に楽器の演奏を教える音楽教室を始めた。そして，生徒から自宅でも練習ができるようにと楽器の販売を要望され，楽器販売を手掛け，さらに，自分だけの楽器が欲しいという生徒に楽器を製造することで対応することになった。すなわち，同社はサービスビジネスから小売ビジネス，製造ビジネスへとビジネス組織の態様を変化・拡張していったのであり，それはビジネス形態の変革プロセスを示すことになった。

（3）逆算による現行ビジネスの見直し

　このようにサービス関係を起点とする以上，価値共創マーケティングをもとにしたビジネス構築は，論理的にはサービスビジネスあるいは価値共創ビジネスから始まることになる。一方，すでに何らかのビジネスを展開している場合は，現行ビジネスから考えることが現実的となる。よって，現行のさまざまなビジネスから逆算的な見直しを図る場合は，以下のようになる。

> **第Ⅰ部** 理論編

①メーカーの場合

　卸売企業や小売企業といった商業者を乗り越え，直接，顧客との接点を構築し，そこでのサービス関係のもとで顧客の価値創造を価値共創に持ち込み，サービスビジネスを成立させる。そのうえで，モノあるいはサービシーズにどう取り組むかを決めることでビジネス形態が変化・拡張することになるが，これをメーカーにおける現行ビジネスの逆算的見直しという。したがって，これまでメーカービジネスだけであったものが，サービスや商業といったビジネスを取り込んだり，それらに特化することで，メーカービジネスを取りやめたりする場合も考えられる。

　ところで，巷間，よくいわれている製造業のサービス化にあっては，メーカービジネスにサービスをいかにして付加するかということが主題となることが多い。しかし，その考え方は，メーカービジネスをそのままにモノを所与として始まるサービス化を意味するサービタイジング（servitization）を指しているに過ぎない。目指すべきは，すべてをサービス企業として捉え，サービスから始まるサービサイジング（servicising）である（Grönroos, 2015）。言い換えるなら，ビジネスのサービス化とは，サービスビジネスを念頭に置くことから始まるといえる。

②卸売企業の場合

　小売企業を乗り越え，直接，顧客との接点を構築し，そこでのサービス関係のもとで，顧客の価値創造を価値共創に持ち込み，サービスビジネスを成立させる。そのうえで，モノあるいはサービシーズにどう取り組むかを決めることで，現行の卸売ビジネスの逆算的見直しが行われる。

③小売企業の場合

　すでに顧客接点は有しており，そこでのサービス関係のもとで，他と同じように顧客の価値創造を価値共創に持ち込み，サービスビジネスを成立させる。そのうえで，モノあるいはサービシーズにどう取り組むかを決めることで，現行の小売ビジネスの逆算的見直しが行われる。

顧客との価値共創に主軸を置いた価値共創マーケティング　**第7章**

④サービス企業の場合

　同じく，すでに顧客接点は有しているのがサービス企業であり，そこでのサービス関係のもとで顧客の価値創造に寄与しているかの検討から始まる。もし，現行において顧客接点が活かされていないなら，新しいサービス関係のもとで顧客との価値共創に挑み，サービスビジネスを成立させる。

　すなわち，サービス企業だからサービスビジネスが成立しているというわけではなく，改めての見直しが必要なのであり，これをサービス業のサービス化という。そのうえで，サービスビジネスに留まるか，モノあるいはサービシーズにまで関わるかを決めることで，現行ビジネスの逆算的見直しが行われる。

第4節　価値共創マーケティングのマネジメント

　こうした価値共創マーケティングを，次にマネジメントの視点からみることにする。

　まずは，サービス関係を成立させるために不可欠な顧客接点をいかに構築するかというステップを皮切りに，最終的には価値共創による新たな文脈価値/利用価値の導出に至るという4Cアプローチ（村松, 2015; 2017）について明らかにする。

　一方，文脈価値/利用価値を決定するのは顧客側であるとしても，それは何らかの文脈のもとで行われるのであり，その文脈をいかにマネジメントするかが企業側の課題となるが，これを文脈マネジメントと呼ぶことにする。

（1）4Cアプローチ

　4Cアプローチは，ビジネス構築を戦略的に進めるためにも，また，既存のビジネス戦略を分析するためにも用いることができるが，ここでは，前者の場合を想定して，その全容を明らかにする。なお，4Cとは，それぞれのステップに共通する頭文字Cがその由来となっている。

95

第Ⅰ部 理論編

①接点（Contact）

　まずは，顧客との間にどのように（な）接点を構築するか（顧客接点マネジメント）であるが，それは，リアルでもバーチャルでもその両方でもかまわない。情報通信技術が発達したことで，すべてのモノとヒトがつながった今日，いつでも，どこでも顧客の価値創造プロセスに入り込むことが可能になった。こうした顧客接点の構築は，サービスを基軸とする価値共創を推進するのに不可欠であり，それがビジネス構築へと結実していく。

②Communication（コミュニケーション）

　構築された接点においては，いうまでもなくサービスの授受が行われるが，それが相互作用的なものであることから，どのように（な）コミュニケーションを取るか（コミュニケーションマネジメント）がここでは問われることになる。より良いコミュニケーションからより良いサービス授受が生まれることになる。

③Co-creation（共創）

　より良いコミュニケーションによって円滑なサービス授受が為されるなら，より良い価値共創がもたらされる。すなわち，顧客とのどのようなやりとりが共創を可能にし，どのようにやりとりするか（共創プロセスマネジメント）が課題である。したがって，共創領域の拡大，すなわち，価値創造を価値共創に持ち込むには，より良い共創プロセスがその前提となる。

④value-in-Context（文脈価値）

　共創された文脈価値/利用価値はどのようなものか，あるいはどのように評価されるか，すなわち，共創された価値をどのように捉えるかが4Cアプローチにおける最終ステップとなる。

　既知のことではあるが，共創された価値の判断に企業は入り込めないが，判断そのものに何らかの影響を与える文脈それ自体をマネジメントすることは可能であり，価値共創マーケティングにあっては，上述した諸マネジメントに新たに「文脈マネジメント」が加わることになる。

96

顧客との価値共創に主軸を置いた価値共創マーケティング　**第7章**

（2）文脈マネジメント

　一般に文脈とは背景や状況のことをいうが，価値共創マーケティングでは，共創された文脈価値/利用価値が，顧客によってある意味で一方的に評価されるのであり，企業としては，評価に影響を与える文脈をいかにしてマネジメントし，良い評価を得るかを考えることは極めて重要なことといえる。

　したがって，価値共創マーケティングとしては，こうした意味における文脈マネジメントにあって最初に為すべきことは，評価に与える影響要因を明らかにすることである。そして，共創された価値が顧客によって独自に判断されることから，個人的な文脈を大きな影響要因として理解することが重要となる。

　例えば，個人が持つ性格や態度といった属性や過去の経験，人間関係，考え方などがそれに当たる。一方，判断する顧客がどのような物理的状態に置かれているかという点も重要な影響要因といえる。それには，雰囲気，器財，接客要員とのやりとり，モノあるいはサービシィーズそのものなどが考えられ，これらは企業にとってマネジメントしやすいといえるが，先に挙げた個人的文脈のマネジメントについてはかなりの時間を必要とすると思われる。

　そして，次に必要なことは，顧客が共創価値を評価するプロセスを明らかにすることである。価値共創マーケティングの目的は，顧客の価値創造プロセスに入り込み，価値創造を価値共創へと導き，新たに文脈価値/利用価値を導出し，向上させることにあるが，こうした一連の共創プロセスの有様も，影響要因に成り得ることに留意したい。したがって，共創価値の評価プロセスにこの共創プロセスを含めて考える必要がある。

（3）成果のマネジメント

　最後に，価値共創マーケティングの成果をどのように捉え，マネジメントするかについて述べることにする。

　価値共創マーケティングは，S-DロジックやSロジックを検討する中で，新たに示された考え方であるが，両ロジックとも，それらに基づいた新しいマーケティングがもたらす成果についての議論は希薄である。それは，もともとS-Dロジックは，いまある市場を中心とする経済社会を念頭に置き，それを見渡す

第Ⅰ部 理論編

ためのレンズ（Vargo and Lusch, 2008, p.9）を提供したものであり，新しいマーケティングの成果も市場における交換価値に引き戻して捉えることが暗黙の前提となっているからである。また，Sロジックを示したGrönroosの主張のひとつにプロミス概念があり，それまでの著作においても何度かの説明がみられる。しかし，それは，もともとモノの市場取引における「満足のプロミス（promises of satisfaction)」概念（Levitt, 1981）を由来とするものであり（村松，2021），それゆえに，あくまでも市場取引時における交換価値にそうした考え方の根幹がある。

　しかし，価値共創マーケティングは，新たに顧客の価値創造プロセスに入り込んで直接的相互作用を伴うサービスによって価値共創を成し遂げるものであり，等価交換の原則に基づくなら，その成果については，そこで共創された新たな価値に等価の対価について考えることを重要となる。すなわち，文脈価値/利用価値に等価の対価が支払われるということである。

　サービスの評価は顧客がするのであり，その授受によって達成できた価値共創から導出された文脈価値/利用価値の評価と市場取引時の交換価値は必ずしも一致するわけではない。交換価値以上に文脈価値/利用価値が評価される場合もあれば，逆もある。前者については，これを特に機会収益の逸失といい，企業側はそれを余儀なくされ，後者を機会損失の転嫁といい，顧客側がそれを被ることになり（村松, 2015; 2017），いずれの場合も不幸である。

　それは，これまでサービスはサービシィーズとして，いわば未等価交換（村松, 2015; 2017）を強いられてきたことが原因である。サービスの時空間は市場ではなく生活世界にあり，そこで評価されるべきであったにもかかわらず，これまで市場取引時の交換価値が等価の対価を考える際の根拠とされてきた。したがって，これからは，市場メカニズムとは異なる調整メカニズムをサービスの時空間である生活世界で新たに構築する必要があるといえ，その際の価格政策としては，例えば，PWYWプライシングが考えられる（村松, 2017; 2021）。また，消費者意識が所有から利用へと移行する中で，サブスクリプションと呼ばれる価格政策が注目されているが，それが，利用に焦点が置かれているという点においては価値共創マーケティングに通じるものがある。

顧客との価値共創に主軸を置いた価値共創マーケティング **第7章**

第 **5** 節　おわりに

　本書が扱う価値共創マーケティングは，それまでの市場で完結するマーケティングとは明らかに異なっており，生活世界でのサービス授受による価値共創を主軸としている。したがって，それは，新たなビジネス機会を生むものであり，伝統的なマーケティングあるいはビジネスが新たな活路を求めている今日こそ，注目すべきものといえる。

　本章では，こうした視点から，価値共創マーケティングとは何かを明らかにし，また，そうした考え方がビジネスの構築にどのような影響を与えるかを示し，さらに，そのマネジメントについても言及した。ただし，成果をどのように捉えるかについては，サービス社会に対する理解が深まることで，今後，一層，研究が進むと考えられるが，それは，新たな体制とそのもとでのビジネスのあり方を示すという極めて壮大なものでもある。

[参考文献]

Grönroos, C. (2015) *Service Management and Marketing: Managing the Service Profit Logic, 4ᵗʰ.*, Chichester, UK : John Wiley & Sons.

Grönroos, C and A. Ravald (2011) "Service as Business Logic: Implications for Value Creation and Marketing," *Journal of Service Management*, 22(1), pp.5-22.

Levitt, T. (1981) "Marketing Intangible Product and Product Intangibles," *Harvard Business Review*, 59(3), pp.94-102.

Vargo, S.L. and R.F. Lusch (2008) "Service Dominant Logic : Continuing the Evolution," *Journal of the Academy of Marketing Service*, 36(1), pp.1-10.

村松潤一（2010）「マーケティングと顧客—志向論から起点論へ」村松潤一編著『顧客起点のマーケティング・システム』同文舘出版。

村松潤一（2015）「価値共創型企業システムとマーケティング研究」村松潤一編著『価値共創とマーケティング論』同文舘出版。

村松潤一（2017）「価値共創マーケティングの対象領域と理論的基盤—サービスを基軸とした新たなマーケティング」『マーケティングジャーナル』37(2), 6-24頁。

村松潤一（2021）「新たなマーケティング理論の構築に向けて」村松潤一・大藪亮編著『北

| 第Ⅰ部 | 理論編 |

欧学派のマーケティング研究─市場を超えたサービス関係によるアプローチ』白桃書房。

＊なお，第1章で表記した消費者/顧客は，より一般的な意味が強い場合のみ消費者とし，他はすべて顧客を表記した。

第8章

価値共創型企業システム

第1節　はじめに

　価値共創マーケティングの定義は「価値創造プロセスで直接的相互作用によるサービス提供を通じた顧客との共創によって文脈価値/利用価値を高めるマーケティング」である（第1章）。価値共創マーケティングを軸としてそれを支えるのが価値共創型企業システムである。村松が価値共創型企業システムを提示するまでの思考のプロセスは村松（2009）に詳しく述べられている。村松（2009）はこれまでのマーケティング・マネジメントや戦略的マーケティングそしてマネジリアル・マーケティングなどの研究について詳細にレビューしている。そこから，マーケティング研究の本質は市場創造と統合であることを提示している。そして，これまでのマーケティングは価値所与であること，統合については失敗していることを指摘している。

　マーケティング研究の企業システムに関する議論は交換までの企業と顧客が対峙するモデルを念頭に置いていた。これに対して，価値共創型企業システムは企業が交換後の消費プロセスで顧客との共創を起点として編成される。企業がマーケティングの市場創造で成果を上げるためには統合は不可欠である。マーケティング理念が内向きの企業活動の経営理念に影響を与えることによって統合を促進する。価値共創型企業システムは企業活動の最上位にマーケティング理念を掲げた企業戦略である。しかし，価値共創型企業システムは概念提示の段階であり，実践に向けての検討が必要である。

　そこで，本章は第2節で価値共創型企業システムの全体像について，第3節で価値共創型企業システムを構成する主要概念について考察する。第4節にお

第Ⅰ部 理論編

いて価値共創型企業システムを編成するための具体的な方法について検討する。そして，最後に価値共創型企業システムを実行するためのプロセスについて考察して，残された課題を提示する。

第2節　価値共創型企業システムの全体像

（1）価値共創を支える企業システム

　企業経営では市場創造機能としてのマーケティングの働きが求められる。村松（2009）はマーケティング・マネジメント，マーケティング戦略そして戦略的マーケティングの考察からマーケティングの基本は市場創造と統合であると提示した。そのうえで，経営者が担当する戦略的マーケティングに求められるのは競争対応ではなく新たな環境下における新規事業機会の探索機能だと提示した。そして，戦略的マーケティングは市場創造機能を十分に発揮するための経営諸機能，戦略レベル，マネジメント・プロセスの統合が重要だと指摘した。したがって，経営者がマーケティングを中心に事業を編成する時には組織への接近が強く求められていると述べている（村松, 2009, 92-97頁）。

　価値共創マーケティングは顧客起点で創造的適応しながら一緒になって顧客にとっての価値を創る活動である。価値共創マーケティングは戦略的マーケティングとは違い企業と顧客は直接的な相互作用関係にある。そして，企業は顧客が独自に判断する文脈価値を高めるための企業システムを編成することになる。企業は顧客との価値共創を起点とした新たなマーケティング・システム，企業システムを構築することが必要である（村松, 2015, 160頁）。このような経緯で検討されているのが価値共創型企業システムである。

（2）全体像

　企業が価値共創マーケティングを実施するためにはそれを支える企業システムが必要である。価値共創マーケティングは企業と顧客の共創領域で市場創造が行われる。価値共創は生活世界におけるサービスの与え手と受け手の関係で，

受け手主導によってスタートする。そして、市場創造が十分に実施されるために企業システムが編成される。企業が顧客と共創する価値は文脈価値である。したがって、企業は顧客との価値共創を起点に企業システムを構築することになる。

　価値共創の考え方はGrönroosのSロジックの考え方に基づく。価値共創型企業システムは顧客との相互作用を通して共創領域を拡大しながら市場創造を図ることを目指して編成される。企業が顧客との価値共創を理念に掲げて戦略と組織に浸透させることによって一体化する。価値共創型企業システムは企業文化と深い関わりがある。企業文化の中核には経営理念を編成原理とした経営文化（戦略）と組織文化（組織）がある（村松, 2009）。価値共創型企業システムの理念とはマーケティング理念のことである。マーケティング理念のもとで経営文化が戦略を組織文化が組織を導くことになる（図表8-1）。

　マーケティング理念はマーケティング要素と経営諸機能をマーケティングの視点から統合する考え方である。そして、価値共創を起点にしたマーケティングを機能させるためには即時的行為が極めて重要になる。企業のすべての組織やプロセスはマーケティング行為に強く依存することになり戦略レベル、マネジメント・プロセスを統合することになる。価値共創型企業システムは4Cア

図表8-1　価値共創型企業システム

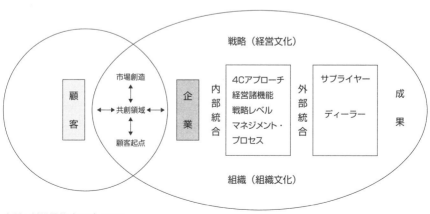

出所：村松編著（2015）167頁。

第Ⅰ部 理論編

プローチ，経営諸機能，戦略レベル，マネジメント・プロセスの内部統合と，サプライヤー，ディーラーなどの外部統合を促進させる。そして，企業は成果システムを組み込むことで全体像が構築される。

第3節 価値共創型企業システムの構成概念

（1）理念
①マーケティング理念

　価値共創型企業システムで重要なのはマーケティング理念である。村松（2009）は企業文化の編成原理としてマーケティング理念を位置づけている。マーケティング理念は外に向いた顧客志向と内に向いた統合志向，利益志向から成立する。経営理念による構造化という企業文化の考え方は文化による企業の統合を意味する。すなわち，企業文化とマーケティング理念は内に向いた統合という点で同じ論理を持っている。

　戦略的マーケティングはマーケティング理念を実態化することを意図していた。マーケティング理念は企業経営の基本的な方向付けを市場との関係において規定しようとするもので，マーケティングの視点から他のすべての経営諸機能を統合しようとするものである（村松, 2009, 85頁）。マーケティング理念による統合には内部統合と外部統合がある。内部統合と外部統合の紐帯として機能するのが企業文化である。

②企業文化

　企業文化は経営理念と経営理念で構造化される経営文化と組織文化で成立する。価値共創マーケティングはマーケティング理念・マーケティング・コンセプトから外に向けた顧客起点を採用することになる。そして，企業は顧客起点のもとで内に向けて，統合志向のもとで企業文化が経営文化と組織文化に影響を与え内部統合と外部統合を促進する。経営文化は企業の経営者が展開するマネジメントの特質であり戦略と組織に影響を与える。

価値共創型企業システム **第8章**

企業文化は経営理念を編成原理として経営文化と組織文化に構造化される（梅澤, 1990, 63頁）。Grönroos（2007a: 邦訳, 351頁）は企業文化を組織構成員に目的・意義を与え組織内での行動のルールを与える共有の価値と信念のパターンと定義している。企業文化は組織内の人々の内部関係性がどのように機能するかにある程度関わる。文化は学習し理解すべき重要な現象である。

経営理念は内向きに作用する。マーケティング理念は外に向いた顧客志向と内に向いた統合であり，企業文化とマーケティング理念は内に向いた統合という点で同じ論理を持っている。

（2）戦略と組織

①戦略（経営文化）

企業文化はマーケティング理念に基づき他の経営諸機能を統合する考え方である。そして経営文化が戦略を，組織文化が組織を導く。企業が展開するマネジメントの特質が経営文化である（村松, 2009, 183頁）。したがって，経営文化がマネジメントに対して影響を与える。

経営戦略論が消費者にコア・コンピタンスの源泉を求めるようになった。Prahalad and Ramaswamy（2004）は1990年までが事業単位，1990年以降がポートフォリオとしての企業，1995年以降がサプライヤーおよびパートナー，そして2000年以降は消費者と消費者コミュニティがコア・コンピタンスの源泉だと提示している。

企業が価値共創の顧客起点の考え方を組織に浸透させるためには戦略の構造化が必要である。マーケティングの統合機能による構造化はマーケティング部門内，経営諸機能，戦略レベル，マネジメント・プロセス，企業間の5つの視点である。価値共創型企業システムは企業の内部だけでなく，一企業の範囲を超えて企業間までを統合の範囲と提示している。

②組織（組織文化）

価値共創型企業システムは顧客との共創を起点に組織を規定する。企業は顧客を志向するのではなく顧客と共創する。価値共創型企業システムの組織はマ

第Ⅰ部 理論編

ーケティング理念に基づき顧客起点で内部統合，外部統合を促進しながら価値共創を支援するために動態的に編成される。

　バック・オフィス，マネジメントそしてスタッフなどがサービス・エンカウンターを支援するサポート機能を果たす。サービス・エンカウンターの社員がたくさんの「真実の瞬間」（第10章参照）を創造するための支援体制である。

　伝統的な組織は管理・統制を優先させるピラミッド型であったが，サービス社会では支援を優先させる逆さまのピラミッド型の組織が求められる。逆さまのピラミッドはサービス・エンカウンターの顧客とのインタラクションが組織階層のトップに位置すること，スタッフや他のサポート機能やマネジメントは成功のための前提条件であることを意味する。

　Grönroos（2007a: 邦訳, 298-299頁）は組織の階層をできる限り少なくするべきだと提示している。顧客とオペレーションに関する決定責任はマネジメントからサービス・エンカウンターに関わるスタッフへと移行することで「真実の瞬間」に直接責任を持つ。そのためには中間マネジメント層を減らし組織構造をフラット化することやサービス・エンカウンターへの権限委譲を促進することになる。

（3）意志と能力

①意志─価値共創の戦略

　村松は企業と顧客の意志と能力についての概念を提示している。意志は企業が戦略（経営文化）として価値共創を採用することである。企業の意志は顧客が求めるサービスに対して自社が持つナレッジ・スキルを適用していく戦略である（村松, 2015, 138頁）。

　企業はマーケティング理念が企業文化に影響を与え，経営理念を編成原理として経営文化と組織文化に影響を与える。マーケティング理念として価値共創を採用する企業は，戦略（経営文化）と実行する組織（組織文化）に影響を与える。

②能力─実行

　企業の能力は経営能力と組織能力に構造化できる。企業の意志，すなわち価

106

値共創を採用する戦略（経営文化）は組織文化に影響を与え実行される。価値共創の戦略は「誰に（Contactする顧客）」「何を（顧客が決める文脈価値（value-in-Context））」「どのように（CommunicationやCo-creation）」の三軸で考察できる。戦略は価値共創マーケティングの4Cアプローチで具体化できる。企業は組織内での理念の浸透を通じて，戦略レベル，経営機能，4Cアプローチなどの多様な要素を統合することにより，顧客の文脈価値を高めることが可能になる。さらに，文脈価値を高めるためにはサービス・エンカウンターを担う社員だけでなく，関連する物的資源や支援システムも含めた広範な要素をマネジメントすることが必要とされ，これらすべてがマーケティングの一部として機能することが求められる。

　企業が組織運営を通して顧客の文脈価値を高めることができれば能力が高いことになる。したがって，企業の能力は価値共創マーケティングで成果を出すための実行である。意志のある企業の戦略が成果に結実するためには，組織として実行しながら内部統合，外部統合を促進する必要がある。

　価値共創マーケティングの戦略は4Cアプローチで実行，分析することができる（村松編著, 2020, 14-15頁）。したがって，最初に検討すべきことは，どのような顧客と接点を持ってどのようにコミュニケーションするかである。

（4）組織能力

　企業（サービスの与え手）は生活世界で顧客（受け手）と相互作用しながら文脈価値を高めようと実行する。その場合，企業がマネジメントできる対象は企業の内部として捉えることができる。Grönroos（2007a）のサービス・システム・モデルは企業が「相互作用部分」と「サポート部分」をマネジメントする。これは価値共創型企業システムの「内部統合」に相当する。

　価値共創型企業システムは企業が直接マネジメントできない外部との関係性を重視している。村松（2009）は企業間統合の外部統合の事例としてサプライ・システムやディーラー・システムを挙げている。これからは，さらに範囲を拡大してゆるやかな統合としての地域社会や大学，行政などとの連携の視点が重要になるであろう。

第I部 理論編

　企業や組織が社員をどのように捉えているかによっても能力に違いが出るであろう。企業が社員をオペランドと捉える場合は管理操作の対象として組織運営する。企業が社員をオペラントと捉えると組織運営の方法が違ってくるであろう。企業が社員をオペラントとして捉える場合はインターナル・マーケティングやダイナミック・ケイパビリティなどの研究との接合も重要になる（村松編著, 2016, 184頁）。

第4節　内部統合と外部統合

（1）内部統合―マネジメント可能

　企業の内部統合は組織内に向けた円滑なマーケティング・マインドの浸透があって初めて可能になる。これは，組織の全域でマーケティング・マインドが共有されるということである（村松, 2009, 112頁）。内部統合は価値共創を推進していくための4Cアプローチ，経営諸機能，戦略レベル，マネジメント・プロセス等の統合が含まれる（村松他編著, 2020, 9頁）。

①4Cアプローチ

　ミドル・マネジメントは統制可能なマーケティングの4Psをマネジメントした。4Psの構成要素は製品，価格，流通経路，プロモーションである。これがマーケティング・マネジメントやマーケティング・ミックスである。マーケティング・マネジメントは企業によって決める製品を前提とした価値所与マーケティングの延長線上の考え方である。

　価値共創は製品よりも企業と顧客とのコミュニケーションが先行する。価値共創は顧客の問題解決という課題が先にありそれに対する企業の対応を重視する。すなわち，企業と顧客の共創によって価値の内容が決まる。そこで，価値共創型企業システムは4Cアプローチを提示している。

価値共創型企業システム **第8章**

②経営諸機能

マネジリアル・マーケティングや戦略的マーケティングはマーケティングを中心に企業経営のシステムを考察しようと試みた。そこでは，経営諸機能の製造，製品開発，財務，情報技術，人的資源管理等とマーケティングとの関係が論じられている。

価値共創型企業システムでは研究開発，製品開発，営業・マーケティングなどとの関係が特に重要である（村松, 2009, 150頁）。

③戦略レベル

戦略には企業，事業，製品の各レベルがある。そして，戦略はそれぞれのレベルで個別に実施される。価値共創型企業システムはマーケティング理念によって経営と組織が一体化される。すなわち，マーケティングは必然的にトップ・マネジメントが担当することになる。価値共創で重要なことは，企業，事業が扱うのが顧客との相互作用を通した顧客の問題解決であることである。したがって，製品レベルの顧客と直接的な相互作用を担いながら課題解決を目指す現場でのマネジメント，戦略が重要なのである。

④マネジメント・プロセス

これまでのマーケティング・マネジメントは計画策定が重視され，トップダウンで実施されてきた。価値共創型企業システムは現場を重視する考え方である。したがって，トップダウン型のマネジメントはふさわしくない。価値共創型企業システムはマーケティング理念を組織的に現場まで浸透させることが必要である。

（2）外部統合─関係性構築

村松（2009）は価値共創のためには内部統合だけでなく外部統合も関係すると提示する。価値共創型企業システムは企業外部のサプライヤー・システムやディーラー・システムなどの企業間関係の外部統合まで関係する。サプライヤー・システムとは生産における原材料などの調達システムのことである。ディ

109

第Ⅰ部 理論編

ーラー・システムとは生産した商品を顧客に届ける流通システムのことである。サプライヤー・システムとディーラー・システムはこれまでの価値所与マーケティングで検討されてきた経緯がある。

　したがって，価値共創型企業システムの外部統合は文脈価値を高めるために促進される。顧客との価値共創を起点として企業の意志によってサプライヤー，ディーラーとの関係が決まる。さらに，これからの企業は地域社会や学校，そして行政などとの関係性も重要になる。

（3）小括

　ここまで価値共創型企業システムの全体像と構成概念について述べてきた。価値共創型企業システムはこれから精緻化を図っていく段階である。研究課題は価値共創と内部統合の関係，価値共創と外部統合の関係，価値共創と経営・組織文化との関係，価値共創と企業成果の4点である（村松, 2015, 169頁）。

第5節　おわりに─価値共創型企業システム編成のフロー

　企業がマーケティング理念を掲示して価値共創を起点とした活動を実施するとしたらどのようなプロセスで検討したら良いのであろうか。本節は村松（2015）が提示した価値共創型企業システムを編成して実行するためのフローについて検討する（図表8-2）。

　価値創造者の顧客が企業との共創に臨むためには意志が必要である。共創顧客は意志と能力で類型化できる（村松, 2009, 137-138頁）。企業は価値共創する意志のある顧客が求めるサービスがどのようなものなのかを察知する必要がある。したがって，意志のある企業は顧客の「意志と能力」に応じた展開が必要である。

　企業は4Cアプローチで戦略を策定する場合，共創顧客（Contact）を決める必要がある。企業は共創顧客とのCommunicationによって共創（Co-creation）しながら文脈価値（value-in-Context）を高めることを目指す。価値共創型企業システムはそのプロセスを支援するために編成される。企業は共創顧客に対し

図表8-2　価値共創型企業システム編成のフロー

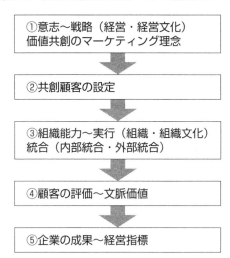

出所：筆者作成。

て自社のリソース（ナレッジ・スキル）のサービスを適用しながら相互作用を展開する。

　価値共創型企業システムは，①企業の意志，すなわち戦略（経営文化）が最初に必要である。言い換えれば，価値共創マーケティングを実施するマーケティング理念である。意志がある企業は実行のために経営文化が組織文化に影響を与える。戦略は組織が4Cアプローチで実行する。そこで重要な視点が，②Contactする共創顧客の設定である。自社のナレッジ・スキルとの組み合わせで顧客の課題を解決できる，最適な組み合わせを目指すことが重要である。4Cアプローチで成果につなげるためには，③内部統合，外部統合を促進する組織能力が必要である。

　そして，組織能力が高い企業は内部統合，外部統合を促進しながら，④顧客の文脈価値を高めることに成功する。これらのプロセスで成果が上がり，⑤企業の成果に結実すれば能力のある企業ということになる。

　本章は価値共創を支援して成果を出すための価値共創型企業システムについて考察した。企業が価値共創型企業システムの編成を促進して成果を出すため

第Ⅰ部 理論編

にはマーケティング理念に基づく企業文化の醸成が大前提である。本章は価値共創型企業システム全体像と構成概念について概観した。そして，実行に向けて意志と能力の視点で検討した。企業が価値共創マーケティングを実行するためには内部統合，外部統合しながら価値共創型企業システムを運営する能力が不可欠である。

具体的な実行に向けて，特に重要なのがGrönroos（2007a）のインターナル・マーケティングの考え方である。これについては第10章で詳述したいと考える。

参考文献

Grönroos, C.（2007a）*Service Management and Marketing: Customer Management in Service Competition, 3ed.* John Wiley & Sons Limited.（近藤宏一監訳・蒲生智哉訳（2013）『北欧型サービス思考のマネジメント』ミネルヴァ書房。）

Grönroos, C.（2007b）*In Search of a New Logic for Marketing Foundations of Contemporary Theory.* John Wiley & Sons.（蒲生智哉訳（2015）『サービス・ロジックによる現代マーケティング理論—消費プロセスにおける価値共創へのノルディック学派アプローチ』白桃書房。）

Prahalad, C.K. and V. Rawaswamy（2004）*The Future of Competition: Co-Creating Unique Value with Customers,* Harvard Business School.（有賀裕子訳（2004）『価値共創の未来へ—顧客と企業のCo-Creation』ランダムハウス講談社。）

梅澤正（1990）『企業文化の革新と創造』有斐閣。

村松潤一（2009）『コーポレート・マーケティング—市場創造と企業システムの構築』同文舘出版。

村松潤一編著（2015）『価値共創とマーケティング論』同文舘出版。

村松潤一編著（2016）『ケースブック　価値共創とマーケティング論』同文舘出版。

村松潤一（2017）「価値共創マーケティングの対象領域と理論的基盤—サービスを基軸とした新たなマーケティング」『マーケティングジャーナル』37（2），2-20頁。

村松潤一・藤岡芳郎・今村一真（2020）『ケースで学ぶ　価値共創マーケティングの展開—新たなビジネス領域への挑戦』同文舘出版。

第9章

資源統合マネジメント

第1節　はじめに

　21世紀の今日,「工業社会」から「サービス社会」に転換しつつある（江,2018）。1936年のアメリカ映画の名作,チャールズ・チャップリンの『モダン・タイムス』の前半部分にあるように,産業革命の後に大規模な生産設備が発明されたことによって大量生産が始まり,その生産管理の方法を探ることから企業の経営も課題になってきた。「工業社会」において,企業経営のために,これまで主に製造業を中心に企業内の資源統合,すなわち企業がいかにして競争優位を獲得するために内部資源を獲得・蓄積し,さらに活用していくかについて議論されてきた。このような議論は,経営学領域の経営戦略分野における資源ベース理論といわれている。

　一方,「サービス社会」への転換に伴い,特に情報化の進展によって,企業と外部の顧客との関係はこれまでとは大きく異なるものとなり,企業内に注目するだけではなく,企業外の顧客の消費プロセスまで時空間的に拡張する必要がある。そのため,企業としては,価値共創のために企業内だけではなく,企業外においても資源の選択・調達と顧客への提供の適切な方法を見出すことも課題であるといえる。

　近年,学術的にも資源統合は重要なテーマとしてしばしば議論されている。経営学の経営戦略分野において企業内の資源統合は半世紀前から議論され,また,マーケティング分野のS-Dロジックにおける価値共創のための企業外資源統合は繰り返し取り上げられるテーマである。

　ここでいう価値共創はマーケティング分野においてもっぱら研究されており,

113

第Ⅰ部 理論編

S-Dロジックを用いて議論されている（Vargo and Lusch, 2004; 2008; 2016）。情報技術の進展により，サービス関係の中心が企業から顧客へと変化する中で，理論上においても実践上においても，顧客の視点に立って企業は資源を提供し，顧客の持つ資源（ナレッジやスキル）と資源同士を統合することによる価値共創が重要であるとしばしば議論されている（村松, 2018）。しかし，価値共創のために企業が提供する資源がどのようにして企業内外において選択され，さらに顧客との共創に提供されるかについては研究対象とされてこなかった。したがって，さまざまな企業内資源の内，顧客との価値共創に活用される資源とはいかなるものか，企業外の顧客との接点で行われる価値共創に提供・活用されている資源は，どのように内的調達および外的調達で獲得され，統合されるかについて，実践上においても理論上においても明らかにする必要がある。

　すなわち，企業と顧客との価値共創，それがサービスの相互作用によってなされるが，そうした顧客との共創を可能にするために，企業はまず資源を企業内において調達し，さらに不足分を企業外から調達する。したがって，本章では，図表9-1で示すように，従来は別個の研究対象であった企業内資源統合と企業外資源都合の連動に着目し，価値共創のために共創資源の内的・外的調達について議論を行う。

　具体的には，第2節において，経営戦略論分野における資源ベースの理論に

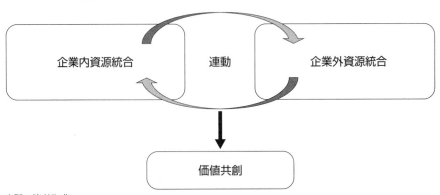

図表9-1　価値共創のための企業内外における資源統合

出所：筆者作成。

基づいて，共創資源の内的調達，いわゆる企業内資源統合について議論する。第3節では，主にマーケティング研究におけるS-Dロジックに基づいて，共創資源の外的調達，いわゆる企業外資源統合について，価値共創や，文脈価値，資源，サービス・エコシステムなどの重要なキーワードの定義に触れながら議論を進める。最後は，むすびとして，本章のまとめと今後の課題を提示する。

第2節　企業内資源統合—共創資源の内的調達

　価値共創研究では，顧客側に着目しており，企業が顧客のために資源統合することに重点を置いているが，従来の経営学と伝統的マーケティング研究は，企業側に着目しており，顧客を一種の経営資源として捉え，企業のために顧客という経営資源の活用に重点を置いている。しかし，上述したように，顧客との価値共創のために企業内外の資源を調達するのが重要であるため，本節では，まず消費プロセスにおける価値共創のために使用する企業内の資源とは何があるのか，そしてどのように調達するのかについて議論を行う。

　企業内資源に関しては，これまでは経営戦略の分野において研究されており，企業内の生産プロセスにおける資源またはケイパビリティの選択・蓄積とその活用のみを対象として，企業の視点に立った資源ベース理論が構築されてきた (Penrose, 1959; Barney, 1991; Teece *et al.*, 1997; Collis and Montgomery, 1998)。これは，RBV理論，後にRBT理論（Resource-Based Theory：資源ベース理論）と称される。Penrose (1959) は，いわゆる企業はそれぞれ資源の独自の束（組合せ）を所有しているため各企業は根本的に異なることを前提にし，企業内部の経営資源またはケイパビリティの内的蓄積，調達と活用について企業成長と関連づけて議論を行っている。

　資源ベース理論では，これまで企業が持続的競争優位を獲得するために，経営資源をどのように定義し分類するか，そして自社または競争相手の経営資源を特定するにはどうすれば良いのかについて議論が行われ，膨大な研究蓄積がある。以下，企業内の共創資源とは何があるのか，そしてどのように調達するのかについて，企業内資源の分類，特定および調達について先行研究に基づい

第Ⅰ部 理論編

て分析を行う。

資源ベース理論に特に大きく貢献したBarney（1991）によると，企業内の資源は，企業が所有するすべての資産，組織的プロセス，企業特性，情報と知識等であり，物的資源，資金資源，人的資源および組織的資源に分類できる。そして，Barney（1991）の定義を広げて，企業内の資源を，企業が有する物理的有形資産，無形資産，組織のケイパビリティの束であるとCollis and Montgomery（1998）が定義した。さらに，Teece *et al.*（1997）は，ケイパビリティの概念をダイナミック・ケイパビリティに広げて，それを，変化しつつある環境に適応するために，組織内外の資源を統合，構築，そして再構築する組織能力であると定義した。つまり，企業内の共創資源とは何があるのか，そしてどのように調達するのかについては，無形資産やケイパビリティを資源として捉えており，どのように資源移転のコストを低下させて，効率的にレントを創出し獲得できるのかは調達のカギになる。

また，1990年代にダイナミック・ケイパビリティの議論が盛んになったと同時に，コア・コンピタンス経営論（Prahalad and Hamel, 1990）が提起され，コア・コンピタンスは一般的に「中核能力」と訳されるが，企業の高い業績を企業が持つ内部資源や能力という点から説明しようとするため，コア・コンピタンス経営論は，資源ベース理論の拡張であると見なすことができる。

上述したコア・コンピタンス経営論を含めた資源ベース理論は企業の内部資源や，ケイパビリティ，コア・コンピタンスに注目し，企業が競争優位を獲得するためにいかにして経営資源またはケイパビリティを蓄積し活用していくのかに重点を置いている。つまり，経営戦略論分野における資源とは，企業が所有するすべての物的資源，人的資源，資金資源，情報的資源とケイパビリティ，コア・コンピタンスであり，資源統合とは，企業が競争優位を獲得するための資源およびケイパビリティ，コンピタンスの選択・蓄積とダイナミックな活用である。したがって，このような企業内資源は共創資源として，企業内の調達を通じて顧客との共創に活用できるといえる。

116

第9章 資源統合マネジメント

第 **3** 節　企業外資源統合—共創資源の外的調達と
サービス・エコシステム

　本節では，共創資源の外的調達について，S-Dロジックにおける資源統合と，サービス・エコシステムによる交換を中心に議論を行う。

（1）共創資源の外的調達

　マーケティング研究における資源統合はS-Dロジックを中心に議論されている。S-DロジックはしばしばG-Dロジック（Goods Dominant Logic）との対比で議論されている。すなわち，ミクロ経済学由来の従来のマーケティング・マネジメントにおけるグッズ中心の考え方であるG-Dロジックと異なり，S-Dロジックは，無形な資源，価値共創，関係性に焦点を当てたサービス中心の考え方である。以下，S-Dロジックにおける重要なキーワードである「価値共創」，「文脈価値」，「資源」の意味を説明し，マーケティング研究における資源統合とは何か，そしてどのように調達するのかについて議論を行う。

　S-Dロジックの中心的概念の１つに，顧客との価値共創がある。S-Dロジックにおける価値共創とは，メーカーは自身のナレッジ・スキルを生産に適用し，顧客は使用時に自身のナレッジ・スキルを適用することで価値が共創される（Vargo *et al.*, 2008）とされる。顧客と一緒に文脈価値を共創することを目標とし，顧客に価値提案し，顧客がその価値を知覚するように努力する（田口, 2010）ことを意味する。ここでいう文脈価値もS-Dロジックにおける重要な概念である。G-Dロジックは交換価値の向上を目指すが，S-Dロジックは，文脈価値の向上を目指す。

　田口（2010）によると，交換価値とは，生産プロセスで価値が付加されたグッズそれ自体の価値のことであり，そのグッズが交換されるときの価値（価格）を意味する。一方，文脈価値について，Vargo and Lusch（2008）は，価値は常に独自に現象学的に決定され，最終的な受益者である顧客が主観的に認識するものであると指摘する。この状況依存的で顧客自身によって判断される知覚価値のことを文脈価値という。

117

第Ⅰ部 理論編

　S-Dロジックにおける資源の概念は，経営学研究における資源の概念と大きく異なる。初期のS-Dロジック研究では，資源をオペランド資源とオペラント資源に分けて，さらに資源統合について議論してきた。Madhavaram and Hunt（2008）は，資源優位性理論を用い，資源を価値創造のために企業が利用できる有形・無形の存在と定義し，オペランド資源を典型的な物理的資源，オペラント資源を典型的な人的，組織的，情報的，関係的資源と定義する。ここでいうオペランド資源とは，効果を生み出すには操作が施される必要がある資源のことで，有形で静的で，そして，有限な資源（例えばグッズ，機械設備，原材料，貨幣など）であるが，それに対して，オペラント資源とは，オペランド資源（または他のオペランド資源）に操作を施す資源のことで，目に見えず触れることができず，動的で無限な資源（例えばナレッジやスキルなど）である（田口, 2010）。

　また，経営学でいう資源とは異なり，S-Dロジックで取り上げる資源は，存在するのではなく，資源になる（Vargo and Lusch, 2004）という前提が重要である。そして，Edvardsson *et al.*（2014）は，これを基に，価値共創を可能にするために資源はアクターによって統合されるため，特定の状況において「存在する」のではなく，「なる」ものとして理解される必要があると解釈している。また，Vargo *et al.*（2008）およびMcColl-Kennedy *et al.*（2012）は資源を実践と結び付けて，実践における資源は，市場に面した，民間および公的資源を含むと指摘する。一方，Löbler（2013）は，資源はなるようになるだけではなく，逆に，特定の資源が価値創造プロセスで利用されなくなると，資源として機能しなくなる可能性があると指摘する。

　すなわち，S-Dロジックにおける資源は，経営学領域で議論されている企業内にすでに存在している経営資源のことではなく，どのような資源が資源になるのかという資源の本質的な性質を強調している。上述した議論に基づけば，オペラント資源が戦略的ベネフィットの基本的源泉であるため，オペランド資源よりもオペラント資源の方が重要である。そして，企業も顧客も専門的なナレッジやスキル（オペラント資源）を駆使して価値共創するのが消費プロセスにおける資源統合であり，この資源統合を通じて，共創資源の外的調達を行う。

118

資源統合マネジメント **第9章**

（2）サービス・エコシステムによる交換

　『第5期科学技術基本計画』（内閣府, 2015）では，情報技術の進展に基づいた日本が目指すべき未来社会の姿として，Society 5.0というすべての人とモノがつながり（IoT），新たな価値が生まれる人間中心の社会，すなわち超スマート社会が提唱された。超スマート社会とは，サイバー空間（仮想空間）とフィジカル空間（現実空間）を高度に融合させたシステムにより，経済発展と社会的課題の解決を両立する人間中心の社会とされる。

　このような社会の変容の中で，製造業もモノづくり産業からソリューション・サービス産業に劇的に変化してきた。情報技術の進展は，顧客間で発生する情報の増大を生み出し，顧客が従来のように受動的に企業から提供される情報や資源を手に入れるだけでなく，主導的に口コミ等で必要な情報や資源（ナレッジやスキル）を自ら入手し活用する動きが顕著になり，サービス関係において中心が企業から顧客（消費者）へと変化してきた。したがって，田口（2017）によると，消費者にとってはインターネット上でのCtoCインタラクションを通じた資源統合が容易になり，個人であっても，CtoCインタラクションを通じて他者の資源と自身の資源を統合し，プロシューマとして安価に製品を生産し消費することが可能になるため，生産の場が企業の組織境界線の外側に移行し，サービス・エコシステムの範囲が拡大している。

　そもそもサービス・エコシステムという概念は，S-Dロジックとサービス科学をつなぐために発展してきた（Vargo and Akaka, 2009）。Ng *et al.* (2012) は，サービス・エコシステムを，価値共創のための資源を統合するエージェントと相互作用のネットワークとして捉え，概念的基盤を提供している。さらに，Vargo and Akaka (2012) は，価値共創のためのサービス・エコシステムアプローチを提案し，主にサービス・エコシステムにおけるネットワークの役割を検討し，サービス・エコシステムを価値創造によって結びついた資源統合のすべてのアクターに関する自己包含・自己調整的なシステムであると定義している。

　サービス・エコシステム研究は，まだ発展途上ではあるが，庄司（2017）によると，S-Dロジックの視点からは，エコシステム内におけるアクター間のサ

第 I 部 理論編

ービス交換によって価値が共創されると捉えることによって，組織を超えた範囲での議論が可能となる。また，S-Dロジックは，複数のステークホルダー間のダイナミックな相互作用を中心とし，その相互作用は自分自身と他者のために価値創造を目標に資源交換をするのが理由であることを示唆する（Vargo and Akaka, 2012）。

すなわち，Vargo and Akaka（2012）によると，サービスシステムのシステムは静的なつながりから構成されているわけではなく，サービスシステムの資源の品揃えが完全に閉じていることはほとんどないため，資源交換の流れはサービスシステム内とサービスシステム間の両方で行われ，最終的には多数のサービスシステムがより大きなエコシステムに織り込まれる。

上述したサービス・エコシステムに関する議論によると，企業外における資源統合は，価値共創のために，サービス・エコシステムによる交換が必要になると考えられる。それも，サービス・エコシステム内だけではなく，サービス・エコシステム間の交換によって，不足する資源を調達することができる。

第 4 節　資源統合と資源統合プロセス

（1）資源統合

本章では，顧客との共創のための資源統合は，企業内資源の調達に注目するだけではなく，企業外資源の調達にも注目する必要があると指摘し，企業内外の資源の概念や調達について議論してきた。今日，特に顧客との共創のための資源統合はマーケティング研究において重要になってきた。本節では，マーケティング研究における資源統合の捉え方について検討し，そして資源統合のプロセスについて先行研究に基づき，議論を行う。

マーケティング研究における資源統合は，主に資源統合の主体，すなわち資源統合者を中心に議論されてきた。Grönroos（2006）は，資源統合とは，資源統合主体者である顧客が使用段階において，グッズまたはサービスを使用し，自身のナレッジやスキルを加え，資源の価値可能性を使用価値に発展させるこ

とであると指摘する。すなわち，顧客が資源統合主体者として，使用段階において，グッズまたはサービスを使用し，さらに自身のナレッジやスキルを加え，文脈価値を共創することである。Grönroos（2006）は，資源統合の主体は顧客であると指摘するのに対して，Vargo and Lusch（2008）は，組織，世帯，個人が組織内に存在するミクロに特化した能力を，市場で求められる複雑なサービスに統合・変換し，サービス（エコ）システム内の特定の受益者やアクターのために特定のサービスシステム機能を果すことを指すと指摘する。そして，Vargo and Lusch（2008）はS-Dロジックの基本的前提（FP9）として，すべての社会的・経済的アクターは資源統合者であると指摘する。すなわち，社会のすべてのアクターは，オープンで複雑，かつ適応的なサービスシステムにおいて資源を統合する資源統合者であることを意味する。さらに，Vargo et al.（2010）は，資源統合への理解は，価値が知識の共有と生成の継続的なプロセスを通じて創造され，文化，能力，状況に大きく影響されることを示唆していると指摘する。

　すなわち，このような体系的な見方は，サービスシステムの検討に焦点を当てているサービス・サイエンスの出現によって捉えられるようになり，文脈価値は既存の知識やスキルを含むさまざまな資源の統合を通じて創造され，そして経験を通じて決定される。さらに，これらの経験は，学習と新たなオペラント資源の生成を引き起こし，企業，顧客，その他の社会的・経済的アクター間のフィードバックや対話のための経路を形成する（Vargo et al., 2010）。つまり，これらの議論は，資源統合そのものだけではなく，資源統合をサービス・（エコ）システムと関連づけて議論する必要があることを示唆する。

　近年，Vargo and Akaka（2012）は，資源統合と価値共創の成果としてサービス・エコシステムを取り上げ，価値共創の中心的実践として資源統合を考えることは，サービス・エコシステムにおける実践と制度の重要性を強調するものであると指摘する。また，Caridà et al.（2019）によると，資源統合による価値共創には，アクターが利用可能な潜在的資源を認識することと，アクターと利用可能な資源との間の継続的な相互作用との協働が必要となると指摘し，資源性とパートナー間の相互作用の両方が，資源統合の先行条件となると指摘す

第Ⅰ部 理論編

る。上述した議論に基づき，Shan *et al.*（2022）は，資源統合を，組織とその利害関係者からなるサービス・エコシステムにおいて，価値共創，新しい資源の創造・再構成，エコシステムの継続に必要なフィードバックの生成を確保するための価値づけを目的として，内部と外部のアクターのネットワーク，潜在・既存の資源の中で行われる一連の協働・相互作用活動のセットであると指摘する。Shan *et al.*（2022）が指摘する資源統合は，これまでの資源統合の議論の集大成であるといえる。

（2）資源統合プロセス

　Akaka and Vargo（2014）によると，ウェブ・ベース・テクノロジー（WBTs）の進展により，資源統合プロセスおよび価値共創メカニズムへの関心が高まりつつある。資源統合の研究は初期段階にあるが，資源統合を議論するうえで，資源統合プロセスを検討する必要が重要になってきた。資源統合プロセスに関するこれまでの議論はまだ少ないが，主に3つの視点からなる。

　1つ目は，組織・個人にフォーカスした研究であり，主に起業家もしくは顧客個人に焦点を当てた議論である。起業家の活動と資源統合プロセスに焦点を当てた研究には，代表的な研究としてVargo and Lusch（2006）の研究がある。Vargo and Lusch（2006）は，資源統合とは起業家が顧客の要求する複雑なサービスを生産するために行うプロセスであり，組織内に存在するミクロな専門能力を，市場で求められる複雑なサービスに統合・変換するプロセスであると指摘する。

　2つ目は，アクター間の関係にフォーカスした研究であり，主にアクター間の関係と資源統合プロセスと関連づけて議論を行われてきた。特にアクター間のポジティブな関係性と資源統合プロセスに焦点を当てた研究が多い。その中で，Edvardsson *et al.*（2014）はこれまでの議論に基づき，資源統合は，アクター間の協力的・協調的なプロセスからなり，経験的な成果やアウトプット，また関係するすべてのアクターの相互行動的な成果につながると指摘する。さらに，Caridà *et al.*（2019）は，上述した定義を発展させ，資源統合は対話的で創発的なプロセスであると指摘する。

3つ目は，実践の観点からの研究である。Caridà *et al.* (2019) は，資源統合をマッチング，リソーシング，バリュエーションの3つのフェーズからなるプロセスと位置づけ，資源統合の解剖学を明らかにしている。Caridà *et al.* (2019) によると，マッチングとは，アクターが利用可能な資源をマッチングする段階である。リソーシングとは，アクターが利用可能な資源を使って活動し，調整メカニズム（知識，スキル，制度的取り決め等）を通じて資源を組み合わせ，利益に変換する段階である。バリュエーションとは，文脈価値のアクターによる評価である。ここでいう価値とは，顧客の実践の改善であり，価値共創とは顧客の実践の改善を顧客とともに実現することを指す。Caridà *et al.* (2019) の研究は，実践の観点から，資源統合プロセスを「価値共創プロセスにおけるマッチング，リソーシング，バリュエーションの3つのフェーズを通じて出現する埋め込みプロセス」と定義し，4つの柱を提示した。

すなわち，(i) 価値共創のプロセスに組み込まれた資源統合は文脈の中で価値を持つものである，(ii) すべての社会的・経済的アクターは資源統合者である，(iii) 実践における資源は，市場に面した民間および公的資源を含む，(iv) 実践における関係アクターの資源活動を通じて現れる資源という4つの柱が提示された。Caridà *et al.* (2019) は，資源統合プロセスを具体化し，資源統合の実践過程とこの統合からどのように価値が生じるかを理解するには大きく貢献し，実践上における意義が大きい。

第5節　おわりに

本章では，「工業社会」から「サービス社会」に転換しつつあるという背景の下，企業内外における資源統合の必要性を指摘し，従来は別個の研究対象であった企業内資源統合と企業外資源統合の連動に着目し，価値共創のために共創資源の内的・外的調達について議論を行ってきた。すなわち，企業外での価値共創に提供・活用されている資源は，どのように内的調達および外的調達で獲得され，統合されるかについて先行研究に基づき，議論してきた。

つまり，共創のための内的調達は，企業による経営資源およびケイパビリテ

第Ⅰ部　理論編

ィ，コア・コンピタンスの蓄積・選択をダイナミックに展開することで可能と
なる。そして，共創のために不足する資源は外的調達によって補うが，それは，
サービス・エコシステム内に留まらず，サービス・エコシステム間にまで及ぶ
こともある。

　最後に，企業内外における資源統合に注目するだけではなく，資源統合プロ
セスにも焦点を当て，理論上においても，実践上においてもさらに研究する必
要があることを今後の課題として提示する。

参考文献

Akaka, M.A. and S.L. Vargo (2014) "Technology as an Operant Resource in Service
(eco) Systems," *Information Systems and e-Business Management*, 12(3) pp.367-384.

Barney, J. (1991) "Firm Resources and Sustained Competitive Advantage," *Journal of
Management*, 17(1), pp.99-120.

Caridà, A., B. Edvardsson and M. Colurcio (2019) "Conceptualizing Resource Integra-
tion as an Embedded Process: Matching, Resourcing and Valuing," *Marketing The-
ory*, 19(1), pp.65-84.

Collis, D.J. and C.A. Montgomery (1998) *Corporate Strategy: A Resource-based
Approach*, Irwin / Mcgraw Hill. (根来龍之・蛭田啓・久保亮一 (2004) 『資源ベース
の経営戦略論』東洋経済新聞社。)

Edvardsson, B., M. Kleianltenkamp, B. Tronvoll, P. Mchugh and C. Windahl (2014)
"Institutional Logics Matter When Coordinating Resource Integration," *Marketing
Theory*, 14(3), pp.291-309.

Grönroos, C. (2006) "Adopting a Service Logic for Marketing," *Marketing Theory*, 6(3),
pp.317-333.

Löbler, H. (2013) "Service-Dominant Networks-An Evolution from the Service-
Dominant Logic Perspective," *Institut für Service und Relationship Management*,
24(4), pp.420-434.

Madhavaram, S. and S.D. Hunt (2008) "The Service-Dominant Logic and a Hierarchy
of Operant Resources: Developing Masterful Operant Resources and Implications for
Marketing Strategy," *Journal of the Academy of Marketing Science*, 36(1), pp.67-82.

McColl-Kennedy, J.R., S.L. Vargo and T.S. Dagger (2012) "Health Care Customer Value
Cocreation Practice Styles," *Journal of Service Research* 15(4), pp.370-389.

Ng, I., R. Badinelli, F. Polese, P. Di Nauta, H. Löbler and S. Halliday (2012) "S-D Logic

Research Directions and Opportunities: The Perspective of Systems, Complexity, and Engineering," *Marketing Theory*, ePub ahead of print April 3.

Penrose, E.T. (1959; 1980) *The Theory of the Growth of the Firm* (1st/2nd eds.), Oxford: Basil Blackwell. (末松玄六訳 (1980)『会社成長の理論 (第二版)』ダイヤモンド社。)

Prahalad, C.K. and G. Hamel (1990) "the Core Competence of the Corporation," *Harvard business review*, 68(3), pp.79-91.

Rajendra, K.S., F. Liam and H.K. Christensen (2001) "The Resource-Based View and Marketing: The Role of Market-Based Assets in Gaining Competitive Advantage," *Journal of Management*, 27(6), pp.777-802.

Shan, J., J. Lester, H. Chandana and P. Chamila (2022) "Defining Firm-Level Resource Integration Effectiveness from the Perspective of Service-Dominant Logic: A Critical Factor Contributing to the Sustainability of a Firm's Competitive Advantage and the Ecosystem It Operates," *Sustainability*, 14, pp.1-14.

Teece, D.J., G. Pisano and A. Shuen (1997) "Dynamic Capabilities and Strategic Management," *Strategic Management Journal*, 18(7), pp.509-533.

Vargo, S.L. and R.F. Lusch (2004) "Evolving to a New Dominant Logic for Marketing," *Journal of Marketing*, 68(1), pp.1-17.

Vargo, S.L. and R.F. Lusch (2006) "Service-Dominant Logic: Continuing the Evolution," *Journal of the Academy of Marketing Science*, 36(1) 1-10.

Vargo, S.L. and R.F. Lusch (2008) "Service-Dominant Logic: Continuing the Evolution," *Journal of the Academy of Marketing Science*, 36(1) 1-10.

Vargo, S.L. and R.F. Lusch (2016) "Institutions and Axioms: An Extension and Update of Service-Dominant Logic," *Journal of the Academy of Marketing Science*, 44(1), pp.5-23.

Vargo, S.L., P.P. Maglio and M.A. Akaka (2008) "On Value and Value Co-creation: A Service Systems and Service Logic Perspective," *European Management Journal*, 26(3), pp.145-152.

Vargo, S.L., and M.A. Akaka (2009) "Service-Dominant Logic as a Foundation for Service Science: Clarifications," *Service Science*, 1(1), pp.32-41.

Vargo, S.L., R.F. Lusch, M.A. Akaka and Y. He (2010) "Service-Dominant Logic: A Review and Assessment", Malhotra, N.K. (Ed.) *Review of Marketing Research*, 6, Emerald Group Publishing Limited,125-167.

Vargo, S.L., and M.A. Akaka (2012) "Value Cocreation and Service Systems (Re) Formation: A Service Ecosystems View," *Service Science*, 4(3) pp.207-217.

江向華 (2018)「サービス社会と企業内外における資源統合」村松潤一・山口隆久編著『サービス社会のマネジメント』同文舘出版。

| 第Ⅰ部 | 理論編

庄司直人（2017）「地域の価値共創─サービス・エコシステムの観点から」『サービソロジー』4(3), 18-23頁。

田口尚史（2010）「S-Dロジックの基礎概念」井上崇通・村松潤一編著『サービス・ドミナント・ロジック─マーケティング研究への新たな視座』同文舘出版。

田口尚史（2017）『サービス・ドミナント・ロジックの進展─価値共創プロセスと市場形成』同文舘出版。

内閣府（2015）「第5期科学技術基本計画について」2015年2月27日発表。

村松潤一（2018）「サービス社会とは何か」村松潤一・山口隆久編著『サービス社会のマネジメント』同文舘出版。

第10章

人と組織のマネジメント

第1節　はじめに

　本章は価値共創マーケティングを価値共創型企業システムで支えるための，人と組織のマネジメントについて考察する。北欧学派のSロジックはサービスを動詞形の活動として捉えた。企業が顧客に商品を届ける一連のプロセスがサービスである。モノは工場内で企業が計画した品質で出荷される。サービスは企業が提供する商品の品質と社員の行動が密接な関係にある。企業はモノを対象に考察するように，あらかじめ顧客と離れた工場内で商品を大量生産してから流通することができない。このような背景で発展したのが北欧学派のサービス・マーケティング研究における人や組織のマネジメントである。

　本章は北欧学派の代表的な研究者であるGrönroos（2007b）が提示するSロジックのインターナル・マーケティングを中心に考察する。北欧学派によると，サービスはプロセスであり，届けるのは顧客と相互作用するサービス・エンカウンター（顧客接点）を担う社員である。管理者はサービス・エンカウンターの社員やそれを支えるスタッフや組織に対してインターナル・マーケティングを行う。そして，サービス志向の企業文化や経営・組織文化を醸成し維持する。管理者は社員や組織がサービス志向でやる気を出して活動するためのリーダーシップが重要になる。

　本章は第2節でGrönroosのインターナル・マーケティングの全体像と構成概念である，真実の瞬間，内部顧客，タイムパート・マーケターの考え方について概観する。そして，第3節でインターナル・マーケティングとマネジメントについて権限委譲と環境整備，管理型から支援型の組織運営へ転換する必要

127

第Ⅰ部 理論編

性について検討する。第4節で新しいリーダーシップについてサーバント・リーダーと内発的動機づけの考え方について考察する。最後に本章のまとめと残された課題を提示する。

第2節 インターナル・マーケティングと構成概念

(1) 全体像

サービスは与え手と受け手が同時に存在して生産と消費が同時に進行する特徴がある。与え手はあらかじめ生産して貯蔵することができないことから受け手は消費しながらサービスを評価することになる。見方を変えるとサービスは活動であり提供プロセスを通して結果としてのサービス（商品）が評価される。この一連の与え手と受け手の活動がサービスである。トップ・マネジメントが全部門に対して顧客志向で機能するために働きかけることがインターナル・マーケティングである。インターナル・マーケティングは社員を組織内の顧客とみなしてマーケティング活動を実施することを意味する（図表10-1）。

サービスは顧客とサービスを提供する社員との接点において展開され提供される。サービスは与え手としてのサービス・エンカウンターの社員の果たす役割が非常に重要になる。企業は提供する商品のサービス品質を維持するために顧客と現場で接する社員をマネジメントするためのインターナル・マーケティングに関心を示すことになった。

したがって，顧客がサービスを評価するとき，サービス提供に携わる社員は重要な意味を持つ。動機づけがされた，やる気のある社員が顧客に接する方が，やる気のない社員が担当するよりも顧客の評価は高くなるであろう。Normann（1991: 邦訳, 279頁）はこのような関係を「ミクロの循環」と呼んだ。インターナル・マーケティングの目的は効果的なパートタイム・マーケターとして社員を動機づけることである。企業はサービス・エンカウンターの社員を支援するためにマネジメント・サポート，知識サポート，技術サポートの開発をする。そして，権限委譲された社員が必要なツールやサポートを受け取るための

人と組織のマネジメント　第10章

環境整備をする。

（2）構成概念
①真実の瞬間

　Carlzon（1987: 邦訳, 5頁）はスカンジナビア航空（SAS）のCEOをしているときに「真実の瞬間」を重視した経営を行い不振の航空会社を蘇らすことに成功した。Carlzonは最前線の社員に「彼らが以前から望んでいたようなサービスを顧客に行うよう」に指示した。顧客は接する最前線の社員が提供するサービスの質によって評価するからである。そのため，顧客と接する社員がいかに行動するかが決定的瞬間である。Carlzonはこのように，SASの社員と顧客が接する時間や回数を挙げて，その接点の「真実の瞬間」でSASのイメージが創造され顧客はサービス品質を知覚すると考えた。

　Carlzonは経営者は社員とのコミュニケーションを密にしながら自社のビジョンを伝え，そのビジョンの実現のために社員が何を必要としているかに耳を傾けることが重要である。そして，最前線のサービス・エンカウンターの社員に顧客ニーズに対応するために訓練することや権限を与える必要性を提示している（邦訳, 9頁）。

②内部顧客

　内部顧客とは企業内に顧客と売り手の関係性を持ち込む概念である。企業内の社員は別の社員を顧客として捉える考え方である。社員は内部顧客として他の社員から何かを受け取る役割と他の内部顧客としての社員に対して付加価値がついた何らかのものを届ける役割の両方を担っている（Gummesson, 1999: 邦訳, 232-233頁）。

　インターナル・マーケティングは組織内の社員が内部市場の顧客（内部顧客）であるという考え方を前提としており，企業が組織内のあらゆる社員に対してサービス志向性および顧客やマーケティングに関心をもたせるためのアプローチである。インターナル・マーケティングは社員を外部市場の顧客と同様に扱うことを求めている。

129

第Ⅰ部 理論編

すなわち，外部市場の顧客（外部顧客）に向けたマーケティング（エクスターナル・マーケティング）を内部市場の顧客（内部顧客）に向けて実施することである。インターナル・マーケティングの目的は顧客と相互作用する社員，システム，物的資源によるインタラクティブ・マーケティングを成功させることである。

③パートタイム・マーケター

Gummesson（1999: 邦訳, 83頁）はマーケティングに携わる者をマーケターとすると，フルタイム・マーケター（専任マーケター）とパートタイム・マーケターに分けられると提示している。そして，フルタイム・マーケターはマーケティングおよび販売業務を担当するために雇用された人々のこと，パートタイム・マーケターは企業のマーケティングに影響を与える社内外のすべての人々のことを指すと定義している。

パートタイム・マーケターはマーケティング部門のスタッフよりも真実の瞬間のインタラクションに影響を与える。また，顧客との対話を通じて，顧客が

図表10-1　真実の瞬間とインターナル・マーケティング

出所：Grönroos（2007b）p.87に基づき筆者作成。

人と組織のマネジメント **第10章**

求めるニーズを引き出す役割の一部を担う人材でもある。パートタイム・マーケターはマーケティング部門（フルタイム・マーケター）の外部にいる社員であるが，パートタイム・マーケターとしての社員の態度と仕事のやり方が企業ならびにその市場提供物の品質に対する顧客の認識（真実の瞬間）に大きな影響を与える。パートタイム・マーケターは数の上でフルタイム・マーケターに勝るだけでなく専門家にもなり得るのである。

こうした点から，企業は外部顧客に向けた広告や販売促進に加えて内部に向けたインターナル・マーケティングを重視する必要がある。そしてパートターム・マーケターが行動しやすいような道具やシステムへの投資のサポートに注力することが重要である（Gummesson, 1999: 邦訳, 158-160頁）。

第**3**節 インターナル・マーケティングとマネジメント

工業社会において，企業は社員を自社の資源の1つとして捉えて人的資源管理で考察してきた。この前提には，社員を組織目標の達成に向けて管理・操作する対象として捉えていたことが伺える。価値共創マーケティングは相互作用や顧客との関係性に焦点を当てている。管理者がサービスを対象とする場合はこれまでの人的資源管理とは違う視点からのマネジメントを重視する必要がある。すなわち，価値共創マーケティングは社員をオペラント（能動的・自律的）として捉えている。そして，エンパワメント（権限委譲）とイネーブリング（環境整備）を意識した運営を行うことで社員の内発的動機づけに影響を与える。価値共創マーケティングは社員を直接マネジメントするのではなく文脈に影響を与える要素をマネジメントする。したがって，企業は管理型から顧客接点の社員を支援する組織運営への転換が求められる。なぜならば，管理者は社員が顧客と相互作用する真実の瞬間を直接管理できないからである。

（1）社員の捉え方

経営資源の種類にはオペラント資源とオペランド資源の2種類がある（Constantin *et al.*, 1994, pp.143-145）。オペラント資源は人，金，機械などに対して働

第Ⅰ部 理論編

きかけるために使用する能動的なナレッジ・スキルのような知的な資源のことである。これらのオペラント資源が協働で作用するときに何か新しい価値を創造することができる。一方で，オペランド資源は受動的な働きかけられ管理操作される資源を意味する。

　北米で進展した経営学やマーケティングは社員をオペランド（受動的）な資源として捉えて管理・操作しようとすることが多い。この考え方は，工業社会において社員を機械と同様にオペランドとして捉えることにつながりやすい。Ｓロジックは早い時期からサービスの同時性や異質性の特性上，サービス品質が顧客と相互作用する社員の気持ちに大きく関係することを見抜いていた。したがって，真実の瞬間は社員のやる気に大きく依存するために独自の研究を展開してきた。

（2）権限委譲と環境整備

　Grönroos（2007a: 邦訳, 343頁）は，インターナル・マーケティングの目的はマーケティング理念を浸透させることで社員に対して「権限委譲」と「環境整備」をすることだと提示している。組織全体が内部顧客の考え方の重要性を共有して実行するためには，権限委譲と環境整備の考え方が必要である。

①権限委譲

　権限委譲はサービス・エンカウンターの社員に意思決定と行動するある程度の裁量権を付与することであり，サービス・エンカウンターの社員やサポート社員に対してパートタイム・マーケティングによる成果を改善することを目的とする。管理者は社員に対して権限委譲して社員を動機づけする。その結果，インタラクティブ・マーケティング（社員と顧客との相互作用）を効果的に機能させることができる。そのためには管理者と社員との信頼関係が重要となる。

②環境整備

　環境整備は顧客接点の社員を組織全体で支える仕組みを整えることである。支援する仕組みにはマネジメント・サポート，知識サポート，技術サポートが

ある。マネジメント・サポートは管理者が必要な情報を社員に提供することである。知識サポートは社員に対して状況を分析し適切な意思決定をするための必要な技術と知識が与えられることである。技術サポートはシステムやテクノロジーなどからのサポート体制のことである。

環境整備は権限委譲が機能するための環境づくりを指す。したがって，管理者が社員に対して権限委譲してもサポート体制や精神的な支えなどの環境づくりや支援体制を整備しなければ有効に機能しない。環境整備をしない権限委譲は社員の職務満足やモチベーションを低下させる。その結果，真実の瞬間の品質に大きな影響を与えることになる。

（3）文脈マネジメント

Grönroos（2007a: 邦訳, 226-228頁）はSロジックのサービス・システム・モデルを提示した。Grönroosは共創領域においてモノやサービシィーズ，情報，システム，インフラ，人的要素，設備，環境などが文脈に影響を与えると提示している。そして，顧客がこれらの要素とともに相互作用しながら価値を創造することを「消費の拡張」の概念で説明している。したがって，企業が顧客の文脈価値を向上させるためにはサービス・エンカウンターを担う社員だけでなく，それを取り巻く環境を構成する物的資源，支援するシステム，その他の要素をマネジメントする必要がある。この顧客の文脈に影響を与えるあらゆる要素はマーケティングの一部として関係することからマネジメントの対象となる。

価値共創マーケティングは文脈構成要素をマネジメントすることになる。村松（2017）は企業がこれらの共創プロセスに影響を与える要素をマネジメントすることを文脈マネジメントと定義している。文脈価値は何らかの文脈，価値判断に与えるさまざまな影響要因のもとで顧客が判断するものだが文脈の要素は，企業がコントロールすることが可能である。文脈マネジメントの適否が顧客の価値判断に大きく影響すると考えられ，文脈マネジメントは価値共創マーケティングの重要なマネジメントの能力である。価値共創マーケティングでは消費・利用のプロセスで企業が直接的に相互作用することで顧客の文脈価値を高めていく必要がある。

第Ⅰ部 理論編

　顧客の文脈価値は対象物（グッズ）の消費の概念を拡大して，その物だけの
利用ではなくあらゆる要素を包含する。例えば，①モノやサービシィーズ，②
情報，システム，インフラと接触，③人的要素，④顧客の価値に影響を与える
多様な要素，設備，環境などである（村松他編著, 2020, 29-30頁）。

（4）管理型組織から支援型組織へ

　伝統的な組織運営は，管理者が組織目標を達成するためにオペランドとして
捉えた社員を管理・操作しようとした。価値共創型企業システムでの組織運営
はオペラントとして捉えた個人としての社員を支援する。これは，企業が顧客
接点の社員を支援する組織運営である。経営者は個人の成長が組織の成長につ
ながり，結果的に企業の成果につながると考える。したがって，企業は個人の
成長を促進するために個人の内発的動機に働きかける（村松編著, 2016, 181-182頁）。

　価値共創型企業システムは会社組織内や関係者間の「業務連携の強化」を重
視する。そして，顧客接点の社員を内部顧客として位置づけることで顧客接点
の社員を支援する。これはスタッフ，チームリーダー，マネジャーなどの社員
が外部顧客に対するのと同様に内部顧客を支援することである。

　管理者は日常的なオペレーションの意思決定を現場に権限委譲して直接関与
すべきではない。管理者は現場を支援するために必要な戦略的サポートや資源
を提供することを重視する組織に転換する必要がある。そのためには，企業は
社員に対するマネジメントを管理型から支援型へと転換する必要がある。イン
ターナル・マーケティングによる社員の成長が結果的に組織の活性化へとつな
がり品質の高いサービスの提供が可能となるからである。

　企業はインターナル・マーケティングを通して，採用・研修・教育（社員セ
ミナー）を実施すると同時に，仕事に関連するツールの整備，社内キャンペー
ンの実施，広報活動，啓蒙活動そして評価・報酬を与えることで十分な情報提
供とコミュニケーションの場を提供する（Grönroos, 2007a）。

人と組織のマネジメント **第10章**

第 **4** 節 　新しいリーダーシップ

（1）サーバント・リーダー

　伝統的な組織運営も価値共創型企業システムでの組織運営も目的は組織目標の達成である。しかし，運営方法が大きく異なっている。したがって，リーダーシップも違う。価値共創型企業システムでのリーダーの役割は社員の成長のための必要な環境を管理することで支援することである。リーダーは行動を通して組織に対して理念を具体的に見える形で浸透させ続けることで経営文化と組織文化を醸成することである（村松編著, 2016, 180-181頁）。

　Greenleaf（1977: 邦訳, 48頁）はサーバント・リーダーの概念を提示した。サーバント・リーダーはフォロワーが自分の意志で意識的にリーダーとして認めた相手である。従来のリーダーは相手のうえに立って相手を動かそうとするが，サーバント・リーダーは相手に対して奉仕する人であり，他者に対する思いやりの気持ち・奉仕の行動が常に最初に来る（池田・金井, 2007, 67頁）。サーバント・リーダーは現場の部下が成功するために支援する。

　従来のリーダーは，上手に目的を達成するために外発的動機づけによる組織運営を中心に行ってきた。しかし，リーダーが内発的動機づけを重視するとき，またはオペラントな存在として社員を捉え直すときの新たなナレッジ・スキルを身につけることが必要となる。すなわち，企業は力や権限によって管理するのではなく，創造的な支援型の人間関係中心の組織運営を目指すことになる。

　企業はマーケティングの役割を全社組織内部へ向けて拡大する必要がある。トップ・マネジメントはパートタイム・マーケターの役割を担う社員に向けて教育や環境整備を通して支援することになる。

　トップやミドル・マネジメントは表面的な掛け声を出すだけでは人々の内面化された価値観を変えることは困難である。トップは率先垂範で意識的に強い変革の意思を示す必要がある。一方で，ミドルや現場が変革の担い手になることがある。ミドル・マネジメントが革新の芽を育てる支援者活動やそれを促進

135

第Ⅰ部 理論編

する活動をすることでそれが全社的に波及する。成功事例の小さな蓄積による変化が組織全体に伝播することで企業文化に影響を与える。

　リーダーは変化し続ける環境の中で，その組織が存続できる方向に文化的変革をリードする役割を担っている（Schein, 2010: 邦訳, 26頁）。

（2）内発的動機づけ

　企業がサービスを対象にする場合は，人や組織をどのようにマネジメントすれば真実の瞬間で顧客の文脈価値を高めることができるのかについての視点が重要である。Sロジックは社員を自律的な主体のオペラントとして捉える必要がある。したがって，伝統的な経営学の人的資源管理論が人を受動的な客体のオペランドとして捉えたのとは違う独自視点からの概念化が必要である。

　動機づけモデルには，自律的な個人を対象とする内発的動機づけ理論の系統がある。社員が強制力や外的な報酬がないのに自発的に行動することを内発的に動機づけられた活動という。Deci and Flaste（1995: 邦訳, 12頁）は「他者をどのように動機づけるか」ではなく「どのようにすれば他者が自らを動機づける条件を生み出せるか」が重要だと提示した。DeciとFlasteは内発的に動機づけられた行動は自己を有能で自己決定的であると感知する行動であると定義した。マズローの欲求段階説は先天的潜在能力を前提にするが内発的動機づけは出生時から存在しているだけではなく後発的に派生すると考えられている。内発的動機づけは高められた気づき（heightended awareness），悟りといわれるもので，それ自体に価値がある（邦訳, 61頁）。

　動機づけられた社員が能動的な学習や態度の変化に影響を与え，部門間の壁を崩す方法の１つにもなる。その結果，社員たちの専門技術が新たな方式で結合することもあり得ると提示している（Gummesson, 1999: 邦訳, 247頁）。インターナル・マーケティングは多様な部門間を統合するバウンダリー・スパナーの機能があり，サービス志向の組織文化の開発と組織行動の間に重要なインターフェイスの機能を果たす。その結果，インターナル・マーケティングは経営諸機能間，戦略と戦術を統合する役割がある（村松・大藪編著, 2021, 241頁）。

人と組織のマネジメント **第10章**

第 **5** 節 おわりに

　本章ではサービスを支えるマネジメントや組織について考察した。サービス志向組織のもとでヒトを支援する組織運営が結果的に企業成果に結びつくことが明らかになった。そのためには，サービス志向の企業文化を組織内に共有させることが第一歩となる。組織内の人々に共有された規範は企業文化の根幹である。この共有価値は日常業務を行う際に社員にとってのガイドラインになるからである（Grönroos, 2007a: 邦訳, 356頁）。

　サービス社会において，企業が社員をマネジメントするための大前提は社員をオペラントとして捉えることである。企業はサービス・エンカウンターで実施するサービスの品質を従業員のやる気に委ねるしかない。そこでは，リーダーはオペラントな社員を支援するためのリーダーシップを発揮することになる。これらの概念化には支援型リーダーシップであるサーバント・リーダーシップ，心理学のポジティブ心理学，内発的動機づけの研究から多くの示唆が得られる。

参考文献

Carlzon, J. (1987) *Riv Pyramiderna*, Albert Bonniers Förlag AB. (堤猶二訳『真実の瞬間―SASのサービス戦略はなぜ成功したか』ダイヤモンド社。)

Constantin, J.A. and R.F. Lusch (1994) *Understanding Resource Management*: *How to Your People, Products, and Processes for Maximum Productivity*, Oxford, OH.

Deci, E.L. and R. Flaste (1995) *Why We Do What We Do: The Dynamic of Personal Autonomy*, G.P. Putnam's Sons. (桜井茂男監訳 (2012)『人を伸ばす力―内発と自律のすすめ』新曜社。)

Gummesson, E. (1999) *Total Relationship Marketing*, UNI Agency. (若林靖永他訳 (2007)『リレーションシップ・マーケティング―ビジネスの発想を変える30の関係性』中央経済社。)

Greenleaf, R.K. (1977) *Servant Leadership: A Journey into the Nature of Legitimate Power and Greatness 25th Anniversary Edition*, The Robert (金井壽宏監訳 (2009)『サーバント・リーダーシップ』英治出版。)

Grönroos, C. (2007a) *Service Management and Marketing: Customer Management in*

第Ⅰ部 理論編

Service Competition Third Edition, John Wiley & Sons Limited.（近藤宏一監訳 (2014)『北欧型サービス志向のマネジメント―競争を生き抜くマーケティングの新潮流』ミネルヴァ書房。）

Grönroos, C. (2007b) "*In Search of a New Logic for Marketing Foundations of Contemporary Theory.* John Wiley & Sons.（蒲生智哉訳 (2015)『サービス・ロジックによる現代マーケティング理論―消費プロセスにおける価値共創へのノルディック学派アプローチ』白桃書房。）

Normann, R. (1991) *Service Management: Strategy and Leadership in Service Business* Second Edition. John Wiley & Sons.（近藤隆雄訳 (1993)『サービス・マネジメント』NTT出版。）

Schein, E.H. (2010) *Organizational Culture and Leadership, 4th ed*, John Wiley & Sons.（梅津祐良・横山哲夫訳 (2012)『組織文化とリーダーシップ』白桃書房。）

池田守男・金井壽宏 (2007)『サーバント・リーダーシップ入門』かんき出版。

村松潤一編著 (2016)『ケースブック　価値共創とマーケティング論』同文舘出版。

村松潤一 (2017)「価値共創マーケティングの対象領域と理論的基盤―サービスを基軸とした新たなマーケティング」『マーケティングジャーナル』37(2), 2-20頁。

村松潤一・大藪亮編著 (2021)『北欧派のマーケティング研究』白桃書房。

村松潤一・藤岡芳郎・今村一真編著 (2020)『ケースで学ぶ 価値共創マーケティングの展開―新たなビジネス領域への挑戦』同文舘出版。

第11章

文脈マネジメント

第1節　はじめに

　サービスやマーケティング研究において，S-DロジックやSロジックが提示する価値創造に対する考え方は，多くの研究者の関心を集めており，世界的な議論となっている。その中でも，文脈は，非常に注目されている概念の1つである（Akaka and Vargo, 2015）。なぜなら，文脈は，顧客の消費段階での価値創造活動および，その活動を通じて生まれる価値に大きな影響を与えるからである（Chandler and Vargo, 2011）。マーケティング分野の既存研究は，企業と顧客間のダイアディックな直接的相互作用を文脈と捉えたり，制度を含むエコシステムを文脈として理解したりしてきた（Akaka and Vargo, 2015）。このように研究者の関心やテーマによって，注目するレベルや文脈の特性は異なっており，文脈概念は曖昧なままである。

　さらに，近年では，サービス視点あるいは顧客視点からのマーケティングについての研究が進められている。そのマーケティングは，顧客の生活世界で顧客の価値創造を支援する企業の一連の行為と定義される（Grönroos, 2024）。村松（2017）は，顧客の価値創造に影響を与える文脈に着目し，企業のマーケティング行為として「文脈マネジメント」という概念を提示する。この概念は，顧客視点のマーケティングの精緻化に取り組む上で示唆に富むものであるが，理論的検討はそれほど進んでいない。

　そこで，本章は，文脈概念を整理することおよび文脈マネジメントについて理論的に検討することを目的とする。本章の構成は，以下の通りである。まず，既存研究における文脈概念について整理し，文脈の性質を明らかにする。次に，

第Ⅰ部 理論編

文脈を含めた顧客の価値創造プロセスの全体像を示す。最後に，文脈マネジメントについて理論的な考察を加え，本章のまとめを行う。

第2節　文脈概念

　すでに指摘した通り，顧客が知覚する価値に大きな影響を与えるという理由から，文脈は顧客の価値創造にとって重要である。そこで，多くのサービス研究者たちが，文脈概念について議論してきた。本節では，既存研究における文脈概念についての知見を整理することで，その性質を特定する。

（1）文脈とは

　初期のサービス・マーケティング研究では，サービスの相互作用的側面に注目し，企業と顧客間の直接的相互作用や，そこでの企業および顧客の役割，サービス品質や顧客満足と相互作用との関係について議論する（例えばGrönroos, 1984; Lehtinen and Lehtinen, 1991）。それらの研究においては，直接的相互作用の内容や過程が，顧客の価値創造にポジティブまたはネガティブな影響を与えることが明らかとなっており，企業が提供する直接的相互作用および関係するサービス環境（例：店舗の内装）は，顧客の満足／不満足を決定づける文脈とみなされてきた（Akaka and Vargo, 2015）。

　そして，2000年代初頭にS-DロジックやSロジックが提唱されると，サービス概念に関する議論が活発化し，マーケティング研究者たちは，文脈概念の精緻化に取り組むようになった。企業視点から文脈にアプローチしようとする初期のサービス・マーケティング研究とは対照的に，S-DロジックやSロジック，C-Dロジックは，顧客視点から文脈について深く理解しようとする（Helkkula *et al.*, 2019）。顧客視点を採用する研究者たちは，顧客の価値知覚に大きな影響を及ぼす顧客やユーザーが有する性格や思考スタイル，過去の経験などの個人的な文脈（De Keyser *et al.*, 2020）に着目するだけでなく，企業が把握することが困難な顧客独自のネットワーク（例えば，家族や友人，SNS上でのつながり）といった文脈（Heinonen *et al.* 2018）の存在を指摘する。

140

文脈マネジメント　第11章

以上のような文脈に対する理解は，企業と顧客とのダイアディックな関係や，その顧客と関連し外部から特定可能なアクターたちのネットワークに注目しており，ミクロレベルの文脈といえる（Akaka and Vargo, 2015）。しかし，S-Dロジックでは，ダイアディックな相互作用からズームアウトし，メソレベル（市場）やマクロレベル（国家や社会）の文脈が強調される（Vargo and Lusch, 2017）。例えば，Chandler and Vargo（2011）は，社会学や人類学，経営学を援用しつつ，文脈をユニークな相互関係を持つユニークなアクターたちの集合と定義する。

以上のように，既存研究では，文脈にはレベルが存在し多次元的であることが識別されている（De Keyser *et al.*, 2020）。どのレベルの文脈に着目するかは研究者により異なるが，それらに共通するのは文脈と顧客の価値創造には密接な関係がある点である。本章は，SロジックやC-Dロジックといった顧客の価値創造を重視する顧客視点を採用し，文脈を顧客の価値創造に何らかの影響を与える性質を有するものと定義する（大藪, 2022）。

（2）文脈の種類および性質

ここまでの整理を通じ，既存研究では，ある特定の企業とその顧客との直接的相互作用や顧客が有するプライベートなネットワークといったミクロレベルの文脈[1]から，顧客や企業を取り巻く市場や社会的環境といったメソ・マクロレベルの文脈まで，研究が取り扱う文脈のレベルが幅広いことがわかる。また，ミクロレベルの文脈は，特定企業とのタッチポイントおよび直接的相互作用の文脈，個人的文脈，社会的文脈に分けることができ，メソ・マクロレベルの文脈は，市場および環境的分脈に分けることが可能である（図表11-1）。そこで，以下では，各レベルの文脈の種類および性質について詳述する。

①特定企業とのタッチポイントおよび直接的相互作用の文脈

タッチポイントおよび直接的相互作用の文脈とは，顧客がある特定企業のオファリングと接触する瞬間や，それらと相互作用する一連のプロセスを表す。あるタッチポイント，あるいはタッチポイントにおける特定企業（またはその従業員）と顧客との直接的相互作用を意味するサービス・エンカウンターは，

第Ⅰ部　理論編

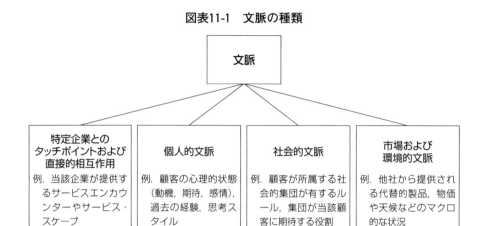

図表11-1　文脈の種類

出所：筆者作成。

企業のオファリングに対する顧客評価や顧客が知覚する価値を決定づける（Grönroos and Voima, 2013）文脈として概念化される。サービス・エンカウンターに関する研究は，直接的相互作用に焦点を当てており，それが顧客の満足度にどのような影響を与えるのか，その後の企業との長期的関係の発展にどのように寄与するのかについて理解することが中心となる。

　また，顧客と従業員の直接的相互作用だけでなく，それに関連する物理的および社会的空間（例：店舗の内装や他の顧客の存在），いわゆるサービス・スケープとの相互作用も文脈とみなされる（Akaka and Vargo, 2015）。例えば，高級レストランに行く場合には，ドレスコードに従うべきといったルールや規範と顧客の価値創造には関係があると考えられている。個人によって現象学的に判断される価値は，顧客とサービス・エンカウンターやサービス・スケープとの適合性から影響を受ける（Grönroos and Ravald, 2011）。

②個人的文脈

　個人的文脈とは，顧客の価値創造や顧客によって知覚される価値に影響を与える顧客固有の個人的な状態を反映する（De Keyser et al., 2020）。多くの研究が，個人的文脈の重要性を指摘する。例えば，顧客の動機や期待，その時の気分の

良し悪しといった状況に依存する心理的状態（Puccinelli *et al.*, 2009）を反映する主観的感情は，代表的な個人的文脈である。

　また，以前の成功体験や失敗体験あるいは将来の目標は，現在の顧客の行動に影響を与える場合も多い。したがって，顧客の過去の経験および将来や想像上の経験も個人的文脈となる（Becker *et al.*, 2020; Heinonen and Strandvik, 2015）。De Keyser *et al.* (2020) は，このような何かのきっかけで呼び起こされる記憶などの一時的な認知的要因が，カスタマージャーニーに影響を与えると指摘する。それに加え，個人の内部に蓄積されている思考スタイルやルール，戦略といった規範的要因も顧客の価値創造に影響を与えることも明らかとなっている（Akaka and Vargo, 2015）。ほかにも，顧客の身体的状態や経済状態も個人的文脈に含まれる（Gustafsson *et al.*, 2024）。

③社会的文脈

　社会的文脈とは，顧客の社会的関係によって規定される状態を表している。顧客は，独立して存在しているのではなく，家族メンバーや友人，コミュニティといった集団の中に位置づけられ，その周辺環境や現実を彼らと共有している（Becker *et al.*, 2020; Heinonen *et al.*, 2018）。Lipkin and Heinonen (2022) は，アクティビティトラッカーを利用する顧客の調査から，顧客の経験に貢献している家族・友人および一緒にランニングを楽しむユーザーからなる社会駆動型顧客エコシステムを特定している。

　このような社会的集団は，彼ら独自の好みやルールといった文化あるいは制度を持っており，その顧客に，ある特定の役割を担うことや，集団の目標やニーズに合致するような行動を遂行することを期待したり求めたりする（Lipkin and Heinonen, 2022）。また，顧客は，集団からの明示的または暗黙的な圧力によって，自身が望まない行為を遂行しなければならない場合があることも考えられる。例えば，学生が教師から勉強をするよう注意されるような場合は，その教師と学生の相互作用は，学生にとってネガティブなものとなるかもしれない。このように社会的文脈は，顧客の価値創造に顕著な影響を与える可能性がある（Gustafsson *et al.*, 2024）。

第Ⅰ部 理論編

④市場および環境的文脈

市場および環境的文脈は，複数の企業による多種多様な製品やサービスの提供状況や，物価や天候やインフラといった社会全体を取り巻くより広い意味での環境に関するマクロ的状況を示す（Vargo and Lusch, 2017）。前者には，ライバル企業たちから市場に提供されている代替製品やその価格，当該企業が提供する補完的製品やサービス（例えば，製品オプションや追加的サービス）が含まれる。例えば，ある企業の製品を利用していた顧客が，ライバル企業から発売された安価な製品に乗り換えるといったように，市場文脈が顧客の行動に何らかの影響を与えていると考えられる。また，後者には世界や各地域の経済状況（例：ガソリン価格の高騰）や自然環境が含まれる。

第 3 節　顧客の価値創造プロセスと文脈

前節では，既存研究で断片化している文脈概念を整理した。次節で文脈マネジメントついて詳述するに先立ち，ここでは，最初に顧客の価値創造の特性を確認し，その後に，文脈の影響を反映した顧客の価値創造プロセスの全体像を示す。

（1）顧客の価値創造の特性

すでに述べたように，S-DロジックやSロジックは，サービスを財や活動としてではなく，交換やマーケティングに対するパースペクティブとして理解しようとする（Grönroos, 2006; Vargo and Lusch, 2017）。各ロジックにより若干異なる点はあるものの，われわれが注目すべきは，価値創造の主体は顧客であること，顧客にとっての価値は，文脈の影響を受けながら製品やサービスの消費段階で創造されること，顧客が価値を創造する一連のプロセスは，消費前・消費・消費後といった時間軸を伴うものである点である。

パースペクティブとしてのサービスを適用する場合，顧客は価値創造の主体とみなされる。伝統的なマーケティング研究においては，製品開発やいろいろなマーケティング活動を通じ，企業が製品やサービスに価値を埋め込み，消費

144

者はその埋め込まれた価値を受動的に消費する存在とみなされてきた（Vargo and Lusch, 2008）。そのような考え方を批判し，Grönroos and Gummerus（2014）は，顧客は企業といったプロバイダーから獲得したリソースと自身が所有している他の必要なリソースを統合するプロセス，いわゆる価値創造プロセスに積極的に関与する価値創造者であると指摘する。

それらの価値は，顧客による製品やサービスの消費あるいは利用を経て創造される。Vargo and Lusch（2008）は，焦点アクター（ここでは顧客）と関係するアクターたちの集合，いわゆる文脈が，顧客の価値知覚に影響を及ぼす点を強調するために，その価値を文脈価値（value-in-Context）と概念化する。一方で，Sロジックでは，価値は顧客がリソースを活用することにより生じる点を強調するため，利用価値（value-in-use）という概念を用いる。このように，各研究者たちが依拠するロジックによって使用される用語が異なるが，重要なのは顧客の消費段階で創造されるものであるという価値の性質である。また，それらの価値は，喜びや満足といったポジティブな場合もあれば，落胆や不満足といったネガティブな場合もある（Echeverri, 2021）。

そして，顧客の価値創造は，ある特定の製品やサービスの消費段階だけでなく，過去の経験から，消費前，消費，消費後，将来までの複数の段階からなる（Heinonen and Strandvik, 2015）。このプロセスは，ダイナミックな性質を持つ。例えば旅行をする場合，私たちは，旅行中だけでなく，事前に旅行プランを考えたり，旅行後に旅の思い出を友人たちと共有したりすることを通じ，それぞれの段階において，旅行に関する何らかの価値を認識するかもしれない。また，同じ段階（例えば旅行中）において，価値知覚は複数回発生することもあり，さらに，過去の旅行経験が現在の旅行プラン作成や旅行中の行動と関連していることも考えられる。このように，顧客の価値創造プロセスは，時間軸を伴う一連のプロセスとなる。

（2）価値創造プロセスの全体像

図表11-2は，これまでの議論に基づき，顧客の価値創造プロセスと文脈の概念的関係を表している。点線で囲んだ丸は文脈を，星は顧客が知覚する価値を，

そして，横軸は価値創造プロセスが有する時間（過去と現在および将来）を示している。また，各文脈から伸びた矢印の長さは，各文脈のレベルを表現している。例えば，矢印の短いタッチポイントおよび直接的相互作用の文脈は，ミクロレベルを意味する。

図表で示しているように，価値は，価値創造プロセスが進む中で何度も発生する。顧客の価値創造やその結果として顧客が認識する価値は，さまざまな文脈から影響を受けるが，それらの文脈も時間経過とともに変化していく可能性がある。物価といった経済的環境や画期的な新製品の発売などによる市場環境の変化や，その顧客のプライベートなネットワークの変容は，顧客が知覚する価値だけでなく，個人的文脈にも少なからず何らかの影響を与えるであろう。

図表11-2　顧客の価値創造プロセスと文脈

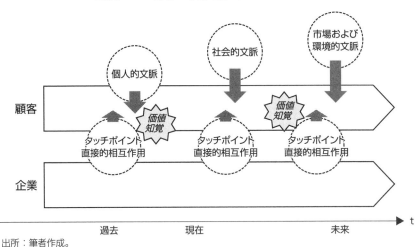

出所：筆者作成。

第4節　文脈マネジメント

　SロジックやC-Dロジックといった顧客中心のパースペクティブは，製品やサービスの消費段階の顧客の価値創造を支援するマーケティングに関する議論

を要請し，本書では，それを価値共創マーケティングと呼ぶ。以下では，最初に価値共創マーケティングに関する既存の研究を簡単に確認し，次に文脈マネジメント概念について議論していく。

（1）価値共創マーケティング

　繰り返しになるが，価値共創マーケティングは，製品やサービスの消費段階（または顧客の生活世界）で顧客の価値創造を支援する企業の一連の活動である（Grönroos, 2006; 村松, 2017）。Grönroos and Voima（2013）や村松（2017）は，顧客との直接的相互作用を通じ，サービスプロバイダーは文脈価値を共創することができると指摘する。なぜなら，企業は，直接的相互作用の中で，各顧客および彼らを取り巻く状況について深く理解でき，その場に応じたオファリングを提供したり臨機応変に対処したりすることができるからである。

　上記のGrönroosらの研究は，価値共創マーケティングについて理論的に検討するものであるが，近年では，経験的研究も増えつつある。例えば，Medberg and Grönroos（2020）は，銀行のサービス（例：ファイナンスに関するアドバイス，口座開設）を利用する顧客と銀行員との直接的相互作用を分析し，顧客が知覚する価値の次元を特定している。他にも患者とヘルスケアサービスプロバイダーとの相互作用やアプリ利用者とアプリとの相互作用を分析し，文脈価値の創造に貢献する相互作用の特性を明らかにしようとする研究もある（例：Lipkin and Heinonen, 2022）。これらの研究からもわかるように，価値共創マーケティングの議論では，顧客の価値創造に影響を与える直接的相互作用や，その結果生じる文脈価値に注目するものが，依然として多い。

（2）文脈マネジメントの基本的思想

　しかし，前節で確認したように，直接的相互作用は，顧客の価値創造プロセスの文脈の1つに過ぎない。したがって，直接的相互作用に関わる議論だけでは，価値共創マーケティングの理論構築や精緻化に向けた取組みとしては不十分であると思われる。

　このような問題意識に基づき，村松（2017）は，文脈マネジメント概念を提

第Ⅰ部 理論編

示した。彼らは，企業は顧客の文脈価値の知覚そのものに立ち入ることはできないが，その知覚に影響を与える文脈を管理することは可能であると主張する。したがって，文脈マネジメントは，直接的相互作用を含むより幅広い文脈をマネジメントの対象とする。価値共創マーケティングの対象範囲を拡張したという点で，彼らの指摘は示唆に富むものであるが，文脈マネジメントの存在を指摘するに過ぎない。しかし，ここまでの文脈概念に関する整理および村松らの主張を踏まえると，文脈マネジメントは，（1）企業は文脈価値が創造される現場である顧客の生活世界やビジネスを取り巻く文脈を理解すること，（2）企業は顧客の文脈価値創造を支援するために管理可能な文脈をデザインしコントロールすること，（3）企業は管理不可能な文脈へ影響を与える刺激をコントロールすること，という3つの戦略的なマーケティング行為に分解することができる。そこで，以下では，各行為について議論していく。

（3）マーケティング行為としての文脈マネジメント
①顧客の生活世界やビジネスを取り巻く文脈を理解すること

　顧客の価値創造を支援するためには，企業は「顧客がどのように日々の生活を送っているのか」あるいは「顧客企業はどのようにビジネスを展開しているのか」といった顧客を取り巻く具体的かつ多様な文脈について深く理解する必要がある。Strandvik *et al.* (2012) が指摘するように，顧客の生活やビジネスは，自社が提供するオファリングだけでなく，顧客自身が保有するリソースや，複数のアクターから提供される多様なオファリングによって支えられている。したがって，文脈マネジメントを実践しようとする企業は自社の提供するオファリングの利用に関する情報だけでなく，それらと密接に関連する顧客の生活やビジネスにおける顧客自身の目標や価値観（Heinonen and Strandvik, 2015）といった個人的文脈，および顧客が独自に有するパートナーネットワークといった社会的文脈やビジネス環境（市場文脈）などの広範な文脈を理解することが，顧客の価値創造を支援するうえで必要不可欠となる。

文脈マネジメント **第11章**

②管理可能な文脈をデザインしコントロールすること

　文脈マネジメントにおいて管理可能な文脈とは，自社が提供するタッチポイントおよび直接的相互作用の文脈である。企業は，顧客と接触可能なタッチポイントを設定し，顧客が実際にオファリングを使用したり利用したりする消費プロセスに入り込むことより価値共創の機会を得ることが可能となる（Grönroos, 2006; 村松, 2017）。それらのタッチポイントは，リアルなものから，オンラインチャネルのようなバーチャルなものである場合もあれば，その組み合わせとなることもあるであろう。また，企業は，顧客との多様なタッチポイントを共通テーマで結び一貫したものとすることによって，顧客の目標や状況により適応させることができるかもしれない。

　多くの研究者たちが，顧客が知覚する文脈価値は，双方向的な性質を有する直接的相互作用から大きな影響を受ける点を強調する（例：Medberg and Grönroos, 2020）。例えば，顧客に対する現場従業員の不適切な態度は，ネガティブな価値創造につながる場合もあれば，逆にポジティブに作用する場合もあることが指摘されている（Echeverri, 2021）。したがって，文脈マネジメントを実践しようとする企業には，各タッチポイントにおける対話的プロセスいわゆる直接的相互作用を主体的に展開し適切に管理することを通じ，顧客の価値創造に貢献する方法で顧客の日々の活動をサポートすることが求められる。

③管理不可能な文脈に影響を与える刺激をコントロールすること

　企業が積極的にデザインおよびコントロールすることが可能なタッチポイントおよび直接的相互作用文脈とは異なり，個人的文脈，社会的文脈，市場および環境的文脈を主体的に管理することは困難である。なぜなら，個人的文脈や社会的文脈は，顧客の心理的状態や顧客が有する価値観やプライベートなネットワークを表し，その外部に存在する企業が，そのような文脈を正確に捉えたり積極的に関与したりすることは難しいからである。しかし，文脈そのものを管理することができなくても，その文脈に影響を与える刺激をコントロールすることは可能である。例えば，Lin and Lin（2017）は，現場従業員の非言語コミュニケーション（例：笑顔，アイコンタクト）が顧客感情やラポール形成にプ

149

第Ⅰ部 理論編

ラスの効果がある点を明らかにしている。また，トレーニングジムを提供する企業が，友人や仲間と一緒に楽しくトレーニングできるような環境や器具を整えたり，トレーニングのプロセスや結果を仲間とシェアできるようなアプリを提供したりすることは，顧客の社会的文脈に影響を与える刺激をコントロールするマーケティング行為と理解することが可能である。

とはいえ，市場および環境的文脈に影響を与える刺激をコントロールすることは，個人的文脈や社会的文脈の場合よりも難しい。なぜなら，ある企業が，製品市場やCOVID-19による混乱のような顧客を取り巻くマクロ的環境に何かしらの影響を与えることは極めて困難であるといえるからである。

しかし，それに成功している企業も少なからず存在する。日常的な暇つぶしの場としてカラオケボックスやファミリーレストランを利用していた若い女性たち（主に大学生や高校生）の中で，あるテーマパークが暇つぶしの場として活用されるようになったという事例である（大藪, 2021）。きっかけは，年間を通して何度でもテーマパークに入場できる年間パスポートの存在であった。そのテーマパークが提供する格安の年間パスポートが刺激となり，テーマパーク近郊で生活している若い女性たちの「暇つぶしの場」という市場および環境的文脈に，そのテーマパークが位置づけられるようになっていく。つまり，テーマパークは，年間パスポートの価格や利用期間という刺激をコントロールすることを通じ，顧客の文脈価値創造を支援していると捉えることができるであろう。

第5節　おわりに

本章では，既存研究において断片化している文脈に関する知見を体系的に整理し，4つの文脈に分類した。そして，それらの文脈と顧客の価値創造を統合した包括的な価値創造プロセス全体像を提供した。そこで強調されるのは，顧客の価値創造は複数の文脈から影響を受けるダイナミックなプロセスである点である。

また，われわれは，文脈マネジメントという価値共創マーケティング行為について理論的に検討している。文脈マネジメントは，価値共創マーケティング

において重要な概念の１つであるといえるが，既存研究では，その存在が指摘されているに留まり，その精緻化が進んでいるとは言い難い。本章は，具体的な３つの文脈マネジメント行為を提示した。その議論では，各行為について個別に検討したが，それらの行為は，排他的なものではなく同時に展開することが可能であり，組み合わせることでより効果的に顧客の価値創造を支援することができるであろう。

　文脈の役割やマーケティング行為としての文脈マネジメントは，今後の価値共創研究に重要な視点を提供するが，本章での結論は理論的に導き出されたものである。したがって，価値共創マーケティングの精緻化のために経験的研究が求められており，それが今後の研究課題となる。

注

(1)　焦点顧客のプライベートネットワークは，友人といった顧客に関係する利害関係者であり，顧客を中心にズームアウトした文脈である。しかし，焦点顧客が特定可能な利害関係者しか含まないという理由から，プライベートなネットワークもミクロレベルに含めている。したがって，本章では，焦点顧客と企業とのダイアド関係は超ミクロレベル，顧客のプライベートネットワークを含む関係はミクロレベルと捉えている。

参考文献

Akaka, M.A. and S.L. Vargo（2015）"Extending the Context of Service: From Encounters to Ecosystems," *Journal of Services Marketing*, 29(6/7), pp.453-462.

Becker, L., E. Jaakkola and A. Halinen（2020）"Toward a Goal-oriented View of Customer Journeys," *Journal of Service Management*, 31(4), pp.767-790.

Chandler, J.D. and S.L. Vargo（2011）"Contextualization and Value-in-Context: How Context Frames Exchange," *Marketing Theory*, 11(1), pp.35-49.

De Keyser, A., K. Verleye, K.N. Lemon, T.L. Keiningham and P. Klaus（2020）"Moving the Customer Experience Field Forward: Introducing the Touchpoints, Context, Qualities（TCQ）Nomenclature," *Journal of Service Research*, 23(4), pp.433-445.

Echeverri, P.（2021）"Interaction Value Formation Spaces: Configurations of Practice-Theory Elements in Service Ecosystems," *Journal of Service Marketing*, 35(9), pp.28-39.

Grönroos, C. (1984) "A Service Quality Model and Its Marketing Implications," *European Journal of Marketing*, 18(4), pp.36-44.

Grönroos, C. (2006) "Adopting a Service Logic for Marketing," *Marketing Theory*, 6(4), pp.317-333.

Grönroos, C. (2024) "Service-informed Marketing Reform," *Journal of Services Marketing*, 38(10), pp.32-43.

Grönroos, C. and A. Ravald (2011) "Service as Business Logic: Implications for Value Creation and Marketing," *Journal of Service Management*, 22(1), pp.5-22.

Grönroos, C. and J. Gummerus (2014) "The Service Revolution and Its Marketing Implication: Service Logic vs Service-Dominant Logic," *Managing Service Quality*, 24(3), pp.206-229.

Grönroos, C. and P. Voima (2013) "Critical Service Logic: Making Sense of Value Creation and Co-creation," *Journal of the Academy of Marketing Science*, 41(2), pp.133-150.

Gustafsson, A., D. Caruelle and D.E. Bowen (2024) "Customer Experience (CX), Employee Experience (EX) and Human Experience (HX) : Introductions, Interactions and Interdisciplinary Implications," *Journal of Service Management*, 35(3), pp.333-356.

Heinonen, K. and T. Strandvik (2015) "Customer-Dominant Logic: Foundations and Implications," *Journal of Services Marketing*, 29(6/7), pp.472-484.

Heinonen, K., C. Campbell and S. Lord Ferguson (2018) "Strategies for Creating Value Through Individual and Collective Customer Experiences," *Business Horizons*, 62(1), pp.95-104.

Helkkula, A., A. Dube and E. Arnould (2019) "The Contextual Nature of Value and Value Cocreation," in Vargo, S. L. and R. F. Lusch (eds.), *The SAGE Handbook of Service-Dominant Logic*, Thousand Oaks, CA: SAGE Publications, pp.118-132.

Lehtinen, U. and J.R. Lehtinen (1991) "Two Approaches to Service Quality Dimensions," *Service Industries Journal*, 11, pp.287-303.

Lin, C. and J.C. Lin (2017) "The Influence of Service Employees' Nonverbal Communication on Customer-Employee Rapport in the Service Encounter," *Journal of Service Management*, 28(1), pp.107-132.

Lipkin, M. and K. Heinonen (2022) "Customer Ecosystems: Exploring How Ecosystem Actors Shape Customer Experience," *Journal of Services Marketing*, 36(9), pp.1-17.

Medberg, G. and C. Grönroos (2020) "Value-In-Use and Service Quality: Do Customers See a Difference?" *Journal of Service Theory and Practice*, 30(4/5), pp. 507-529.

Puccinelli, N.M., R.C. Goodstein, D. Grewal, R. Price, P. Raghubir and D. Stewart (2009) "Customer Experience Management in Retailing: Understanding the Buying Process," *Journal of Retailing*, 85(1), pp.15-30.

Strandvik, T., M. Holmlund and B. Edvardsson（2012）"Customer Needing: A Challenge for the Seller Offering," *Journal of Business & Industrial Marketing*, 27(2), pp.132-141.

Vargo, S.L., M.A. Akaka and C.M. Vaughan（2017）"Conceptualizing Value: A Service-Ecosystem View," *Journal of Creating Value*, 3(2), pp.117-124.

Vargo, S.L. and R.F. Lusch（2008）"Service-Dominant Logic: Continuing the Evolution," *Journal of the Academy of Marketing Science*, 36, pp.1-10.

Vargo, S.L. and R.F. Lusch（2017）"Service-Dominant Logic 2025", *International Journal of Research in Marketing*, 34(1), pp.46-67.

大藪亮（2021）「顧客の消費プロセスにおけるマーケティングに関する理論的検討」『流通』48, 1-13頁。

大藪亮（2022）「価値共創マーケティングと文脈マネジメント」『流通』50, 1-13頁。

村松潤一（2017）「価値共創マーケティングの対象領域と理論的基盤―サービスを基軸とした新たなマーケティング」『マーケティングジャーナル』37(2), 6-24頁。

第12章

成果のマネジメント

第1節　はじめに

　価値共創マーケティング活動の成果を適切に捉えることは重要である。マーケティングは，「顧客が求める価値を創造し，強固な顧客リレーションシップを築き，その見返りとして顧客から価値を得るプロセス」（Kotler *et al.*, 2019）と定義されたように，その主要な目的の1つは，見返り，つまり成果を生み出すことである。したがって，マーケティング活動の成果を示し，管理することは，マーケティングの戦略上の優先順位を高めるために欠かせない（Katsikeas *et al.*, 2016）。この観点から，ビジネスにおいて価値共創マーケティングを展開する際には，その成果を検討する必要がある（村松, 2017）。

　また，価値に関する考え方の変化は，マーケティング成果の管理にも影響を及ぼしている。従来のマーケティングがモノの交換価値を高めることを主目的としているのに対し，価値共創マーケティングは，文脈価値の向上を目指している（村松, 2017）。このシフトにより，従来の交換価値に基づく成果評価の枠組みに加え，文脈価値に紐づけた成果の評価を取り入れる必要性が増している。

　さらに，「利益を上げるために価格設定が重要である」（Kotler *et al.*, 2019）とされるように，価格設定は，企業が利益を最大化するための重要な手段であり，マーケティング成果と密接に関連している。価値共創マーケティングの観点では，交換価値ではなく，文脈価値が真の価値とみなされている（村松, 2017）。この視点を考慮すると，価格設定においても，従来の交換価値に依存するだけではなく，顧客が知覚した文脈価値を反映するアプローチが求められる。

　以上の内容を踏まえ，本章では，まずマーケティング活動の成果に焦点を当

第Ⅰ部 理論編

て，その評価基準をレビューする。次に，交換価値を中心とした成果とそれに
関連する価格設定を取り上げる。その後，価値共創マーケティングの観点から，
文脈価値に基づく成果の評価方法およびそれを実現できる価格設定のあり方に
ついて検討する。最後に，本章全体を総括し，マーケティング成果のマネジメ
ントにおける今後の課題を提示する。

第 2 節 マーケティング活動の成果

　この節では，第3節と第4節において交換価値および文脈価値に紐づけた成
果を検討するための枠組みを確立するために，Katsikeas *et al.*（2016）のマー
ケティングとパフォーマンスの成果連鎖モデルを用いて，マーケティング活動
の成果をレビューする。

　図表12-1に示されるように，企業のマーケティング活動に関連するパフォー
マンス成果は，大きく「経営パフォーマンス（Operational Performance）」と「組
織パフォーマンス（Organizational Performance）」に分類される。経営パフォー
マンスは，企業のバリューチェーン活動（例えば，マーケティングなどの主要活動
や購買などの支援活動）における目標達成を指す。経営パフォーマンスの結果と
して，組織パフォーマンス，すなわち組織の属性，行動，環境の相互作用から
生じる経済的成果がもたらされる可能性がある。

　経営パフォーマンスは主に4つの側面から構成される。まず，企業のマーケ
ティング活動は「顧客マインドセット（Customer Mindset）」に影響を与えるこ
とから始まる。顧客マインドセットは，企業とその価値提案に対する顧客の認
識と態度である。顧客が企業の価値提案を肯定的に評価し，満足感などを得る
ことで，顧客マインドセットが変化し，その結果として「顧客行動（Customer
Behavior）」が変化する。具体的には，再購入や口コミといった積極的な行動が
促進される。これらの顧客行動の変化は，顧客生涯価値など，顧客が企業にも
たらす経済的価値を示す「顧客レベルパフォーマンス（Customer Level Perfor-
mance）」につながる。さらに，顧客行動の変化は，売上，市場シェア，収益性
の向上などを通じて，「製品-市場パフォーマンス（Product-Market Perfor-

図表12-1　マーケティングとパフォーマンスの成果連鎖と代表的指標

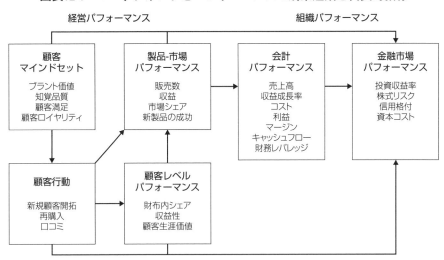

出所：Katsikeas *et al.* (2016) p.3を基に筆者修正。

mance）」にも寄与する。

　一方で，経営パフォーマンスは組織パフォーマンスにおける「会計パフォーマンス（Accounting Performance）」と「金融市場パフォーマンス（Financial Market Performance）」にも反映される。会計パフォーマンスは売上高やキャッシュフローなどの財務指標を基に，企業の収益性や効率性を測定する。金融市場パフォーマンスは，投資収益率や信用格付などを通じて，企業の将来性や市場での評価を示す。

　このように，顧客マインドセットから始まるマーケティング活動の成果は，顧客行動や顧客レベルパフォーマンス，製品-市場パフォーマンスを経て，最終的には組織パフォーマンスに結びつき，企業の競争優位性や持続的成長に貢献する。

第3節　交換価値に紐づけた成果と価格設定

　上記のモデルを基に，第3節では交換価値に紐づけた成果，第4節では文脈

第Ⅰ部 理論編

価値に紐づけた成果を検討する。また，それぞれの価値に関連する価格設定戦略を提示し，成果マネジメントについて考察することを目的とする。

（1）交換価値に紐づけた成果

交換価値は，伝統的マーケティング，すなわちモノ中心のマーケティングにおける価値の核心的概念である。伝統的マーケティングの観点では，企業は，価値の理解，創造，伝達，提供を主導し，価値は，企業の生産プロセスを通じてモノに埋め込まれ，その後，顧客との交換を通じて提供される（Eggert *et al.*, 2018; Grönroos, 2006）。この考え方では，モノの価値は金銭や他の物と交換された瞬間に初めて顕在化し，交換が行われない場合，その価値はモノに埋め込まれたまま未実現の状態に留まる（Saha *et al.*, 2022）。そのため，伝統的マーケティングに基づく企業活動は，モノの交換価値の実現，および交換価値の向上を目標としている（村松, 2017）。

そして，交換価値の実現および向上は，価格を通じて表現される。企業は価値を提供する見返りとして，交換のタイミングで，価格設定を通して，モノに埋め込まれた価値の一部を獲得する（Eggert *et al.*, 2018; Grönroos and Gummerus, 2014）。一方，顧客はモノの価格に見合う価値があるかを判断し，価格に見合う価値があると認めた場合，その価格を支払うことで交換価値を成立させる（Kotler *et al.*, 2019; Lusch and Vargo, 2008）。こうして，企業と顧客が価格を通じて価値の交換を確立することで，交換価値が具体的な価格により表現されるのである。

したがって，交換価値の成果は，価格と関連するパフォーマンスを通じて評価できる。まず，顧客レベルパフォーマンスとの関係が挙げられる。顧客が価格を支払うことで，企業は顧客がもたらす収益の獲得および顧客生涯価値の向上を図ることができる。さらに，価格は企業の売上や市場シェアを決定づける重要な要素の1つであるため，製品-市場パフォーマンスとも親密に関係している（Kotler *et al.*, 2019）。このように，交換価値は顧客レベルパフォーマンスと製品-市場パフォーマンスの両面に寄与し，最終的に組織全体の成果や持続的成長に結びつく。

成果のマネジメント **第12章**

（２）交換価値と価格設定戦略

①価格設定のアプローチ

　伝統的マーケティングは，企業が交換価値を最大化するための理論や手法を示してきたが，その中でも価格設定戦略が中心的な役割を果たし，コストベース，競争ベース，顧客価値ベースの３つのアプローチが提案されている（Hinterhuber, 2008; Kotler *et al.*, 2019）。

　コストベースの価格設定は，企業はモノに価値を埋め込むために投入した資本や労働力のコストを基に価格を設定する方法である。特に，「コスト・プラス」のアプローチを採用する場合，企業は発生したすべてのコストを最終的には消費者や社会に転嫁することができると考えている（Lusch and Vargo, 2008）。これにより，企業は顧客からの収益を確保することができるが，顧客の需要を無視することが組織パフォーマンスに悪影響を及ぼす可能性がある（Hinterhuber, 2008）。

　競争ベースの価格設定は，競合他社の価格や戦略などを基準に，自社の価格を設定するアプローチである。この手法では，他社製品と比較して，自社製品に埋め込まれた価値が優れているときは，価格を他社より高く設定することができる。一方で，価値が競合製品に劣る場合，企業は価格の引き下げやさらなる価値の付加が求められる（Kotler *et al.*, 2019）。

　顧客価値ベースの価格設定は，顧客のニーズに十分配慮しないコストベースおよび競争ベースの価格設定とは異なり，企業が調査で得た顧客の知覚価値を基に価格を設定する手法である。この方法では，顧客のニーズと価値の認識を分析し，それに適合する価格を設定するため，収益性は他の２つの手法より優れているとされる（Hinterhuber, 2008）。しかし，原価計算や競合他社の価格データが容易に入手できるのに対し，顧客価値ベースの価格設定に必要な顧客関連データの収集や解釈はしばしば困難である。特に，企業のマーケティング活動が購買者たる顧客に集中し，購買後の顧客への関心が薄いことが，こうしたデータ不足を助長していると考えられる。その結果，この手法の採用が限定的となっている（Hinterhuber, 2008）。

159

第Ⅰ部 理論編

②ダイナミック・プライシング

　近年のAI技術の急速な進展により，ビッグデータの活用が現実のものとなった。この技術的基盤を背景として，特にスポーツやエンターテインメント産業を中心に，国内外におけるダイナミック・プライシング（Dynamic Pricing）の導入が加速している。

　ダイナミック・プライシングとは，需要と供給のバランスに基づいて動的に価格を設定する価格差別の手法である（兼子・上田, 2022）。個人の属性や購買履歴，季節的な要因など多様な側面を考慮したデータを基に，複雑かつ精緻なモデルを構築することで，交換価値の最大化を目指した多様な価格設定が可能となっている（Seele *et al.*, 2021; 兼子・上田, 2022）。しかし，顧客が実際に製品やサービスを利用していない交換前の段階において，同一の製品やサービスに対する価格が顧客ごとに大きく異なる場合や，提示された価格が顧客の「妥当」とする認識を遥かに超える場合，不公平感が生じる可能性がある。このような状況は，製品やサービスへの満足度の低下や，企業に対する不信感を引き起こすおそれがある（Seele *et al.*, 2021）。

第4節　文脈価値に紐づけた成果と価格設定

（1）文脈価値に紐づけた成果

　価値共創マーケティングの登場により，価値は交換価値から文脈価値へとシフトしている。ここでまず，交換価値と文脈価値の違いを検討し，文脈価値に紐づけた成果を明確にする。

　まず，価値創造の主体に関する違いである。交換価値は企業が創造する一方，文脈価値は顧客が支配的な立場にあり，価値創造の主体である（Grönroos, 2008; 村松, 2017）。

　次に，価値創造の領域が違う。伝統的マーケティングでは，交換価値は生産プロセスで商品に埋め込まれ，交換時に顕在化する。一方，文脈価値は消費プロセスにおいて顧客単独で知覚されるか，ジョイント領域において企業との共

160

成果のマネジメント **第12章**

創によって知覚される（Grönroos, 2011; 村松, 2017）。

　最後に，価値の表現に関する違いがある。交換価値は企業の決めた価格によって固定的に表現される。一方，文脈価値は，顧客がその時々の文脈に応じてどのように価値を認識するかに依存するため，その大きさはしばしば変動する（Grönroos and Gummerus, 2014; 村松, 2017）。

　以上の点から，文脈価値は，顧客が消費プロセスの中で文脈に基づいて知覚する価値であると定義できる（Vargo and Lusch, 2008）。この特性から，文脈価値は顧客マインドセットに直接的な影響を及ぼすと考えられる。企業が価値共創を通じて文脈価値を高めた場合，顧客は企業やブランドに対して信頼感や好意的な態度を持つようになり，この結果，顧客満足度やロイヤリティの向上に結びつくことが期待できる。

　さらに，図表12-1のモデルを基に考えると，文脈価値の向上が顧客マインドセットにポジティブな変化をもたらすと，顧客行動が促進される。例えば，再購買や口コミなどの具体的な顧客行動が活発化すれば，顧客レベルおよび製品-市場パフォーマンスの向上につながり，最終的には組織パフォーマンスとして反映される。

　文脈価値と組織パフォーマンスの関係については，Lusch and Vargo（2008）とGrönroos（2011）も言及している。Lusch and Vargo（2008）は，財務成果がより良い価値提案の結果であり，「企業が価値共創の目標を達成したか」を示す市場からの重要なフィードバックとして活用されるべきであると述べている。Grönroos（2011）は，長期的な使用価値（文脈価値）の創出は，企業が財務的価値を得るための前提条件であり，十分な使用価値（文脈価値）が創出されない場合，企業の収益は減少する可能性が高いと指摘している。

　このように，価値共創マーケティングでは，文脈価値の向上が顧客マインドセットの変化を起点とし，それが顧客行動や製品-市場レベルなどの成果に影響を与えることで，最終的に企業全体の成果に結びついていくプロセスが示されている。

161

第I部　理論編

（2）文脈価値の成果の捉え方

　価値共創マーケティングにおける文脈価値に紐づけた成果の捉え方については，2つのアプローチがある。1つは，前項で説明した交換価値に関連づけるプロセスである（村松, 2017）。

　しかし，このアプローチには，「未等価交換」の問題が存在する（村松, 2017）。企業は文脈価値の向上に努め，交換価値以上の文脈価値を共創したとしても，交換価値に関連づける場合，向上した価値分を見返りとして受け取ることができない。逆に，顧客が交換価値より低い文脈価値を知覚したとしても，その損失を受け入れるしかない。どちらの場合も，企業と顧客にとっては望ましくない結果となる（村松, 2015; 2017）。

　この問題は，交換（取引）と価値認識の時空間の不一致に起因している（村松, 2015）。交換価値は，生産プロセスの中で埋め込まれ，交換（取引）時に現れるのに対して，文脈価値は，消費プロセスにおいて顧客によって知覚される。この不一致が，認識のずれを引き起こし，「未等価交換」の問題を生じさせる原因となっている。

　価値が消費プロセスで顧客自身によって判断されるものであり，価格がその価値を反映するものと捉えるならば，共創された価値に見合った価格設定が求められる（村松, 2015）。そして，その価格設定を行う主体者は，顧客自身である（村松, 2017）。

　したがって，文脈価値を捉える2つ目のアプローチは，消費プロセスにおいて，価値を判断する顧客に価格を決定してもらい，顧客が知覚した文脈価値をそのまま成果として値付けに結び付ける方法である（村松, 2017）。価値共創マーケティングが高める文脈価値は顧客の判断に左右されるため，多様で変動する等価が生じる。顧客が判断する価値に応じて企業の努力が直接反映される場合，企業は価値共創マーケティングへの取組みに積極的な姿勢を示す可能性がある（村松, 2017）。

（3）文脈価値とPay What You Want方式

　顧客が知覚した文脈価値を直接成果として価格設定に反映する手法の一例が，

Pay What You Want方式（以下，PWYW）である。

PWYWの特徴は顧客が完全に価格を決定できる点にある。顧客は感じた価値に応じて支払う金額を決められ，企業はその決定を受け入れなければならない（Kim *et al.*, 2009）。この仕組みは，文脈価値が顧客の判断に依存するという価値共創マーケティングの考え方に適合しているといえる。

さらに，PWYWでは，企業が支払いのタイミングを戦略的に設定できる点も重要である。価値共創マーケティングにおいては，顧客の消費プロセスを対象領域とし，文脈価値は，このプロセスにおいて顧客と企業が共創する中で判断される。したがって，PWYWにおいては，支払いのタイミングを消費後に設定することで，この領域を適切にカバーすることが可能となる。

また，PWYWでは，企業の努力が顧客の支払価格に直接反映される可能性が高く，努力に見合った大きな見返りを期待できる。したがって，価値共創マーケティングの成果をPWYWと関連づけて捉えることは，実利的な視点とも整合するものといえる（村松, 2017）。

このように，PWYWと価値共創マーケティングには強い親和性があると考えられる。ただし，PWYWを適用する際には，3つの課題が存在する。

第一に，限界費用に関連する課題が挙げられる（Chao *et al.*, 2015）。限界費用は，追加の製品やサービスを提供する際にかかるコストであり，例えば，自動車などの高い限界費用を伴う商品と低い限界費用で提供できるデジタルコンテンツなどの商品がある。PWYWでは顧客が自由に価格を決めるため，常に限界費用をカバーする価格が支払われるとは限らない。特に限界費用が高い商品の場合，企業は大きな財務的リスクを負うことになる。

第二に，顧客の自発的支払いに関する課題である（Chao *et al.*, 2015）。顧客は価値に応じて支払う金額を決定できるが，自己の利益を最優先し，支払いを回避することも可能である。このような行動が起きると，企業は価値共創の成果を享受できず，パフォーマンスの不安定性が高まるリスクが生じる。

第三に，顧客の意志に関する課題が存在する（Wang *et al.*, 2021）。顧客が価値に基づいて支払額を決定する過程において，企業と顧客双方にとって適切な価格を特定するためには，一定の認知的努力が必要とされる。このため，

第Ⅰ部 理論編

PWYWは，固定価格モデルと比較して，顧客の労力を増加させ，顧客の意志をより強く求めることになる。PWYWの柔軟性は認知的負担を伴うため，一部の顧客はその負担を避ける目的でPWYWを選択しない可能性がある。

このように，PWYWは，文脈価値を反映する価格設定が可能な価値共創マーケティングの有力な手法であるものの，顧客が価格を決定する際に適切な判断を促すためには，インセンティブ設計の工夫が求められる。

（4）文脈価値とサブスクリプション

サブスクリプションは，利用期間に応じて利用者から料金を受け取り，継続的にサービスを提供する価格設定手法およびビジネスモデルである（谷守, 2023）。このモデルでは，確かに月額定額という上限が設定されているが，その範囲内であれば，顧客との関係を維持しながら，消費プロセスにおける顧客の価値創造を支援することができる（村松, 2021）。さらに，この関係を持続させるには，顧客のニーズや好みに応じた「パーソナライズ」を取り入れることが不可欠であり，利用者を飽きさせず引き留める工夫が求められる（川上, 2021; 谷守, 2023）。つまり，サブスクリプションの採用は，単に料金を月額定額制に変えるだけでは不十分であり，価値提案を継続的に最適化し，文脈価値の向上を実現し続けることが重要である（村松, 2021; 谷守, 2023）。そして，こうした取組みにより，消費プロセスの領域でも，顧客との長期的な関係性を通じた安定した収益基盤の構築が可能となる。

以上のことから，サブスクリプションは，価値共創マーケティングの成果を実現するための手法として可能性が秘めているといえる。

第5節　おわりに

本章では，価値共創マーケティングの成果評価に関する新たな視点と方法論を提案した。まず，交換価値に基づく成果と価格設定について論じ，伝統的マーケティングの枠組みを再確認した。そのうえで，価値共創マーケティングへの移行において，顧客が主体的に価値創造に関与することを前提とし，価格設

定において顧客の文脈価値を反映する柔軟なアプローチの必要性を示した。この観点から，文脈価値に基づく成果の捉え方を探るとともに，それに適応する価格設定手法として，PWYWやサブスクリプションの可能性を検討した。今後の課題としては，文脈価値に基づく価格設定手法を効果的に運用するために，各価格設定方法に内在する課題を具体的に明確化し，それに対する適切な対応策を検討することが求められる。

参考文献

Chao, Y., J. Fernandez and B. Nahata (2015) "Pay-What-You-Want Pricing: Can It Be Profitable?" *Journal of Behavioral and Experimental Economics*, 57, pp.176-85.

Eggert, A., W. Ulaga, P. Frow and A. Payne (2018) "Conceptualizing and Communicating Value in Business Markets: From Value in Exchange to Value in Use," *Industrial Marketing Management*, 69, pp.80-90.

Grönroos, C. (2006) "Adopting A Service Logic for Marketing," *Marketing Theory*, 6(3), pp.317-33.

Grönroos, C. (2008) "Service Logic Revisited: Who Creates Value? And Who Co-Creates?" *European Business Review*, 20(4), pp.298-314.

Grönroos, C. (2011) "Value Co-Creation in Service Logic: A Critical Analysis," *Marketing Theory*, 11(3), pp.279-301.

Grönroos, C. and J. Gummerus (2014) "The Service Revolution and Its Marketing Implications: Service Logic Vs Service-Dominant Logic," *Managing Service Quality*, 24(3), pp.206-229.

Hinterhuber, A. (2008) "Customer Value-based Pricing Strategies: Why Companies Resist," *Journal of Business Strategy*, 29(4), pp.41-50.

Kim, J.-Y., M. Natter and M. Spann (2009) "Pay What You Want: A New Partici-pative Pricing Mechanism," *Journal of Marketing*, 73(1), pp.44-58.

Katsikeas, C.S., N.A. Morgan, L.C. Leonidou and G.T.M. Hult (2016) "Assessing Performance Outcomes in Marketing," *Journal of Marketing*, 80(2), pp.1-20.

Kotler, P., G. Armstrong and M.O. Opresnik (2019) *Marketing: An Introduction, Global Edition, 14th Edition*, Pearson Education Limited.

Lusch, R.F. and S.L. Vargo (2008) "The Service-Dominant Mindset," *Service Science, Management and Engineering*, pp.89-96.

Saha, V., P. Goyal and C. Jebarajakirthy (2022) "Value Co-Creation: A Review of Literature and Future Research Agenda," *Journal of Business & Industrial Marketing*,

37(3), pp.612-628.

Seele, P., C. Dierksmeier, R. Hofstetter and M.D. Schultz (2021) "Mapping the Ethicality of Algorithmic Pricing: A Review of Dynamic and Personalized Pricing," *Journal of Business Ethics*, 170(4), pp.697-719.

Vargo, S.L. and R.F. Lusch (2008) "Service-Dominant Logic: Continuing the Evolution," *Journal of the Academy of Marketing Science*, 36(1), pp.1-10.

Wang, C.X., J.T. Beck and H. Yuan (2021) "The Control-Effort Trade-Off in Participative Pricing: How Easing Pricing Decisions Enhances Purchase Outcomes," *Journal of Marketing*, 85(5), pp.145-160.

兼子良久・上田隆穂 (2022)「プライシングの系譜」『マーケティングジャーナル』41(3), 6-17頁。

川上昌直 (2021)「日本企業が飛びついた『サブスクリプション』の問題」『商大論集』(兵庫県立大学) 73(2), 1-20頁。

村松潤一 (2015)「価値共創の論理とマーケティング研究との接続」『価値共創とマーケティング論』同文舘出版, 129-49頁。

村松潤一 (2017)「価値共創マーケティングの対象領域と理論的基盤―サービスを基軸とした新たなマーケティング」『マーケティングジャーナル』37(2), 6-24頁。

村松潤一 (2021)「新たなマーケティング理論の構築に向けて」『北欧学派のマーケティング研究』白桃書房。

谷守正行 (2023)「サブスクリプションサービスの概要と購買行動の変化」『情報の科学と技術』73(8), 312-317頁。

第13章

新しいマーケティングの研究方法
―質的研究

第1節　はじめに

　サービスに基軸を置いてマーケティングを考えるのであれば，そこにはどのような課題があり，それを解明するにはどのような質的研究が適しているのだろうか。本章では北欧学派におけるサービスの考え方を確認することを出発点としてそこから生じたSロジックおよびC-Dロジックでの議論を通じ，サービスに基軸を置いたマーケティングが取り組むべき課題の1つとして顧客の価値創造のプロセスや顧客経験について解明することに行きつくことを示すとともに，それらの質的特性を指摘する。続いて質的研究，中でも多くの研究者が採用するグラウンデッド・セオリー・アプローチ（GTA）についてその特徴を整理し，両者つまり顧客の価値創造のプロセスや顧客経験が持つ特性とGTAの志向，特徴との親和性を確認する。また，GTAの弱点を補う形で導入される他の質的研究法についてもいくつか紹介する。

第2節　サービスに基軸を置いたマーケティングの質的特性

（1）プロセス，相互作用としてのサービス

　サービスの特徴を表す枠組みとしてよく知られるものに，無形性，変動性，消滅性，同時性からなるサービスの4つの基本特性がある。それは，サービスを製品と対比させたうえで生じる違いを表すものであり，北米を中心としたマーケティング研究においてはサービス・マーケティングが製品マーケティング

第Ⅰ部　理論編

とは異なる分野であるという主張の根拠を支え（Fisk *et al.*, 1993），1980年代以降のサービス・マーケティングの根底にあるパラダイムとなってきた（Lovelock and Gummesson, 2004）。

　一方，北欧学派では早くからサービスの特徴を表す，あるいはその定義に当たり一貫してプロセスそして相互作用という言葉を用いている。彼らは当初からサービスそのものを研究対象としてきたため，製品との有形グッズとの違いではなくサービスにおけるプロセスの本質に焦点が当たっていたのである（張, 2021）。

（2）顧客中心性の強調，顧客経験への着目

　サービスの本質をプロセスとして捉え，そのプロセスの中で起こるサービス提供者と顧客の相互作用を重視する姿勢を背景としながら，2006年に発表されたSロジック（Grönroos, 2006）では，企業のマーケティングのゴールは顧客の価値創造を支援することであるとの主張とともに，その価値は顧客の日常のプラクティスにおいて創造されることが示される。研究の焦点をより顧客寄りへと移すものであり，続くGrönroos and Voima（2013）では，顧客の価値創造領域を3領域に分けて整理し，企業とかかわらず行われる価値創造の領域が存在することを明示したのである。

　以上のような考え方のもと，つまり顧客の価値創造は彼らが暮らしを営む日常，つまり生活世界（村松, 2021）において行われるとしたうえで，その価値創造の支援がマーケティングのゴールであるという前提のもとでは，顧客の日常のプラクティスそのものや企業との相互作用を通じて，もしくは顧客単独で行われる価値創造のプロセスを理解することがマーケティング上の重要な課題として浮かび上がる。

　この顧客の価値創造プロセスの解明に当たって知見や枠組みを提供する形となっているのが，C-Dロジック（Heinonen *et al.*, 2010）やカスタマー・アクティビティ（Mickelsson, 2014）研究である。彼らの基本的な立場として，顧客の価値創造の範囲を顧客の生活全般に拡張して捉えるべきであること，企業の提供物ではなく顧客が分析の中心であることが主張される。そして価値創造の中核

新しいマーケティングの研究方法－質的研究　**第13章**

的概念の1つ（大藪, 2021）として重視されるのが顧客経験である。

　顧客経験への着目そのものは1980年代以降に北米の消費者研究（Consumer research）領域において盛んとなった，購買後の消費行動，使用から廃棄までを含めた，より幅広い消費行動への関心の広がりの中ですでにみられる。顧客経験についての先駆的研究として知られるHolbrook and Hirschman（1982, p.132）は，消費には経験的な側面があり，既存研究では見過ごされてきたことを指摘したうえで，現象学的アプローチにより顧客経験を「さまざまな象徴的意味，快楽的反応と美的基準を伴う，主として主観的な意識状態」とした。Holbrookは後にこの自身の研究を振り返り，「製品についての見方（our view of products）を従来の耐久消費財や非耐久消費財だけでなく，無形のサービスやアイデア，出来事も含むように拡張した（Holbrook, 1987, p.128）」と述べている。C-Dロジックやカスタマー・アクティビティ研究における顧客経験についての議論は2010年代以降のものであり，代表的な顧客経験概念についての先行研究（e.g. Helkkula, 2011; McColl-Kennedy *et al.*, 2015）レビューを行った大藪（2021）によれば，いずれの研究においても顧客経験は主観的であり，感情といった顧客の精神的過程を含んでいる点で共通しているほか，より近年の研究を中心に，次のような特徴が指摘されている。第一に，ネットワーク的視点を取り入れた研究が増えていこと，第二に顧客経験概念は動的で時間的文脈に根差すことである。また，顧客視点から研究することの重要性は指摘されている一方で，経験的研究はいまだ少ないことも指摘されている（大藪, 2021）。

（3）サービスに基軸を置いたマーケティングの質的特性

　以上のように，北欧学派におけるサービスの議論，中でもSロジックにおける考え方，顧客の価値創造は彼らの生活世界（村松, 2021）において行われ，その価値創造の支援がマーケティングのゴールであるという前提を基にすれば，サービスに基軸を置いたマーケティングが今後取り組むべき重要な課題は，顧客の日常のプラクティスそのものや，企業との相互作用を通じて，もしくは顧客単独で行われる価値創造のプロセスを理解することとなる。その価値創造においては顧客経験が中核的な概念となっており，つまり価値創造のプロセスの

第Ⅰ部 理論編

解明には顧客経験の解明が含まれることから，価値創造プロセスや顧客経験研究が持つ特徴はサービスに基軸を置いたマーケティングの質的特性として以下のように指摘できる。

まず，サービス提供者との相互作用を伴うことと，プロセスであることからは，時間経過を伴い変化する，動的な側面を持つものであることが特性として挙げられるだろう。このことは，近年動的であることが強調される，顧客経験の特徴からも導かれる。さらに顧客経験が主観的で精神的過程を含むとされていることからは，顧客の内面に深く関わるという特性が示される。最後に，顧客経験研究では経験的研究の不足が指摘されている。顧客中心的に価値創造や顧客経験を解明するとは，「ある特定の企業との相互作用だけでなく，友人や家族などのプライベートなネットワークを含む顧客の生活世界全体に注目しなければならない」（大藪，2021，248頁）ことから，本研究領域は未解明な部分が多く，経験的研究を積み重ねることによる理論および仮説の生成が求められる段階にあることを示していると考えられる。

第3節 グラウンデッド・セオリー・アプローチ（GTA）

本節では，質的研究の中でも多くの研究者が採用するグラウンデッド・セオリー・アプローチ（GTA）を中心に，その概要と変遷，また基本的な手順について述べることを通じ，前節において指摘した質的特性を持つ価値創造プロセスや顧客経験を解明する手法として，質的研究，中でもGTAが適していると考えられることを確認する。

（1）マーケティングおよび消費者研究における質的研究

前節において，顧客経験に関する先駆的研究としてHolbrook and Hirschman（1982）を挙げた。この時期，従来のサーベイや実験，すなわち論理経験主義（logical empiricism）と理論検証の中で使われる量的調査法に替わるものを求める声が消費者調査の研究者から挙がり，深層インタビューや参与観察，エスノグラフィーといった質的研究方法を導入した研究（e.g. Wallendorf

新しいマーケティングの研究方法－質的研究 **第13章**

and Arnould, 1988; Belk *et al.*, 1989) が急増した（Belk *et al.*, 2013）。上記のHol-brook and Hirschman（1982）は概念的研究であり独自の経験的調査を含むものではないが，HolbrookもHirschmanも，この研究潮流の中心的研究者である。1980年代に自身も多くの質的研究を発表しているBelkによれば，このムーブメントの背景には1960年代に出版された影響力のある社会学の成果」（Belk *et al.*, 2013, p.15）があるという。その１つが1967年に出版されたGlaser and Straussによる *The discovery of grounded theory: Strategies for qualitative research*（佐藤他, 1996）「データ対話型理論の発見：調査からいかに理論をうみだすか」新曜社）であり，彼らがGTAについて最初に著した書籍である。

（2） GTAの概要

GTAの創始者の一人であるStrauss のもとで長く学び，自身も後に戈木クレイグヒル版GTAを開発した戈木（2014, 33頁）によれば，GTAとは「データを基にして（ここから grounded と名付けられている）分析を進め，単なるデータの要約に留まらず，データの中に出てきた現象がどのようなメカニズムで生じているのかを示す『理論』を産出しようとする研究法」である。主としてインタビュー法や観察法を通じて得られたデータを詳細に分析する，より具体的にはデータから概念を抽出し，概念間の関連づけを行う（戈木, 2014）ことを通じて理論をみつけ出し，仮説を生成することが目指される（灘光他, 2014）。

GTAが多くの研究者に採用されてきた理由として，この「仮説生成を目指す」という特徴とともに，生成された仮説の妥当性と信頼性を確保するために，データの分析方法が厳密に決められ（灘光他, 2014），また多くの書籍として言語化されていることも挙げられる（戈木, 2014）。分析の手順が定められかつ言語化されているということは，それを読めば誰でもアプローチ可能（長島, 2023）で着手しやすい。また仮説生成を目指すということは，分析から得られた理論の一般化を目指す道筋が立っていることから，量的研究をメインとする研究者にとってもその方法論が理解しやすく，また量的調査との接合も見通せる。

ただし，1960年代の提唱後，GTAはさまざまなバージョンが派生する形となった。また2002年以降にマネジメント分野の文献において発表された32のグ

171

| 第Ⅰ部 | 理論編 |

ラウンデッド・セオリー研究を分析したJones and Noble（2007）によれば，定められた分析手順のうちいくつかを恣意的に除外している研究も多く，もはやGTAはデータに立脚し帰納的分析を行う，あらゆる質的アプローチを指す総称として使われている状態だと指摘している。

　次項ではGTAの基本的手順として戈木クレイグヒル版GTA（戈木，2014）における解説に沿い，概説する。

（3）GTAの基本的手順

①**リサーチ・クエスチョンの設定**：他の多くの研究法と同様，まず入り口としてはリサーチ・クエスチョンの設定がある。リサーチ・クエスチョンが決まり，それがある状況が異なる状況に変化するプロセスが含まれたリサーチ・クエスチョンであればGTAを用いることがふさわしいとされる。

②**データ収集**：通常はインタビュー法と観察法を併用することが多いとされるが，詳細な分析を目的として文書や日記，手紙など，複数のデータ収集方法が推奨されている。また主となる人物の考えや行為だけでなく，それに影響を与える周囲の人々からもデータ収集を行い，1つの現象をいろいろな立場からみた複合的なデータを収集した方がよいとされている。これは「GTAがとらえたいものは，ある状況が異なる状況に変化するときの多様なプロセス」であることに起因する。

　また，データ収集に関連したGTAの特徴として，データ収集と分析を交互に行うことが挙げられる。データを1つ収集したらすぐに分析を行い，その結果に基づく理論的サンプリングによって，次にどのような人や場から，どのようなデータを収集するかを計画する。これを繰り返し，新たな概念が出てこない状態を持って理論的飽和，研究の終わりとされる。

③**データ分析**：GTAでのデータ分析は，いったんデータを文脈から切り離してラベル名を付け，それらをまとめ直してカテゴリーを見出す。そしてカテゴリー同士の関係を検討することにより，特定の領域に適応する中範囲の理論を産出しようとする。分析は，3段階のコーディング（オープン・コーディング，アキシャル・コーディング，セレクティブ・コーディング）で構成される。

新しいマーケティングの研究方法－質的研究　**第13章**

　なお，このうちオープン・コーディングは日髙（2019, 72頁）によれば「具体的なテクスト（インタビューの逐語録や参与観察のフィールドノーツなど）を抽象的な概念の形に置き換えていく作業」であり，現在はGTA以外のさまざまな質的研究法において用いられている。よってGTAにおける技法というより独立した，基礎的なコーディングのための方法であると指摘されている。マネジメント研究領域におけるGTA研究のうち，その多くが踏むべき手順を省略していることを明らかにしたJones and Noble（2007）においても，オープン・コーディングの手順は多くの研究が採用しており，トータルとしてGTAの手順すべては踏んでいないが，オープン・コーディングを始めとして，その一部だけを用いる研究も多く存在すると考えられる。

（4）GTAとマーケティング研究
（顧客価値創造プロセス，顧客経験研究）の親和性

　前節においてはサービスに基軸を置いたマーケティングの質的特性」を，続く本節においてはGTAの特徴と手順を明らかにしてきた。これらを受け本項では，両者の親和性を確認する。

　まずサービスに基軸を置いたマーケティングの質的特性，より具体的には顧客による価値創造プロセスとその中心的概念である顧客経験の特性として①相互作用を伴うこと，②プロセスであり，時間経過を伴い変化する動的な側面を持つこと，③顧客の精神的な内面に深く関わること，④研究領域として未解明な部分が多く，経験的研究を積み重ねることによる理論および仮説の生成が求められる段階にあると考えられることを挙げた。まず①と②に関して，ある状況が異なる状況に変化するプロセスが含まれたリサーチ・クエスチョンであればGTAが用いられると上記したように，GTAは「ある特定の現象について，登場人物たちがそれぞれに演じる役割と人物同士の相互作用，そして，その結果として生じる変化のプロセスをとらえようとする方法」（戈木，2014, 33頁）とされており，相互作用を含むプロセスと動的な変化を捉えることに適していることがわかる。GTAがこのような特徴を持つことには，提唱者の一人であるStraussが，解釈論的なシンボリック相互作用論に依拠していた（灘光他，2014）

173

第Ⅰ部 理論編

社会学者であり，「人は社会的相互作用の中で生じる物事の意味を解釈し，自分にふさわしいと思う役割を担って行動する」と考えていた（戈木, 2014, 33頁）ことが背景にある。このことは，調査対象者が現象をどのように解釈しているかを理解することに研究の重点が置かれることにつながり，灘光他（2014）はこれをもって「人の内面を調査するのに適している」ことを，GTAの特徴の1つとして挙げている。これは③顧客の精神的な内面に深く関わること，という特性と整合している。また最後の④研究領域として未解明な部分が多く，経験的研究を積み重ねることによる理論および仮説の生成が求められる段階にあると考えられる，についても，GTAはそもそも理論や仮説を生成することを目指したものであり，顧客の価値創造プロセスや顧客経験研究における要請に応えることができる研究手法であると考えられる。

第4節 その他の方法

　ここまでGTAの特徴とマーケティング研究（顧客価値創造プロセス，顧客経験研究）との親和性の高さについて述べてきたが，質的研究手法にはさまざまあり，GTAがすべてということではない。またGTAの側にまったく問題がないわけでもない。質的研究法について網羅することはできないが，代わりに本節では，GTAの弱点を補う形で導入されることがある質的研究手法について，簡単ではあるがいくつか紹介する。

　前述したように，GTAには仮説生成という目的があり，その仮説の信頼性と妥当性を保つためにデータの分析方法が厳密に決められ，かつ文献として明文化され，質的研究法の中では誰もが取り組みやすい状態とされている。しかし，提唱者のGlaser と Strausがそれぞれ別々のバージョンを作るに至り，その分析手法が複雑になりすぎている（木下, 2007）という指摘や，そもそも初学者にとって，データを解釈し適切なラベル名を思いつくことが要求されるコーディングの作業は難しい（大谷, 2011）という指摘がある。

174

新しいマーケティングの研究方法－質的研究 **第13章**

（1）修正版GTA（M-GTA）

　M-GTAは，オリジナル版GTAの基本的な特性は継承しつつ，木下（2007）により修正が加えられている。オリジナル版から引き続き堅持されるのは理論生成への志向性と理論の生成は自ら集めたデータを帰納的に分析，解釈することで行うというグラウンデッド・オン・データの原則，生成された理論は具体的なデータ分析に根ざした実証的なものでなくてはならないという経験的実証性，そして生成された理論は関連現場で実践的に応用されることを通してその有効性が検証されるという応用が検証の立場である（山崎, 2019）。

　一方，修正されているのは主に方法論に関する部分であり，うち本項においてはコーディングの作業に関わる部分についてのみ述べる。戈木クレイグヒル版GTA（戈木, 2014）も含めオリジナルのGTAでは，データ分析の段階においてデータを内容ごとの切片に切り離す等，細かいステップに分かれた作業を行う。これらの作業はデータをいったん文脈から切り離すことで分析者のバイアスを軽減する等，生成される仮説の信頼性を高めるために行われるが，反面それぞれの作業における判断が難しく，複雑な作業となる（木下, 2007）。よってM-GTAではデータの解釈から直接概念を生成する手法となっており，切片化はしない。その代わり，概念生成を進めるための手段として分析ワークシートを導入し，その利用の仕方を細かく定めることを通じてデータに基づく仮説生成を可能としている。提唱者が日本人研究者であることから，M-GTAを採用する研究も日本国内のものが多いが，医療や看護，教育の分野を始め，マーケティング研究においても採用されている。

　なお，M-GTAはGTAから派生したバージョンの1つとして紹介されることも多いが（e.g. 灘光他, 2014），戈木（2014）はM-GTAではデータ分析手法が簡略化されていること，またデータ収集と分析とを交互に行うという方法が用いられないことから，GTAとM-GTAは異なるものと指摘しており，「その他の方法」の1つとして紹介した。

（2）SCAT

　SCATはSteps for Coding and Theorizationのそれぞれ頭文字をとったもの

第Ⅰ部 理論編

であり，大谷（2011）によって開発された，主にデータ分析手法に焦点を絞った質的研究法である。その発端はGTAにおけるデータ分析で必要とされるコーディング作業ではデータを解釈し適切なラベル名を思いつくことが要求され初学者にとって難しいものであること，またGTAは小規模のデータやすでに採取した手持ちのデータには適用できないという問題意識にあり，SCATは着手しやすさと小規模データへの適用を特徴としている（香曽我部, 2019）。また，「Steps for Coding and Theorization」が示すように，データを基に理論化を志向する手法でもある。

　SCATではコーディングを容易にするため，そのプロセスを4つのステップに分割し，自身の分析結果の妥当性を確認するために定型化された分析フォームを使用しすべて明示的に行う。まずステップ1ではデータの中の着目すべき語句(a)を，続く2では語句(a)を言い換えるためのデータ外の語句(b)を，3では語句(b)を説明するための語句(c)を，4では語句(c)から浮き上がるテーマ・構成概念を書く形となっており，分析フォームの指示に従ってステップ1〜4までを記入すれば，構成概念の抽出とラベリングができている形となる。その後は構成概念を用いてストーリーラインを記述し，そこから理論を記述するが，ここまですべて，1枚のフォームに記入する。

　この分析手続きの明解さから，開発者の大谷（2011）によれば，SCATは教育，臨床心理学，のほか，スポーツビジネス，ヒューマンサービス研究など，多くの分野で用いられている。

第5節　おわりに

　本章では質的研究，中でもグラウンデッド・セオリー・アプローチ（GTA）を中心に，そのアプローチが志向するものや特徴について確認してきた。GTAそのものは1960年代に最初の提唱がなされており，特に目新しい研究法というわけではない。しかしサービスを基軸にマーケティング研究の焦点が相互作用やプロセスへ，また顧客の生活世界や主観的な経験へと広がるにつれて，理論・仮説生成の志向性を持ち，人物同士の相互作用とその結果として生じる

変化のプロセスを捉える（戈木，2014），人の内面を調査するのに適している（灘光他，2014）特徴を持つGTAが活用される研究のフィールドはますます増えていくと考えられる。

最後に，GTAや第4節において「その他の方法」として紹介したM-GTA，SCATを含め，その手法，手順や背景にある研究トラディションについて本章の内容は概要に留まる。詳細はそれぞれの書物，文献をご確認いただきたい。

参考文献

Belk, R., M. Wallendorf and J.F. Sherry (1989) "The Sacred and the Profane in Consumer Behavior: Theodicy on the Odyssey," *Journal of Consumer Research*, 16(1), pp.1-38.

Belk, R.W., E.M. Fischer and R.V. Kozinets (2013) *Qualitative Consumer and Marketing Research*, London: SAGE Publications Ltd.（ラッセル・ベルク，アイリーン・フィッシャー，ロバート・V・コジネッツ著，松井剛訳（2016）『消費者理解のための定性的マーケティング・リサーチ』碩学舎。）

Fisk, R.P., S.W. Brown and M.J. Bitner (1993) "Tracking the Evolution of the Services Marketing Literature," *Journal of Retailing*, 69(1), pp.61-103.

Grönroos, C. (2006) "Adopting a Service Logic for Marketing," *Marketing Theory*, 6(3), pp.317-333.

Grönroos, C. and P. Voima (2013) "Critical Service Logic: Making Sense of Value Creation and Co-creation," *Journal of the Academy of Marketing Science*, 41(2) pp.133-150.

Heinonen, K., T. Strandvik, K. Mickelsson, B. Edvardsson, E. Sundström and P. Andersson (2010), "A Customer-Dominant Logic of Service," *Journal of Service Management*, 21(4) 531–548.

Helkkula, A. (2011) "Characterising the concept of service experience," *Journal of Service Management*, 22(3), pp.367-389.

Holbrook, M.B. (1987) "What Is Consumer Research?" *The Journal of Consumer Research*, 14(1), pp.128-132.

Holbrook, M.B. and E.C. Hirschman (1982) "The Experiential Aspects of Consumption: Consumer Fantasies, Feelings, and Fun," *The Journal of Consumer Research*, 9(2), pp.132-140.

Jones, R. and G. Noble (2007) "Grounded Theory and Management Research: A Lack of Integrity?" *Qualitative Research in Organizations and Management An International Journal*, 2(2), pp.84-103.

第Ⅰ部 理論編

Lovelock, C. and E. Gummesson (2004) "Whither Services Marketing? : In Search of a New Paradigm and Fresh Perspectives," *Journal of Service Research*, 7(1), pp.20-41.

McColl-Kennedy, J.R., A. Gustafsson, E. Jaakkola, P. Klaus, Z.J. Radnor, H. Perks and M. Friman (2015) "Fresh Perspectives on Customer Experience," *Journal of Services Marketing*, 29(6/7), pp.430-435.

Mickelsson, J. (2014) *Customer Activity: A Perspective on Service Use*, Hanken School of Economics.

Wallendorf, M. and E.J. Arnould (1988) "My Favorite Things: A Cross-Cultural Inquiry into Object Attachment, Possessiveness, and Social Linkage," *The Journal of Consumer Research*, 14(4), pp.531-547.

大谷尚 (2011) "SCAT: Steps for Coding and Theorization: 明示的手続きで着手しやすく小規模データに適用可能な質的データ分析手法" Journal of Japan Society of Kansei Engineering, 10(3), pp.155-160.

大藪亮 (2021)「顧客経験ダイナミクスに関する質的研究―島村楽器株式会社が運営する音楽教室の事例」村松潤一・大藪亮編著『北欧学派のマーケティング研究』白桃書房。

木下康仁 (2007)「修正版グラウンデッド・セオリー・アプローチ (M-GTA) の分析技法」『富山大学看護学会誌』6(2), 1-10頁。

香曽我部 (2019)「SCAT (Steps for Coding and Theorization)」サトウタツヤ・春日秀朗・神崎真実編著『質的研究法マッピング―特徴をつかみ，活用するために』新曜社。

戈木クレイグヒル滋子 (2013)『質的研究法ゼミナール―グラウンデッド・セオリー・アプローチを学ぶ』医学書院。

戈木クレイグヒル滋子 (2014)「グラウンデッド・セオリー・アプローチ概論」『Keio SFC Journal』14(1), 30-43頁。

張婧 (2021)「サービス・ロジック」村松潤一・大藪亮編著『北欧学派のマーケティング研究』白桃書房。

長島直 (2023)「マーケティング変数に関する質的研究」『経営論集』100, 57-71頁。

灘光洋子・浅井亜紀子・小柳志津 (2014)「質的研究方法について考える: グラウンデッド・セオリー・アプローチ，ナラティブ分析，アクションリサーチを中心として」『異文化コミュニケーション論集』12, 67-84頁。

日髙友郎 (2019)「オープンコーディング」サトウタツヤ・春日秀朗・神崎真実編著『質的研究法マッピング―特徴をつかみ，活用するために』新曜社。

村松潤一 (2021)「マーケティング研究と北欧学派」村松潤一・大藪亮編著『北欧学派のマーケティング研究』白桃書房。

山崎浩司 (2019)「修正版グラウンデッド・セオリー・アプローチ (M-GTA)」サトウタツヤ・春日秀朗・神崎真実編著『質的研究法マッピング 特徴をつかみ，活用するために』新曜社。

第14章
新しいマーケティングの研究方法 ―量的研究

第1節 はじめに

　価値共創マーケティングは，企業と顧客が共同で価値を創造するプロセスとして，現代のマーケティング理論において重要な位置を占めている。特に，村松（2015）が提唱した4Cアプローチは，価値共創を「顧客接点（Contact）」「双方向コミュニケーション（Communication）」「共創（Co-creation）」「文脈価値（value-in-Context）」の4段階で捉え，理論的枠組みを提供している。

　4Cアプローチは，まず顧客接点を起点とする。顧客接点は，企業と顧客が最初に相互作用する場であり，ここでの体験がその後の関係性を決定づける。例えば，小売店舗での接客やデジタルプラットフォーム上のインタラクションが挙げられる。Payne *et al.*（2008）は，顧客接点が共創プロセスの基盤であることを示し，企業が顧客と価値を共創するためのフレームワークを提供している。このことから，顧客接点での相互作用が価値共創にどのように寄与するかを明確にするには，そのプロセスを定量的に測定することが重要であると考えられる。

　双方向コミュニケーションを通じて，顧客との対話を促進する。この対話は，単なる情報伝達ではなく，顧客の声を反映し，共創を推進する基盤となる。Grönroos（2011）は，顧客との対話が価値共創の中心的役割を果たすことを強調している。これを踏まえると，対話の質や量を測定することが，共創プロセスへの影響をより深く理解し，対話の効果を向上させることができると考えられる。

　共創プロセスでは，企業と顧客がナレッジやスキルを交換し，直接的相互作

179

第Ⅰ部 理論編

用を通じて新たな価値を生み出す。Saarijärvi *et al.*（2013）は，価値共創の理論的枠組みを提供し，企業と顧客の相互作用が新たな価値を生み出すプロセスを明らかにしている。これに基づき，共創活動の成果を定量的に評価することで，企業と顧客の相互作用が価値創造にどのように貢献しているかを具体的に示すことが可能となる。

　共創プロセスを経て，顧客にとっての文脈価値が創出される。文脈価値とは，顧客が特定の状況や環境において感じる価値であり，一過性のものではなく，持続的な関係性を構築する鍵となる。Vargo and Lusch（2008）は，特定の状況や環境における文脈価値を理論的に理解することの重要性を強調している。この点から，文脈価値を測定することは，顧客が感じる価値を具体化し，理論的理解を実践に結びつけるための重要なステップであると考えられる。

　本章の目的は，4Cアプローチの各プロセスを定量的に測定し分析する方法を探求することである。これに向けて，既存研究における定量化手法をレビューし，顧客接点の効果，双方向コミュニケーションの影響，共創活動の成果，および文脈価値の持続性を測定するための適切な手法を検討する。これらの分析を通じて，価値共創マーケティングの理論的枠組みを深化させ，実践への応用可能性を高める新たな知見を提供することを目指す。

第 2 節　顧客接点の定量的分析

　顧客接点は企業と顧客が価値共創を始める重要な場であり，小売業やサービス業は品揃えや価格だけでなく，顧客接点を戦略的に活用し，顧客との対話を通じて新たな価値を共創する必要がある（村松, 2017）。顧客接点は単一の形態ではなく，多様なチャネルを通じて形成されることが指摘されている。例えば，オンライン（ウェブサイト，SNSなど）とオフライン（店舗，イベントなど）の両方を含む多様な形態が存在する（Payne *et al.*, 2008）。このような多様性を考慮すると，顧客接点を定量的に測定する方法も多岐にわたる。以下では，それらの測定方法とそれに対応する分析手法について紹介する。

（1）顧客接点の測定方法

　顧客接点の測定において，Homburg *et al.*（2017）が示す頻度の概念に基づき，ウェブサイト訪問数や店舗来店頻度などの指標を用いることで，顧客が接点を利用する回数を定量化し，ロイヤルティへの影響を評価することが有効である。また，Lemon and Verhoef（2016）が指摘する接点の多様性の概念に基づき，オンラインとオフラインの接点バランスを測定することで，顧客体験の質向上や価値共創の可能性を高めることができる。さらに，Kumar *et al.*（2019）が強調する質の概念に基づき，顧客満足度（CSAT），Net Promoter Score（NPS），エンゲージメント率（クリック率，滞在時間）などの指標を用いることで，顧客の関与度や満足度を詳細に把握することが可能である。特に，自然言語処理（NLP）を活用した感情分析スコアは，顧客の感情を定量的に評価するための有用なツールとして活用できると考えられる。

（2）顧客接点の定量化に対応する分析手法

　顧客接点の定量化に対応する分析手法は，頻度，多様性，質の３つの側面からアプローチすることができる。まず，頻度の分析においては，時系列分析を用いて特定の期間における顧客の接点利用回数の変化を追跡し，その傾向やパターンを明らかにする。例えば，キャンペーン期間中のウェブサイト訪問数や店舗来店頻度の変動を分析することで，特定のイベントが顧客行動に与えた影響を評価することができる。さらに，構造方程式モデリング（SEM）を活用して接点利用頻度と顧客ロイヤルティの因果関係を定量的に評価し，接点の利用頻度が顧客の長期的な関係性にどのように寄与するかを明らかにする。また，クラスタリング分析を適用することで，頻度データに基づいて顧客セグメントを特定し，異なる顧客層ごとの接点利用パターンを把握することが可能である。

　次に，多様性の分析では，多変量解析（因子分析，主成分分析など）を用いて，カスタマージャーニーの各段階（認知，検討，購入，利用，ロイヤルティ）における接点の多様性が顧客行動に与える影響を包括的に評価する。例えば，オンラインとオフラインの接点バランスが購買意欲や満足度にどのように影響するかを数値化することができる。さらに，ネットワーク分析を活用して異なる接点

| 第Ⅰ部 | 理論編 |

間の関係性や相互作用を可視化し，接点間のつながりの強さや頻度をネットワークグラフで表現することで，重要な接点やその組み合わせを特定し，顧客体験の最適化に役立てることができる。また，クロスチャネル分析や統合データモデリングを適用して，オンラインとオフラインの接点間の相互作用を評価し，異なるチャネル間の連携が顧客価値を高める可能性を明らかにする。

　最後に，質の分析においては，SEMや重回帰分析を用いて，顧客接点の質が顧客満足度やロイヤルティに与える影響を定量的に評価する。例えば，接点でのCSATやNPSがロイヤルティにどのように関連するかを分析することができる。さらに，テキストマイニングやソーシャルメディア分析を活用して，顧客の感情や意図を数値化し，特にソーシャルメディア上のコメントやレビューを感情分析することで，顧客の満足度や不満を定量的に把握することができる。また，時間的変化を捉えるためには，階層線形モデリング（HLM）やパネルデータ分析を適用して，顧客の属性や行動特性に応じた接点の質の効果を階層的に評価し，時間経過に伴う顧客の価値認識の変化を分析することができる。

第 3 節　双方向コミュニケーションの定量的分析

　双方向コミュニケーションは，企業と顧客が情報を交換し，対話を通じて関係性を深めるプロセスであり（村松, 2017），顧客接点を通じた消費プロセスではリアルとネットの両方で直接的相互作用が行われる。このプロセスは，単なる一方向的な情報伝達ではなく，企業と顧客が双方向の対話を通じて独自の価値を生み出す価値共創のプロセスであり，顧客の感情やニーズを深く理解し，個別化された価値を共創することを可能にする（Prahalad and Ramaswamy, 2004）。

（1）双方向コミュニケーションの効果の測定方法

　双方向コミュニケーションの効果を測定するためには，量と質の両面から評価することができる。Lemon and Verhoef（2016）が提示した顧客体験とカスタマージャーニーのフレームワークに基づくと，返信率，メッセージ数，エン

ゲージメント率などを量の指標として活用できる。返信率は，顧客からの問い合わせに対する企業の対応速度や対応率を示し，迅速かつ適切な対応は顧客満足度の向上に不可欠である。メッセージ数は，顧客とのやりとりの頻度を測定し，コミュニケーションが頻繁であるほど顧客のニーズを深く理解できる。エンゲージメント率は，ソーシャルメディア上の顧客の反応（いいね，シェア，コメントなど）を測定し，顧客の関与度を評価する。Lemon and Verhoef（2016）は，顧客体験が社会的な性質を持つことを指摘しており，これらの指標は顧客とのインタラクションを評価するための重要なツールとして位置づけられると考えられる。

　質的な側面では，感情分析スコアが中心的な指標として活用される。感情分析スコアは，顧客の感情をテキスト分析により数値化する手法であり，サービスの質を評価する有用なツールとして注目されている。例えば，顧客満足度やインタラクションの質を評価する際に，感情分析スコアが活用される可能性が考えられる。関連研究では，De Keyser *et al.*（2019）が感情分析スコアを顧客の満足度や不満を定量的に把握するツールとして位置づけており，その有用性が示されている。

（2）双方向コミュニケーションの定量化に対応する分析手法

　双方向コミュニケーションの定量化に対応する分析手法は，量と質の2つの側面からアプローチすることができる。まず，量の分析においては，時系列分析を用いて顧客ジャーニーの各段階におけるコミュニケーション量の変化を追跡する。例えば，特定のキャンペーン期間中のメッセージ数や返信率の変動を分析することで，キャンペーンが顧客エンゲージメントに与えた影響を評価することができる。さらに，重回帰分析を活用して返信率やメッセージ数が顧客満足度や購買行動に与える影響を定量的に把握し，コミュニケーションの量が顧客の意思決定にどのように寄与するかを明らかにする。

　次に，質の分析においては，テキストマイニングや感情分析を用いて顧客からのメッセージやフィードバックに含まれる感情やトーンを分析する。特に，感情分析スコアを活用して顧客の満足度や不満を数値化し，例えばソーシャル

第Ⅰ部 理論編

メディア上のコメントやカスタマーレビューを分析することで，コミュニケーションの質を評価することができる。さらに，機械学習アルゴリズム（NLPなど）を活用して大量のテキストデータから感情や意図を抽出し，顧客のニーズや感情をより詳細に把握することで，質の高いコミュニケーション戦略を設計することが可能となる。

第4節 共創の定量的分析

共創とは，企業と顧客がナレッジやスキルを活用し，時間軸を持った双方向のやりとりを通じて直接的相互作用を行い，新たな価値を共同で創造するプロセスである（村松, 2017）。このプロセスは，単なる製品やサービスの提供を超え，顧客のニーズやアイデアを直接的に取り入れることで，よりパーソナライズされた価値を生み出すことを目的とする（Grönroos, 2011）。共創は，顧客が単なる消費者ではなく，価値創造のパートナーとして位置づけられる点で，従来のマーケティングアプローチとは大きく異なる（Vargo and Lusch, 2008）。

（1）共創の効果の測定方法

共創の効果を測定するためには，参加度と成果の両面から評価することが求められる。参加度の指標としては，顧客が企業に対して提供したアイデアの数（アイデア提案数），顧客が直接関与したプロジェクトの数（共同開発プロジェクトの数），共創プラットフォームやイベントへの参加率（顧客参加率）などが挙げられる（Füller, 2010）。これらの指標は，顧客が共創プロセスにどの程度積極的に関与しているかを示すものであり，特にアイデア提案数が多い場合や顧客参加率が高い場合には，顧客の関与度が高いことが示唆される。Füller（2010）は，顧客の参加動機（金銭的報酬，承認，挑戦，内在的興味，好奇心など）を分析し，これらの動機が共創プロセスへの継続的な関与を促進する要因であると指摘している。一方，成果の指標としては，共創によって生まれた新製品やサービスの数，収益への貢献度などが挙げられる（Hoyer *et al.*, 2010）。これらの指標は，共創活動がビジネス成果にどの程度直接的に関与しているかを評価するための

184

新しいマーケティングの研究方法─量的研究　**第14章**

有用なツールとして位置づけられる。特に，新製品やサービスの数は，共創がイノベーションにどの程度寄与しているかを示す指標である。

（2）共創の定量化に対応する分析手法

　共創の定量化に対応する分析手法は，参加度と成果の2つの側面からアプローチすることができる。まず，参加度の分析においては，時系列分析を用いて顧客が共創プロセスに参加した時間的な変化を追跡する。例えば，特定のプロジェクトやキャンペーンが顧客の参加度に与えた影響を評価することができる。さらに，重回帰分析を活用してアイデア提案数や共同開発プロジェクト数，顧客参加率などの参加度指標がロイヤルティや満足度にどのように関連しているかを定量的に評価し，共創活動が顧客のエンゲージメントや満足度に与える影響を明らかにする。

　次に，成果の分析においては，事後分析における因果推論手法を用いて共創活動がビジネス成果にどの程度貢献したかを検証する。例えば，共創によって生まれた新製品やサービスが企業の競争力や市場シェアに与えた影響を評価することができる。また，変化点分析や多変量解析を用いて共創プロセスが顧客の価値認識や満足度に与える影響を明確にし，共創活動が顧客の長期的な関係性や満足度にどのように影響するかを分析することができる。

第5節　文脈価値の定量的分析

　文脈価値とは，顧客が特定の状況や文脈において製品やサービスから得られる価値を指す（村松, 2017）。この概念は，価値が単に製品やサービス自体に内在するのではなく，顧客の利用状況や環境に応じて動的に変化することを強調する（Grönroos, 2011）。例えば，同じ製品でも，顧客が置かれた状況（時間的制約，地理的条件，感情状態など）によって価値の認識が異なる（Chandler and Vargo, 2011）。文脈価値の重要性は，顧客の多様なニーズや状況に応じたパーソナライズされた価値を提供することで，顧客満足度やロイヤルティを向上させられる点にある（Payne et al., 2008）。近年では，デジタル技術の進化により，リ

185

第Ⅰ部 理論編

アルタイムでの文脈データ収集と分析が可能となり，文脈価値の創造がより精緻に行えるようになった（Heinonen *et al.*, 2015）。

（1）文脈価値の測定方法

　価値は顧客の活動や経験の中で動的に形成されるため，企業は顧客の状況をリアルタイムで把握し，それに応じた価値認識を定量化することが重要である。顧客の価値形成がその生活の文脈（いつ，どこ，誰と，どのようになど）に深く根ざしていることを強調しているHeinonen *et al.* (2015) に基づくと，モバイルアプリやIoTデバイスを活用したリアルタイムデータ収集が，文脈価値を測定するための有効な手法として位置づけられる。例えば，モバイルアプリやIoTデバイスを通じて，顧客の行動パターン（位置情報，購買履歴など），環境条件（温度，湿度など），感情状態（ソーシャルメディア上のコメント，チャットボットの会話など）に関するデータを継続的に収集する手法が有効であると考えられる。これらのデータは，顧客が特定の文脈においてどのように価値を認識し，行動するかを理解するための重要な手掛かりとなる。

（2）文脈価値の定量化に対応する分析手法

　文脈価値の定量化に対応する分析手法は，行動・環境データと感情データの2つの側面からアプローチすることができる。まず，行動・環境データの分析においては，クラスタリング分析やパターン認識アルゴリズムを用いて顧客の行動パターン（位置情報，購買履歴など）や環境条件（温度，湿度など）から特定の文脈における価値形成の傾向を抽出する。これにより，顧客が特定の状況下でどのような価値を認識するかを明らかにすることができる。さらに，時系列分析を適用して顧客の価値認識が時間とともにどのように変化するかを追跡し，特定のイベントや状況が価値形成に与える影響を評価する。例えば，季節や天候の変化が顧客の購買行動や価値認識にどのような影響を与えるかを分析することができる。

　次に，感情データの分析においては，テキストマイニングや感情分析を用いてソーシャルメディア上のコメントやチャットボットの会話データを分析し，

新しいマーケティングの研究方法─量的研究　**第14章**

顧客の感情状態を数値化する。これにより，文脈価値の形成に感情がどのように寄与しているかを明らかにすることができる。さらに，NLPを活用して顧客のフィードバックや会話データから価値に関連するキーワードやトピックを抽出し，文脈価値の質的な側面を評価するための指標を構築する。これにより，顧客が特定の文脈でどのような感情や価値を抱いているかを詳細に把握することが可能となる。また，機械学習モデル（ランダムフォレスト，ニューラルネットワークなど）を適用して複数のデータソース（位置情報，購買履歴，感情状態など）を組み合わせた高度な文脈価値の予測や分類を行い，顧客の価値認識をより精緻に分析することができる。

第 **6** 節　おわりに

（1）本章のまとめ

　本章では，価値共創マーケティングの理論的枠組みである4Cアプローチ（顧客接点，双方向コミュニケーション，共創，文脈価値）を定量的に測定し分析する方法について探求した。各プロセスにおいて，既存の研究を基にした測定方法と分析手法を検討し，価値共創マーケティングの理論的深化と実践への応用可能性を高めるための新たな知見を提供した。顧客接点については，頻度，多様性，質の３つの側面から測定方法を提示し，時系列分析やSEM，クラスタリング分析などの手法を用いて顧客接点の効果を評価する方法を紹介した。双方向コミュニケーションについては，量と質の両面から測定方法を検討し，時系列分析や重回帰分析，テキストマイニング，感情分析などの手法を用いてコミュニケーションの効果を評価する方法を提示した。共創については，参加度と成果の２つの側面から測定方法を提示し，時系列分析や重回帰分析，因果推論手法を用いて共創活動の効果を評価する方法を紹介した。文脈価値については，行動・環境データと感情データの２つの側面から測定方法を検討し，クラスタリング分析，時系列分析，テキストマイニング，NLP，機械学習モデルなどの手法を用いて文脈価値を評価する方法を提示した。これらの分析手法は，価値

187

第Ⅰ部 理論編

共創マーケティングの理論的枠組みを深化させ，実践への応用可能性を高めるための重要なツールとなる。

（2）理論的貢献と実践的意義

　本章で提示した定量的分析手法は，価値共創マーケティングの理論的枠組みを深化させることに寄与する。具体的には，4Cアプローチの各プロセスを定量的に測定する方法を提示することで，価値共創プロセスの可視化が可能となり，理論的理解が深まる。また，定量的な分析手法を用いることで，企業が顧客との相互作用をより効果的に管理し，価値共創を促進するための具体的な戦略を策定できる。さらに，NLPや機械学習などのデジタル技術を活用することで，従来のマーケティング研究に新たな視点をもたらす。これらの理論的意義は，価値共創マーケティングの研究領域をさらに発展させる基盤となる。

（3）今後の研究課題

　今後の研究課題として，以下の3点が挙げられる。第一に，4Cアプローチの各プロセスを統合的に分析するための包括的なフレームワークの構築が必要である。本章では各プロセスを個別に分析する手法を検討したが，実際の価値共創プロセスでは，これらの要素が相互に影響し合う複雑な関係性を持つ。例えば，顧客接点の質が双方向コミュニケーションの効果をどの程度強化するか，また，共創活動で得られた成果が文脈価値の持続性にどのように貢献するかといった，相互依存的なダイナミクスを解明する必要がある。このため，統合的な分析手法の開発は，価値共創プロセスの全体像を把握するための重要なステップとなる。

　第二に，デジタル技術を活用したリアルタイム分析の可能性をさらに深く探求することが求められる。特に，AIやIoT技術の進展は，文脈価値のリアルタイム測定とその即時的な活用に新たな道を開く可能性がある。例えば，顧客の感情状態や行動パターンをリアルタイムで追跡し，それに基づいて最適なタイミングで価値を提供する予測モデルの構築は，価値共創マーケティングにおける大きな進歩となるだろう。このような技術的取組みは，従来の分析手法では

捉えきれなかった動的な顧客体験の理解を可能にする。

　第三に，4Cアプローチの適用可能性を異なる業界で検証するための実証研究が必要である。本章で提案した定量化手法の有効性を検証することで，価値共創マーケティングの汎用性を高めることができるだろう。例えば，小売業とサービス業における適用事例を比較することで，業界特有の特性に応じた測定手法の調整が可能となる。また，これにより，業界ごとに適切な価値共創のアプローチを見出すための実務的な知見が得られると期待される。

参考文献

Chandler, J.D. and S.L. Vargo (2011) "Contextualization and Value-in-Context: How Context Frames Exchange," *Marketing Theory*, 11(1), pp.35-49.

De Keyser, A., S. Köcher, L. Alkire, C. Verbeeck and J. Kandampully (2019) "Frontline Service Technology Infusion: Conceptual Archetypes and Future Research Directions," *Journal of Service Management*, 30(1), pp.156-183.

Füller, J. (2010) "Refining Virtual Co-Creation from a Consumer Perspective," *California Management Review*, 52(2), pp.98-122.

Grönroos, C. (2011) "Value Co-Creation in Service logic: A Critical Analysis," *Marketing theory*, 11(3), pp.279-301.

Heinonen, K. and T. Strandvik (2015) "Customer-Dominant Logic: Foundations and Implications," *Journal of Services Marketing*, 29(6/7), pp.472-484.

Homburg, C., D. Jozić and C. Kuehnl (2017) "Customer Experience Management: Toward Implementing an Evolving Marketing Concept," *Journal of the Academy of Marketing Science*, 45, pp.377-401.

Hoyer, W.D., R. Chandy, M. Dorotic, M. Krafft and S.S. Singh (2010) "Consumer Co-creation in New Product Development," *Journal of Service Research*, 13(3), pp.283-296.

Kumar, V., B. Rajan, S. Gupta and I.D. Pozza (2019) "Customer Engagement in Service," *Journal of the Academy of Marketing Science*, 47, pp.138-160.

Lemon, K.N. and P.C. Verhoef (2016) "Understanding Customer Experience Throughout the Customer Journey," *Journal of Marketing*, 80(6), pp.69-96.

Payne, A.F., K. Storbacka and P. Frow (2008) "Managing the Co-Creation of Value," *Journal of the Academy of Marketing Science*, 36, pp.83-96.

Prahalad, C.K. and V. Ramaswamy (2004) "Co-Creating Unique Value with Customers," *Strategy & Leadership*, 32(3), pp.4-9.

第Ⅰ部 理論編

Saarijärvi, H., P.K. Kannan and H. Kuusela（2013）"Value Co-Creation: Theoretical Approaches and Practical Implications," *European Business Review*, 25(1), pp.6-19.

Vargo, S.L. and R.F. Lusch（2008）"Service-Dominant Logic: Continuing the Evolution," *Journal of the Academy of Marketing Science*, 36, pp.1-10.

村松潤一（2015）「価値共創型企業システムとマーケティング研究」村松潤一編著『価値共創とマーケティング論』同文舘出版，154-170頁。

村松潤一（2017）「価値共創マーケティングの対象領域と理論的基盤—サービスを基軸とした新たなマーケティング」『マーケティングジャーナル』37(2), 6-24頁。

第II部

ケース編

第15章

産業機械メーカーのサービス・ビジネスにおける価値共創

第1節　企業の概要等

（1）背景・問題意識・目的

　株式会社神戸製鋼所（機械事業部門，以降，コベルコ）では，顧客の生産・製造プラントで，顧客のものづくりを裏方として支える，カスタムメイドな非汎用産業機械を設計製造し販売している。顧客ごとに一品一様な設計仕様であり，高性能・高信頼性・長寿命が求められる製品群である。一般に25～50年の間，顧客のものづくり現場で使い続けられる製品であるため，販売後においても，交換部品の供給や顧客のものづくり全般におけるさまざまな技術的相談や協力支援に，「アフターサービス」という形で応え続ける。設備点検や部品交換などのメンテナンスから，プラントを一時停止しての分解検査・補修といった「オーバーホール（overhaul）」まで幅広く対応し，顧客の生産・製造プラントの最適経営に産業機械メーカの立場から関わることとなる。

　本章では，海外ビジネス強化が事業課題である産業機械メーカー（株式会社神戸製鋼所機械事業部門）が，海外市場をビジネスモデル変革機会として捉え，顧客の価値創造活動支援を目的とする「価値共創マーケティング」の考え方を通して，「再帰型ものづくり企業」への事業構造変革をめざす取組みを紹介する。

（2）コベルコを取り巻く事業環境変化と
　　　サービス・ビジネス強化のためのDX

　最初に産業機械メーカである神戸製鋼所（以後「コベルコ」と記載する）の事

193

第Ⅱ部 ケース編

業環境変化とサービス・ビジネス強化のためのDXについて概観する。

①事業環境変化

　コベルコは120年の歴史を有する企業であり，昨今の事業経営の中で以下の3つの大きな事業環境変化が起きている。

　1つ目は事業活動持続のための「収益源」の変化であり，従来の「製品中心」から「サービス起点」へと変化している。2つ目は収益源が「製品中心」から「サービス起点」に変化することにより，事業活動を持続するために獲得・強化していくべき「ケイパビリティ」も変化している。顧客企業の事業環境やビジネスモデルに基づく最適なカスタムメイド産業機械を設計・製造するケイパビリティ（モノづくりケイパビリティと定義）の獲得・強化に加え，アフターサービスでは生産財メーカとして顧客に寄り添い，顧客企業の事業活動を支援するさまざまなソリューションを価値提供するためのケイパビリティ（コトづくりケイパビリティと定義）を獲得・強化する必要がある。さらに昨今のデジタル化・DX推進により，「モノづくりケイパビリティ」と「コトづくりケイパビリティ」を有機的に結合したケイパビリティ（価値共創ケイパビリティと定義）の獲得・強化も求められている。

　またコベルコは他の日本メーカと同様，先進国市場向けにカスタムメイド産業機械を設計・製造する事業活動を行う中で「モノづくりケイパビリティ」を獲得・強化し技術ブランド力を高めてきた。そしてそれを武器・強みに新興国市場に参入するグローバル競争戦略をとってきた。最後の3つ目は，新興国が「モノづくりケイパビリティ」を獲得し目覚ましい経済成長を遂げつつある中，コベルコは新興国顧客企業やビジネスパートナーとの関係性の見直しを迫られている。

②アフターサービスの「ビジネス上の位置づけ・役割」の変遷

　事業活動持続のための収益源の中核が「製品」であった時代には，アフターサービスの事業経営上の役割は，製品を納入した顧客企業からのさまざまな問合せや技術的相談の対応を通じて，自社のケイパビリティ（カスタムメイド産業

194

産業機械メーカーのサービス・ビジネスにおける価値共創　**第15章**

機械を設計・製造する組織的能力）を顧客企業に認知・評価していただき，新たなカスタムメイド産業機械受託開発につなげることであった。そのため交換部品供給や顧客企業プラントの連続安定操業実現のための各種技術サービスは，営業活動の一環として無償に近い形で行われてきた。

　事業活動持続のための収益源の中核が「製品」から「アフターサービス」へと変化する中，アフターサービスの役割は，顧客企業の生産財の性能維持を通じた「顧客の事業活動支援」へと変化している。従来営業活動の一環として無償に近い形で行われていた交換部品供給や顧客企業プラントの連続安定操業実現のためのスキル供与型技術サービスは有償ビジネスとして行われる形に変化した。

　新興国の経済成長や新興国顧客企業での「モノづくりケイパビリティ」獲得により，アフターサービスでの「顧客企業ニーズ」や「顧客が求めるサービス内容」が変化している。一例を挙げると，有償サービスの交換部品供給や顧客企業プラントの連続安定操業実現のためのスキル供与型技術サービスの一部を顧客企業自らで行えるようになってきた。

　ここでコベルコのアフターサービスの競争優位（強み）を整理する。コベルコはさまざまな業界向けカスタムメイド産業機械の設計・製造とそのアフターサービスを生業とする中で，「モノづくりケイパビリティ」と「コトづくりケイパビリティ」の両方を獲得・蓄積してきた。これらケイパビリティの本質は，「顧客企業の生産・製造プラントにおける高品質製品の連続安定生産のための技術的ナレッジ・スキル群」である。これらを武器に産業機械メーカとして顧客の事業活動支援により深く関与することで，顧客との新しいビジネス機会・ビジネス的関係を生み出すとともに，新たな競争優位の源泉としての「価値共創ケイパビリティ」の獲得・強化を図る必要がある。つまり，アフターサービスの役割は「顧客企業との価値共創的ビジネスを創出するための機会」に変化している。

③サービス・ビジネス強化のためのDX

　アフターサービスの業務内容はこれまでコベルコ内において標準化が進みにくく，一品一様で人に依存した属人性が強い業務であった。モノからコトへの

195

第Ⅱ部 ケース編

パラダイムシフトが進む中，メーカとしての強みを活かしながら「従来のモノづくりを中核とした生業」から「モノとコト（アフターサービス）を融合した事業構造への変革」を実現し，顧客のご要望に応え続けていくためには，「アフターサービス・ビジネスのDX推進」が急務となった。

コベルコでは，2017年より，これまで現場内で蓄積伝承されてきたメンテナンスサービス業務遂行に関するノウハウ群のICT活用によるデジタル標準化を推進するとともに，顧客を含めたメンテナンス業務に関わるすべてのステークホルダをICT仮想空間でつなぐことによる「メンテナンスサービス・ビジネスのプラットフォーム化」の取組みを開始した（宗, 2024a; 2024b）。

本取組みでは，メーカが保有する設計および製造ノウハウを源泉とした「設備点検メンテナンス作業の品質指標化」を推進し，これら指標を基にメンテナンスサービスの業務プロセスと業務内容を構成し直し，サービスの提供内容と結果を顧客と相互確認しながら（提供プロセスの可視化），最適設備保全計画を

図表15-1 「共創型メンテナンスサービス」プラットフォーム

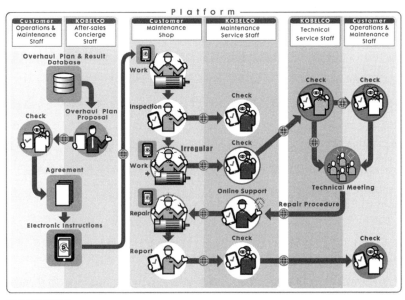

出所：筆者作成。

議論し遂行する「共創型メンテナンスサービス」を実現するためのサービス業務オペレーションシステムを実現した（図表15-1）。

第2節 分析フレームワーク —マーケティング理論と実践の融合の視点から

前述の事業環境変化が進む中，コベルコではマーケティング手法の見直しに迫られている。新たなマーケティング手法の実ビジネスへの効果的な実装，すなわち「マーケティング理論と実践の融合」は企業にとって重要な課題である。企業実務家にとってマーケティングに関するさまざまな手法や理論は，自社ビジネスを成長・拡大させるために取るべきビジネス形態の「検討用レンズ」としての役割がある。一方でマーケティング手法や理論に関する研究成果は，学術的作法やアカデミアとしての立ち位置や考え方が制約として働き，実務家にとっては「概念的・思想的」で「深いが狭い」と感じる場合がある。実ビジネスは一種の複雑系システムであり，特定の理論・手法だけで事業活動全体を捉えることは難しい。実務家が自社ビジネスの中で新たなマーケティング手法・理論の実装を試みる場合，実務家自身が自社ビジネスの特徴や本質を十分に理解したうえで，さまざまな手法・理論を相互補完的に融合させ試行錯誤しながら実装方法を探る形となる。

本事例では企業実務家視点からの1つの試みとして，「（従来型の）モノ志向マーケティング」，「サービス志向マーケティング」（Grönroos, 2007; 2013），「価値共創マーケティング」（村松, 2015）の3手法・理論を，「価値創造活動の主体」や「顧客と企業間の相互作用の密度」および「顧客との関係性」の3視点で融合し俯瞰的かつ複合的に捉え，マーケティング理論群を「遠近両用レンズ付き眼鏡（レンズ上段を遠距離用，下段を近距離用とし，1つのレンズで上下切替ながら使用する眼鏡）」のように一体的な見方（図表15-2）で活用することとした。

マーケティング理論群の「遠近両用レンズ付き眼鏡」を通して，企業が事業環境変化に適応するために取るべきマーケティング手法を分析・考察するとともに，各手法・理論の企業のビジネスモデル上での位置づけ（マーケティング段階）を定義するアプローチをとる。

図表15-2 実務家視点での３つのマーケティング手法の一体的な見方

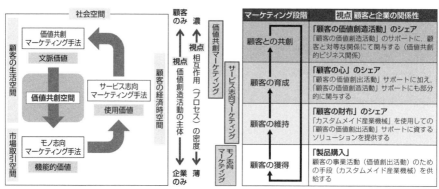

出所：筆者作成。

第3節 事例分析―産業機械アフターサービス・ビジネスのプロセス分析

本節ではアフターサービス・ビジネスを，サービス起点マーケティングの考え方を用いて，「プロセス視点」から分析した結果を紹介する。

(1) 3種類の中核サービス相互作用プロセス

アフターサービス・ビジネスには，①「各種問合せ対応」サービス，②「設備定期点検及びオーバーホール計画策定支援」サービス，③「設備定期点検及びオーバーホール実施支援」サービスの３つのサービス相互作用プロセスが存在する（図表15-3）。

1つ目の「各種問合せ対応」とは，顧客企業のプラント関係者からの日々の操業・保全の困り事の相談対応であり，プラント内で突発発生した障害の復旧方法に関する相談や技術サポートも含まれる。2つ目の「設備定期点検及びオーバーホール計画策定支援」とは，顧客企業がプラントの生産・操業を一定期間停止させ，設備群の簡易検査（定期点検）または詳細検査（オーバーホール）を実施する際の計画策定を，企業が保有するナレッジを供与し支援するサービスである。3つ目の「設備定期点検及びオーバーホール実施支援」とは，顧客

産業機械メーカーのサービス・ビジネスにおける価値共創　**第15章**

図表15-3　サービス相互作用プロセス群と多重再帰ループ・ダイナミクス

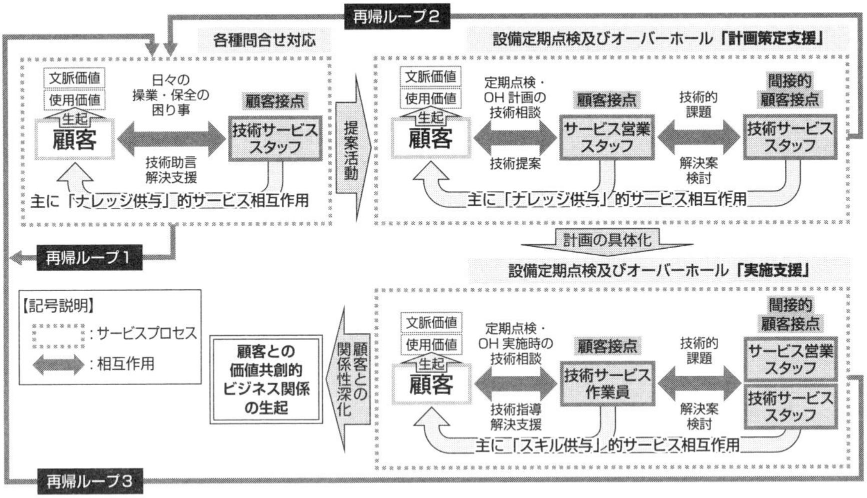

出所：筆者作成。

企業が定期点検やオーバーホールを実施する際に，企業が保有するスキルを供
与し支援するサービスである。これらの中核サービスプロセスには，顧客を含
めた４人のアクター（①顧客企業／②営業スタッフ／③技術サービス・スタッフ／④
技術サービス・作業員）が存在し，顧客の価値創造活動の一部として相互作用に
よるサービス（ナレッジまたはスキルの提供と享受）が行われる。

（２）顧客との価値共創生起ダイナミクス

　ここで「各種問合せ対応」はサービス起点マーケティングでの「顧客接点」
的なサービスプロセスと解釈でき，そこには価値共創の土台となる「顧客との
関係」を構築するための再帰ループ１が存在する。「設備定期点検及びオーバ
ーホール計画策定支援」は，「顧客とのコミュニケーション」または「顧客の
文脈価値マネジメント」的なサービスプロセスと解釈でき，そこには顧客との
価値共創につながる「課題設定」のための「各種問合せ対応」と「設備定期点
検及びオーバーホール計画策定支援」の２つのサービスプロセスを跨いだ再帰
ループ２が存在する。「設備定期点検及びオーバーホール実施支援」は，「顧客

199

第Ⅱ部 ケース編

との共創」的なサービスプロセスと解釈でき，顧客と設定した課題を「協働にて問題解決」するための3つのサービスプロセスを跨いだ再帰ループ3が存在する。

この多重な再帰ループは，サービスを機会・手段としながら，企業が顧客の価値創造活動に関わる中で「顧客との関係性」を築き，「顧客との価値共創的ビジネス関係」に発展させていくためのダイナミクスである。

一例を紹介すると，顧客のプラントで生産活動に甚大な影響を及ぼす大規模障害が発生した際，コベルコは社内に顧客問題解決支援チームを結成し，顧客と協働で早期復旧に取り組んだ。本事案を契機に顧客との関係性が深まり，価値共創的なビジネス関係が生起した。

（3）内部顧客間のバトンパスリレー的双方向コミュニケーション

さらにサービス相互作用プロセス間ダイナミクスの背後には，各サービス相互作用プロセスで顧客と直接対峙する企業側サービスエンカウンター（「内部サービスエンカウンター」と定義する）の間で，顧客の価値創造活動支援に資する情報群をサービスプロセスを跨いで申し送りする「双方向コミュニケーション」が存在する（図表15-4）。

サービス志向マーケティングでは，サービス組織内でのインターナル・マーケティングの重要性が指摘される。本情報共有はサービス提供時の内部顧客支援的コミュニケーションとは異なり，価値共創生起に影響を及ぼすバトンパスリレー的コミュニケーションである。

サービス志向マーケティングでのサービスプロセス管理の考え方はプロセスの生産性や品質の管理に着目したものであり，サービス提供を通じての使用価値や文脈価値の生起や創造につなげるためのダイナミクス管理の視点が不足している。

企業実践では，サービス相互作用プロセス間ダイナミクス管理を行うとともに，その背後で行われる内部サービスエンカウンター間のバトンパスリレー的コミュニケーション強化も図る必要がある。これにより顧客との価値共創的ビジネス機会の実現可能性が高まる。

図表15-4 インターナル・マーケティング的バトンパスリレー

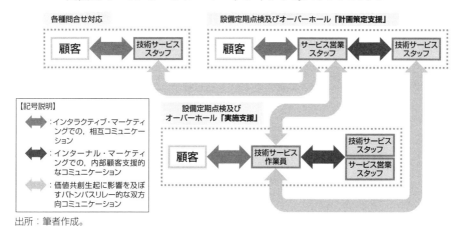

出所：筆者作成。

第4節 まとめ

本節では，日本メーカの海外ビジネス強化・拡大手段としての価値共創マーケティング概念の応用可能性について触れ，本章のまとめとする。

(1)「サービス起点の顧客価値創造支援型ものづくり企業」実現の可能性

サービス起点の顧客価値創造支援型ものづくり企業とは，サービス起点マーケティングの考え方に基づく新しい企業形態である。具体的には「顧客の不足ナレッジやスキル」を技術ソリューションとして提供するサービスを通じて，顧客の価値創造活動（生産活動）にサポーター（支援者）として関与し，顧客との価値共創活動機会を段階的に拡大・深化させながら「真の顧客ニーズ」を把握・理解し，顧客の価値創造に寄与するモノやサービィーズを生み出していく「再帰型ものづくり企業」と定義する。

産業機械分野は日本企業が世界で強い競争力を持っている分野の1つである（吉原, 2021）。産業機械は顧客の価値創造活動（生産活動）のための物的資源で

第Ⅱ部 ケース編

あり，これまでのアフターサービスでは，顧客が購入した物的資源である機械の性能維持または向上のための部品交換や機能ユニット交換が提供価値となる。産業機械アフターサービスでは前記プロセス分析の結果から顧客との価値共創機会としての特性を有するため，アフターサービスを起点とした顧客価値創造支援型ものづくり企業へのビジネスモデル変革が推進可能となる。

（2）海外市場／海外ビジネス拡大の事業経営上の位置づけの再考

　日本の産業機械メーカの海外市場比率は高く（コベルコの場合は約70%），海外ビジネス強化が事業課題となる。従来の海外ビジネスでは「機能的価値の訴求や維持」のためのアフターサービスが中心であったが，海外顧客企業やビジネスパートナーとの新たな関係性が求められる中，「顧客との価値共創機会としてのアフターサービス」を強化拡大していく必要がある。そのためには，海外市場を海外ビジネス拡大のための「市場」として捉えるだけでなく，サービス起点の顧客価値創造支援型ものづくり企業へのビジネスモデル変革推進のための「機会」や「環境」として捉え直し，新たなグローバル展開手法や企業としての国際化行動戦略を探ることが求められている。

（3）新たなグローバル展開手法としての
　　　デジタル・サービス・エコシステム

　コベルコではサービス起点マーケティングをベースとしたデジタル・サービス・エコシステム構築を現在推進中である。

　デジタル・サービス・エコシステムとは，コベルコ内で代々蓄積されてきた顧客設備のメンテナンス手法やそのメニュー内容の「業務プロセス」や「手順」を，ICTプラットフォームを媒体にして，全世界のビジネスパートナーに公開（オープン標準化）し，ビジネスパートナーとともに当社顧客生産製造プラントの連続安定操業実現のためのアフターサービスを協働推進していくための仕組みである（図表15-5）。

　サービス・エコシステムは，①顧客生産プラントで稼働する産業機械設備の「連続安定操業」や「設備保全周期の長期化」といった技術課題や顧客ニーズ

産業機械メーカーのサービス・ビジネスにおける価値共創　**第15章**

を解決するための手段であるサービスメニュー群（サービスオペレーション・プラットフォーム群），②サービス提供（サービスプロセス）に従事する複数ステークホルダ群（人），③サービス提供の結果としての情報群（データ）を，ICTで結合し統合した一種の「サービス・ビジネス・バリューチェーン」であり，コベルコがカスタムメイド産業機械事業のアフターサービス・ビジネスを今後全世界展開していく上での「事業拡大手段」と捉えられる。

図表15-5　デジタル・サービス・エコシステムとグローバル展開

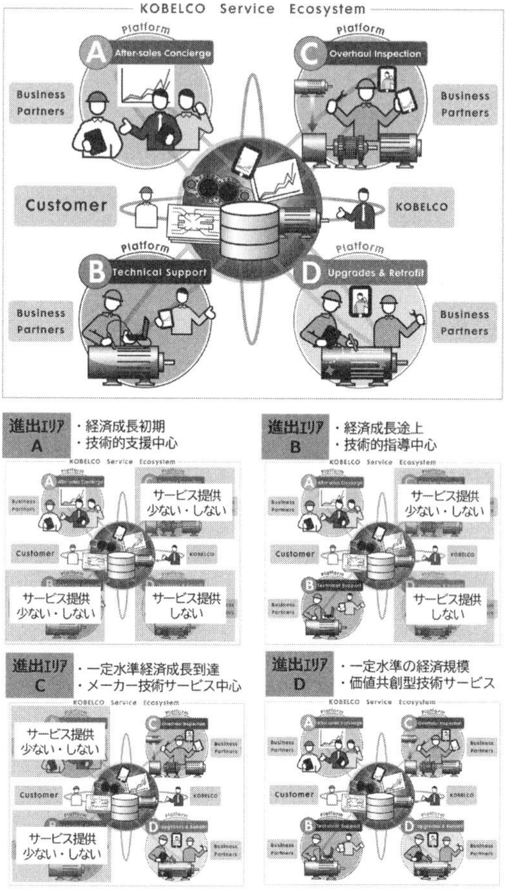

出所：筆者作成。

203

| 第Ⅱ部 | ケース編 |

日本メーカが海外市場を売上拡大のための「市場」だけでなく，ビジネスモデル変革推進のための「機会」として位置づけ事業経営を行っていくためには，ビジネスアーキテクチャをダイナミックに変化させながら事業環境の変化に適応可能なエコシステム型ビジネスシステム基盤構築が必要となる。

デジタル・エコシステムによるバリューチェーン構築では，進出エリアの経済成長状況等を鑑みながら進出エリア向けにビジネス進出する範囲を調整したバリューチェーン構築（パートナー開拓等）が容易に進められ，現地にサービス工場等の物理的拠点の開設やビジネスパートナーへのアフターサービス業務遂行知識移転等に係る投資費用を段階的かつ必要最低限に抑制しながらのグローバル展開が可能となる。

（4）ビジネスモデル変革手段としての価値共創マーケティング

本章では，「価値共創マーケティング」は企業の新たなマーケティング手法（顧客企業との対峙方法）の指針を示すだけでなく，「再帰型ものづくり企業」へのビジネスモデル変革にも拡張されえる概念であることを紹介した。

「再帰型ものづくり企業」という考え方は，新たなイノベーション創出形態とも捉えられ，その実現にはサービス起点マーケティングをベースとしたサービス・デジタル・エコシステム構築が有効な手段となる。

参考文献

Grönroos, C. (2007) *Service Management and Marketing: Customer Management in Service Competition, 3ed.* New York: John Wiley & Sons.（近藤宏一監訳・蒲生智哉訳（2013）『北欧型サービス志向のマネジメント』ミネルヴァ書房。）

宗陽一郎（2024a）「ビジネスモデル変革実現に貢献するサービス化技術」『R&D神戸製鋼技報』2(2)，94-97頁。

宗陽一郎（2024b）「サービス業務DXによる持続可能なKOBELCOらしいアフターサービス体制の実現」『R&D神戸製鋼技報』73(1)，86-89頁。

村松潤一編著（2015）『価値共創とマーケティング論』同文舘出版。

吉原英樹（2021）『国際経営（第5版）』有斐閣アルマ。

第16章

ヘルスケア・ビジネスにおける価値共創

第1節 企業等の概要

（1）背景・問題意識・目的

　ヘルスケア・ビジネスとは，健康増進や介護予防を通じた健康寿命の延伸を支えるさまざまなサービスのことを指し，「健康の保持および増進，介護予防を通じた健康寿命の延伸に資する商品の生産若しくは販売又は役務の提供を行うこと」と定義される（経済産業省, 2019）。これまでヘルスケア・サービスを提供する事業としては，病気を治すこと（治療）に特化した医療関連の事業や，高齢者の生活支援を行う介護関連の事業者を指すことがほとんどであった。しかしながら，社会課題が多様化している近年においては従来の事業に加えて，「病気を予防する」，「健康を増進する」アプローチへの注目が高まっている。

　経済産業省が発行した「令和2年度補正遠隔健康相談事業体制強化事業：調査報告書」（2021年）によると，ヘルスケア産業の市場規模は2016年では25兆円，2025年には33兆円になると推計されている。特に，ヘルステック（HealthTech）と呼ばれる（ソフトバンク, 2021），医療や健康管理などの分野でデジタル技術を活用するデジタルヘルスケア分野の発展は著しい。グローバルインフォメーション（2024）によれば，2023年における日本のヘルステック市場規模は500億円であり，2030年には1,000億円を突破することが予測されている。

　先述の通りヘルスケア・ビジネスは今後も市場規模が拡大することが予測され，ヘルステックの急速な発展により価値共創の重要な要因の1つである企業と顧客との相互作用がより活性化する分野である。本章ではオムロングループ

205

第Ⅱ部 ケース編

のヘルスケア事業部門を担うオムロンヘルスケア株式会社（以下，オムロンヘルスケア）を取り上げる。オムロンヘルスケアは血圧や体温といったバイタルデータの家庭用計測機器の製造を主としていた企業から，計測されたバイタルデータを基に利用者の健康状態をフィードバックし，健康状態の維持・促進を目的としたサービスを行う企業へと発展した。ヘルスケア・ビジネスの中でも市場規模の拡大が目覚ましいヘルステック分野を代表する企業といえる。

　以上より本章では，オムロンヘルスケアを調査対象とし，価値共創を起点とするマーケティングモデルの観点から，ヘルスケア・ビジネスに対して検討を加えることを目的とする。

（2）オムロンヘルスケアの概要

　最初に，本研究の調査対象であるオムロンヘルスケア株式会社の概要について明らかにする。オムロンヘルスケアが設立されたのは2003年7月であり，親会社であるオムロン株式会社の社内カンパニーの1つであったヘルスケアビジネスカンパニーが分社化されたものである。従業員数がグループを含め3,500人（2024年3月末現在）を超える大企業に相当し，国内1つ，海外4つの生産拠点と，国内1つ，海外1つの研究開発拠点を持つ。主な製品として，血圧計・体重体組成計・電動歯ブラシといった家庭用および医療用健康機器や，健康管理ソフトウェアの開発・販売，健康増進サービス事業を行っている。「地球上の一人ひとりの健康ですこやかな生活への貢献」をミッションに定め，世界最高品質の提供を基本方針とし，顧客起点の事業運営・チャレンジし続ける行動重視・自由闊達な風土形成の3つを経営方針として打ち出している。

　上記の通り，オムロンヘルスケアはさまざまな健康測定機器の製造・販売を行っているが，本研究ではその中でも，オムロンヘルスケアに分社化する前，オムロン株式会社の時代から研究開発が行われてきた，血圧計に着目する。1960年代初頭，オムロン株式会社の創業者である立石一真氏が「健康工学（Health Engineering）」を提唱し，人間の身体を無数の自動制御系の組織工学的な集合体として捉え，オートメーション技術を活用して健康管理と病気の診断治療をしようとする考え方を重視している。また，「企業は社会の公器である」とい

う企業理念のもと，測定技術を通して健康に貢献するため，「血圧は病院で測るもの」という考え方が当たり前だった時代から，家庭用血圧計の開発に取り組んできた。1978年に家庭用デジタル血圧計を発売してから，家庭用デジタル自動血圧計（1981年），オシロメトリック式血圧計（1985年），手首式自動血圧計（1992年），自動巻きつけ技術搭載型血圧計（2004年）など，長年の研究により得られた知見を基に開発された高性能の血圧計を発売し続け，2021年には家庭用血圧計の累計販売台数が3億5千万台を突破した（オムロンヘルスケア，2023）。

また1986年に，現在の家庭血圧の世界基準として知られる「135/85 mmHg」を導き出す後押しとなった大迫研究が開始された際に，オムロンヘルスケアは300台の家庭用血圧計の提供に協力した。大迫研究とは1986年に開始された岩手県大迫町の一般住民を対象とした高血圧・循環器疾患に関する長期前向きコホート研究であり，日本における脳心血管疾患の最大のリスクである高血圧を高精度で捉えるとともに，さまざまな要因・疾病に関する分析を実施している（大久保，2009）。主な成果としては，高血圧で死亡率が最も上昇するハザード値から，収縮期血圧：137以上，拡張期血圧：84 mmHgを高血圧と定義し，家庭血圧測定において初めての基準値として提唱した。その後，日本高血圧学会や国際保健機関，国際高血圧学会など，国内外の機関が大迫研究の家庭血圧・24時間自由行動血圧の成果を基に，135/85 mmHgという高血圧の基準値を決定している。

（3）オムロンヘルスケアの健康経営方針

オムロンヘルスケアは，「Going for ZERO～予防医療で世界を健康に」を長期ビジョンとして掲げ，「従業員一人ひとりが健康経営の取組みに積極的に参画し自らビジョンを体現することによる，健康寿命の延伸・予防医療の実践という健康文化の創造」を目指している。そのために，従業員自身が血圧・歩数・体重を測定し，自己管理しながら適切な血圧コントロールを行うとともに，測定を通じて高血圧などのリスクを抱えた従業員が顕在化することで，通院・服薬状況の確認を行うなどのフォローを実施している。またウォーキング企画の実施などの運動機会の提供やチームを組んで卒煙を目指す卒煙チャレンジなど，

第Ⅱ部 ケース編

フィジカルヘルスを向上させる取組みとともに，ストレスチェックに基づいた組織診断や職場ヒヤリング，産業保健スタッフなどの支援による職場環境改善活動を通してメンタルヘルスの向上を目指す取組みが行われている。さらに，運動，睡眠，メンタルヘルス，食事，禁煙を「Boost 5」と定め，健康増進を応援するための具体的な指標としており，指標ごとに設定した目標達成者の増加，3項目以上の達成者率の向上を目指している。これらの施策は従業員の健康増進に寄与するだけでなく，施策の活用度とパフォーマンス，ワークエンゲージメントとの間には相関関係あり，施策を活用している従業員ほど高パフォーマンスや高ワークエンゲージメントの割合が高いことが示されている。このように，オムロンヘルスケア（オムロングループ）は健康管理を経営的視点で捉え，戦略的に従業員の健康の維持増進に取り組んでいる。

（4）オムロンヘルスケアにおけるヘルスケア・ビジネス

先述の通り，オムロンでは家庭用血圧計に代表されるように，さまざまな健康測定機器の製造・販売を行ってきている。その一方で，行動変容理論を応用した生活習慣改善サービス「健康達人」を1999年にスタートし，個人向けサービス事業に初めて参入した。「健康達人」は，健康状態やライフスタイルに関する質問を利用者自身に回答してもらい，行動科学に基づく，自身に合わせた目標設定を自分で行うことができるプログラムである。

このように，オムロンは創業した1933年から1990年代までの間は，血圧計や体温計，歩数計などの製造・販売を主とする会社であったが，1999年以降，消費者のバイタルデータを基にした個人に最適な健康管理をサポートする，ヘルスケア・ビジネスを展開する会社へと変化し，2003年にはヘルスケア事業を主とするオムロンヘルスケアが誕生した。このような事業展開は，顧客との接点を有しにくい製造業から，顧客との接点を有しやすいサービス業への変化とも言い換えることができる。ここから，オムロンヘルスケアは価値共創マーケティングを実践している企業の1つになったといえる。本章では，オムロンヘルスケアを調査対象とし，価値共創を起点とするマーケティングモデルに則り，オムロンヘルスケアが展開するヘルスケア・ビジネスに対して検討を加える。

208

ヘルスケア・ビジネスにおける価値共創　**第16章**

第 **2** 節　分析フレームワーク

　価値共創マーケティングの観点からみた場合，まずは顧客との接点をどのように創り上げるかが重要となる（村松, 2015）。ヘルスケア・ビジネスの目的は，顧客の健康維持や健康課題の解決が目的達成となる。そのため，利用者のバイタルデータを計測・解析し，健康状態を利用者へフィードバックした後に，健康維持のための行動変容を利用者から誘発するための接点が生じやすい。このように，ヘルスケア・ビジネスは価値共創との相性が良いように思われるが，価値共創を起点としたマーケティングモデルからの検討はいまだなされていない。

　そこで本章では，オムロンヘルスケアが展開するヘルスケア・ビジネスに関して，価値共創を起点とするマーケティングモデルから検討することを目的とする。

　価値共創は，①企業が顧客の消費プロセスに入り込むこと，②そこでサービス適用に基づく直接的相互作用を行うこと，③顧客にとっての文脈価値を生み出していること，の3要素が重要とされる（村松, 2015）。そして，この3要素をヘルスケア・ビジネスに置き換えると，①血圧計や歩数計などのヘルステックデバイスを用いて，血圧や心拍数といった日々のバイタルデータを計測する（顧客の利用プロセスへの入り込み），②収集したバイタルデータを解析し，健康状態を顧客ごとにフィードバックする（企業−顧客間の直接的相互作用），③フィードバックされた健康状態を基に，健康促進のための行動変容が発生する（顧客にとっての文脈価値の創出）と言い換えることができる。

第 **3** 節　事例分析

（1）顧客の利用プロセスへの入り込み

　先述の通り，ヘルスケア・ビジネス，特にヘルステック分野においては，価

第Ⅱ部 ケース編

　値共創の3要素の1つである「企業が顧客の消費プロセスに入り込むこと」は，ヘルステックデバイスを用いて日々のバイタルデータを計測すること，と言い換えることができる。オムロンヘルスケアでは，血圧計や体温計，歩数計など，さまざまなバイタルデータ計測機器を製造・販売しているが，ここでは60年前の1964年に開発に着手し，累計販売台数が2016年に2億台，2023年には3億5千万台を突破し，現在もグローバルシェア1位を維持している，血圧計に着目する。

　オムロンヘルスケアでは多様な種類の家庭用血圧計を開発しており，スタンダードである腕帯巻き付けタイプの上腕式血圧計や，小型で持ち運びに便利な手首式血圧計，また腕を入れるだけで簡単に測定できる腕を通すタイプの上腕式血圧計を販売している。これらの血圧計にはインテリセンス（Intellisense）と呼ばれるオムロン独自の測定技術が搭載されており，腕の太さや呼吸の早さ，大きさなど，一人ひとりの特徴に合わせた最適な血圧測定を可能としている。これらの血圧計により計測された血圧データは，オムロンヘルスケアが提供する血圧記録表や血圧グラフなどでアナログ的に記録することもできるが，血圧計とスマートフォンアプリ OMRON connectとを連携することで，Bluetooth通信を介してアプリに転送し，デジタル的に記録することが可能となっている。さらに近年では2018年に，腕時計式のウェアラブル血圧計（HCR-6900T-M HeartGuide）を発表し，常時手首に装着可能であり，日中の行動下などで気になった時の血圧をいつでも容易に測定できる血圧計の販売開始している。

　以上では血圧計に着目し，販売されてきた血圧計や計測・記録方法について紹介したが，オムロンヘルスケアでは血圧計以外にも，体温計，体重体組成計・体重計，活動量計・歩数計，パルスオキシメータ，心電計など，さまざまなバイタルデータの計測機器が展開されている。これらオムロンヘルスケア社製の計測機器を用いることで，日々の血圧値の計測・記録を短い時間で容易に行うことが可能となっている。これは価値共創の3要素の1つである「ヘルステックデバイスを用いた日々のバイタルデータの計測」を達成しているといえる。

ヘルスケア・ビジネスにおける価値共創　第16章

（2）企業－顧客間の直接的相互作用

　次に，価値共創３要素の２つ目である「サービス適用に基づく直接的相互作用を行うこと」は，計測機器により収集したバイタルデータを解析し，健康状態を利用者ごとにフィードバックすること，と言い換えることが可能である。先節の通り，オムロンヘルスケア製の血圧計で計測したバイタルデータは，血圧記録表といった紙媒体で記録する一方で，OMRON connectと呼ばれるスマートフォンアプリで手入力の必要なく記録することが可能である。このアプリには，計測された血圧値を単純に記録するだけでなく，利用者に対して健康状態などの情報をフィードバックする仕組みが備わっている。このアプリでは血圧計以外にも，通信機能付きの体重体組成計，活動量計，心電計，パルスオキシメータ，体温計で計測したバイタルデータの記録が可能となっている。

　OMRON connectでは，血圧管理機能である「かんたん血圧日記」という，毎日の血圧管理を簡単にサポートする機能が搭載されている。血圧は一日の中でも，早朝・食事・喫煙・ストレス・運動・就寝といったさまざまな要因によって変動していることに注目し，朝晩の血圧値の傾向や生活習慣との関連を検討している。主な機能としては，朝と晩でグラフの色が異なり，自ら設定した目標値に対して高い・低いといった状態がひと目で確認できたり，カレンダー形式で表示することで血圧変動の傾向がわかるようになっていたり，血圧以外にも服薬や飲酒，睡眠不足などの行動を記録できるように設計されている。また，メールで過去１週間の測定状況を家族や知り合いなどに共有することも可能になっている。

　さらにオムロンヘルスケアは，計測したバイタルデータを利用者に直接フィードバックするだけでなく，利用者が家庭で計測したバイタルデータや行動記録などを，医療関係者がリアルタイムで確認できるシステムを開発している。ヘルスデータモニタリングシステムでは，OMRON connect対応機器を使って測定したバイタルデータがアプリへと転送された後に，オムロンヘルスケアのクラウドサーバーにも自動で送信され，リアルタイムに医療関係者向けのダッシュボードに反映される。そして，利用者から共有されたデータは，ダッシュボード上でグラフや測定値一覧で確認できるようになっており，日々の診察や

211

第Ⅱ部 ケース編

健康アドバイスの提供に活用されている。加えて，アラート条件を設定することができ，設定した条件に該当する測定値を検出すると，医療関係者にメールで通知され，利用者の状態変化を迅速に検知することが可能になっている。

　以上のように，オムロンヘルスケアではスマートフォンアプリを活用することで，日常的に測定されたバイタルデータを基に，日々の健康状態を利用者に直接的にフィードバックしたり，クラウドサーバーを通して医療関係者の診察や健康アドバイスのフィードバックを仲介したりするなど，価値共創の要素の1つである，「健康状態を利用者ごとにフィードバック」を達成しているといえる。

（3）顧客にとっての文脈価値の創出

　最後に，価値共創3要素の3つ目である「顧客にとっての文脈価値を生み出していること」は，フィードバックされた健康状態を基に，健康促進のための行動変容が利用者に発生していること，と言い換えることが可能である。先述の通り，オムロンヘルスケアが提供するスマートフォンアプリOMRON connectでは，血圧計や体重計など，通信機能付きの機器を連携させることで，測定したデータが転送され，アプリ内でグラフやカレンダーを自動生成し，記録の手間を感じることなく，身体の状態を詳細に，そして長期的に把握することが可能になっている。

　OMRON connect（欧米版）では，通信機能付きの血圧計や体重計などから送られてきたバイタルデータを人工知能（以下，AI）で解析し，より良い健康管理のための個人向けアドバイスの提供を行っている。また有料のプレミアムプランに加入することで，身体の状態に合わせた行動変容プログラムの提供を受けることができ，プログラムで示された歩数などの行動目標を達成すると，アプリの有料課金の支払いに使用できるポイントが発行されるなど，家庭で測定したバイタルデータに生活改善に対するモチベーションを維持する仕組みが開発されている。具体的には，脳・心血管疾患に関する基礎知識や最新情報が提供され，また登録されたバイタルデータをAIで解析し，個人に合った生活改善プログラムや料理を配信する「アドバイス機能」，家庭で測定したバイタ

212

ルデータや生活改善プログラムの進捗を，医療従事者や家族，友達と共有できるケアチーム機能，利用者同士が参加できるコミュニティ機能により，個人が持つノウハウや生活改善のヒントなどを共有できる「コミュニティ機能」，一週間毎日歩く，アプリ内のアドバイスを毎日読むなど，利用者が設定した目標の達成をサポートし，目標を達成するとオンラインショップなどで使用できるギフトカードが贈られる「チャレンジプログラム」，といった機能が搭載されている。

以上のように，オムロンヘルスケアでは計測機器を用いて収集されたバイタルデータを解析し，個人ごとに合った生活改善プログラムを提供しており，健康促進に向けた利用者の行動変容を促していることから，「顧客にとっての文脈価値の創出」を達成しているといえる。

第 **4** 節　まとめ

本章は，オムロンヘルスケアを事例として取り上げ，同社が展開するヘルスケア・ビジネス，特にヘルステックデバイスを用いた事業展開に関して，価値共創を起点とするマーケティングモデルの観点から検討を行った。その中で，価値共創に重要な 3 要素である，①企業が顧客の消費プロセスに入り込むこと，②そこでサービス適用に基づく直接的相互作用を行うこと，③顧客にとっての文脈価値を生み出していること，をヘルスケア・ビジネスに置き換え，①血圧計や歩数計などのヘルステックデバイスを用いて，血圧や心拍数といった日々のバイタルデータを計測すること，②収集したバイタルデータを解析し，健康状態を利用者ごとにフィードバックすること，③フィードバックされた健康状態を基に，健康促進のための行動変容が発生すること，と置き換え（図表16-1），オムロンヘルスケアが行うヘルステック事業との対応を検討した。

検討の結果，同社が展開するヘルスケア・ビジネスは価値共創に重要な 3 要素を満たしていることが明らかとなった。そこからいえるのは，同社のヘルステック事業は価値共創を起点としたマーケティングモデルにより説明可能ということである。このモデルはオムロンヘルスケア以外にも同様のヘルスケア・

第Ⅱ部 ケース編

ビジネスを展開する企業に対しても適用できる可能性が示唆され，今後ヘルステックを用いたヘルステック・ビジネスを展開しようとしている企業にとって参考となる有用なモデルである。

図表16-1　ヘルスケア・ビジネスにおける価値共創の3要素

	価値共創に重要な3要素	ヘルスケア・ビジネスにおける価値共創
要素1	企業が顧客の消費プロセスに入り込むこと	ヘルステックデバイスを用いて，血圧や心拍数といった日々のバイタルデータを計測すること 
要素2	サービス適用に基づく顧客との直接的相互作用を行うこと	収集したバイタルデータを解析し，健康状態を利用者ごとにフィードバックすること 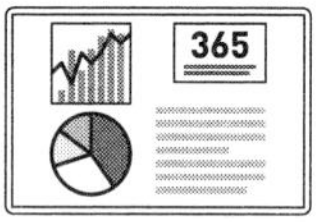
要素3	顧客にとっての文脈価値を生み出していること	フィードバックされた健康状態を基に，健康促進のための行動変容（文脈価値）が発生すること 

出所：価値共創の3要素（村松，2015）を基に筆者作成。

一方で今回のケースでは健康状態のフィードバックや健康増進に向けたアドバイスに対する理解や信頼，モチベーションをどれだけ実感できるかが，利用者が文脈価値を判断するために重要になる。例えば，有用なヘルステックデバイスの1つであるウェアラブルデバイスはいまだ発展途上であるがゆえ，その測定精度などの解決すべき課題が依然として残っており（Iqbal *et al.*, 2021），これらの課題は利用者が文脈価値を判断する障壁になり得る。これらの諸問題が

解消されることにより，収集されたバイタルデータを基に作成されたフィードバックに対する利用者の理解度や信頼性，モチベーションは増加すると考えられる。これらの増加は利用者における文脈価値の判断を促すもので，健康増進に向けた行動変容をさらに活発化させる可能性があり，今後さらなる技術発展が期待される。

参考文献

Iqbal, S.M.A., I. Mahgoub, E. Du, M.A. Leavitt and W. Asghar (2021) "Advances in Healthcare Wearable Devices," *npj Flexible Electronics*, 5: 9.

大久保孝義（2009）「血圧変動を指標とした循環器疾患の臨床薬学研究」『薬学雑誌』129(6)，699-708頁。

オムロンヘルスケア（2023）「血圧計発売50周年」（https://www.healthcare.omron.co.jp/corp/news/2023/0510.html, 2023 [last Accessed 13 November 2024]）

グローバルインフォメーション（2024）「日本のヘルステック市場：技術別，競合情勢，用途別，エンドユーザー別，動向分析，競合情勢，予測，2019年〜2030年」Blue-weave Consulting。

経済産業省（2019a）「ヘルスケアサービスガイドライン等のあり方」（https://www.meti.go.jp/shingikai/mono_info_service/jisedai_health/pdf/008_s02_00.pdf [last Accessed 13 November 2024]）。

経済産業省（2019b）「令和2年度補正遠隔健康相談事業体制強化事業：調査報告書」（https://www.meti.go.jp/meti_lib/report/2020FY/000199.pdf, 2021 [last Accessed 13 November 2024]）。

ソフトバンク（2021）「ヘルステック国内企業10選」（https://www.softbank.jp/biz/blog/business/articles/202103/healthtech2021/, 2021 [last Accessed 13 November 2024]）。

野村総合研究所（2019）「2025年度までのICT・メディア市場の規模とトレンドを展望」『NRI Nomura Research Institute Group NEWS RELEASE』。

村松潤一編著（2015）『価値共創とマーケティング論』同文舘出版。

第**17**章

企業が取り組む健康づくり支援における価値共創

第**1**節　企業等の概要

（1）背景・目的

　持続可能な社会の実現に向け，SDGs（持続可能な開発目標 Sustainable Development Goals）やESG（Environment（環境），Social（社会），Governance（ガバナンス（企業統治））の観点に立った社会課題解決に向けたさまざまな取組みが世界的に進んでおり，新たなサービスの創出やマーケティングの展開がみられるようになった。

　このような動きの中，国内で進められている健康経営の推進に向けた取組みも，SDGsに関連する取組みのひとつとして捉えられている。ESGにおいては，"S"の評価基準「health and safety」に位置づけられると考えられており，その観点から健康経営を評価する動きが拡大してきている（経済産業省, 2024, 47頁）。健康経営とは，「従業員等の健康管理を経営的な視点で考え，戦略的に実践すること」（経済産業省, 2024, 13頁）であり，従業員等だけでなく，その家族や地域住民，関係企業や顧客にまでその取組み等が広まることが社会的価値の創造につながると期待されている（経済産業省, 2020, 48頁）。このような背景の中，先進的に健康経営に取り組む企業では，従業員等の健康課題解決に向かうさまざまな健康づくり支援サービスが多様なアクターの協働の基に創出・提供され利用されている。

　ここで注目したいのは，サービスの創出・提供・利用の各段階で多様なアクターが従業員等の健康づくりや健康課題解決に資する健康文脈形成の支援に関

第Ⅱ部 ケース編

わり，価値共創型の支援サービスとして展開している点である。そこで本章では，企業内の健康づくり・健康課題解決支援に向けた取組みの動きから健康づくり支援サービスを創出し，さらに一般消費者等に向けた支援サービスへと展開している花王株式会社の取組みを事例として取り上げる。

（2）花王株式会社の概要

　花王株式会社（以下，花王）は，1887年に創業した国内大手の化学メーカーである。現在，世界に広がる花王グループでは，「豊かな共生世界の実現」をパーパスに掲げ，生活者に寄り添い，生活を豊かにするモノやサービスを創造する「よきモノづくり」を進化させ続けている。これは，創業以来，花王に深く根づく価値観に基づくものであるとされており，本質的な研究を追求したユニークな技術を基に，これまでさまざまなサービスや製品を通して価値を生み出してきている。この一貫した動きは，花王の独自の企業文化として捉えられる。また，近年の世界を取り巻く社会環境等の急速な変化等を踏まえ，ESG視点も重視されており，社員の力を結集し，創造と革新でESG視点の「よきモノづくり」を進め，持続可能な社会に欠かせない企業となることをめざすとしている。

　花王グループでは，「花王ウェイ」と名づけられた企業理念（図表17-1）が2004年に策定され，創業以来培われてきた精神や文化を，基本となる価値観として次世代に受け継いできている。2021年には，使命・ビジョン・行動原則の3点が追加され現在の形となり，社員に深く浸透している。この企業理念を拠りどころにすることで，すべての活動が一貫したものになるとされており，また，さまざまな社会課題や事業課題に対する原動力，働きがいや生きがいを生み出す指針になるものとされている。

　「花王ウェイ」に基づく動きのひとつとして「社員の健康増進」への取組みが行われており，「花王グループ健康宣言」（図表17-2）として発表されている。花王の健康増進に向けた動きは，先進的な健康経営の取組みとして顕彰等[1]がされるなど，健康経営のトップランナーとして評価されている。花王グループの健康経営の特徴は，「花王グループ健康宣言」にはじまり，全社および各事

218

企業が取り組む健康づくり支援における価値共創　第17章

図表17-1　花王グループの企業理念「花王ウェイ」

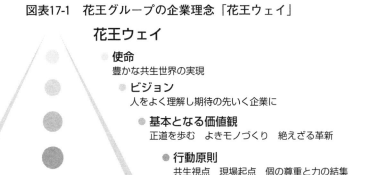

出所：花王株式会社（2024，13頁），花王株式会社ウェブサイト「花王ウェイ（企業理念）」を基に筆者作成。

図表17-2　「花王グループ健康宣言」とめざす姿のイメージ

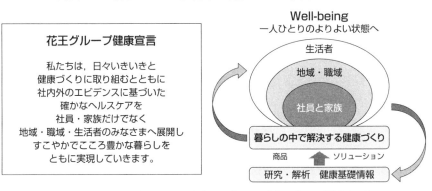

出所：花王株式会社（2024，246頁），花王株式会社ウェブサイト「花王グループ健康宣言」。

業場で健康づくりを推進する体制の組織化とデータ分析を基に効果的な健康づくりへと向かうシステムが機能していることである。健康保険組合と人事部門の連携性が高く事業場ごとに健康づくりの推進責任者が設置されていることや，「花王健康白書」が毎年作成されているなど，現状，課題，および取組みの進捗を確認できるシステムとなっている。花王の健康づくりの特徴として，花王グループのヘルスケア事業と関連した研究の過程で得られた知見の数々が，健康増進プログラムとして社員と家族の健康づくりに活用されていることが挙げ

第Ⅱ部 ケース編

られる。この花王グループ独自の健康づくりは，「Kao GENKI-well ソリューション」と名づけられている。これらを社会と共有する動きとして，「Kaoみんなの GENKI プロジェクト」のウェブサイトが立ち上げられており，花王グループの社員と家族の健康づくり活動の好事例が広く社会へと伝えられている。また，健康白書作成のモデルやノウハウを社外にも共有することで，健康経営の推進を支援するサービスは「Kao GENKI-well アシスト」と呼ばれ，前述の「ソリューション」と「アシスト」を併せ「Kao GENKI- wellサービス」として，健康づくり・健康経営を支援する事業となっている。

　以上のように，花王の健康づくりと健康課題解決に向け創出されたさまざまな健康文脈とその支援サービスは，それらが活用される世界で直接的な相互作用（支援）によって文脈価値の形成が行われる価値共創型マーケティングの動きと捉えることができる。またこの動きは，社内（社員や家族）だけでなく，グループ全体および関連企業や，社会へと広がりをみせており，価値共創型マーケティングの展開とみることができる。

第2節　先行研究レビュー/分析フレームワーク/分析視点の特定

（1）先行研究レビュー
①健康づくり・健康課題解決の文脈にみる社会的価値と価値共創の動き

　健康増進（Health Promotion）の考え方は，1946年に世界保健機関（World Health Organization：WHO）によって提唱された「健康」の定義[2]から，1980年代以降には個人の生活習慣の改善だけでなく環境の整備を合わせたものとして改めて提唱されるなど，その内容は時代とともに変遷してきている。日本では，「国民健康づくり対策」が1978年から段階的に展開されてきており，2000年からは「第3次国民健康づくり対策」として「21世紀における国民健康づくり運動（健康日本21）」がはじまっている。2024年度から開始された「健康日本21（第三次）」においては，健康経営や産業保健サービスの推進が明示されている（厚生労働省, 2023, 7頁）。健康経営に関する先行研究では，健康と社会の関わり方

220

企業が取り組む健康づくり支援における価値共創　第17章

への問題意識から，企業経営と健康について焦点を当てた研究成果が報告されており，企業の関係者の幸福だけでなく社会全体への影響について多角的な視座から論じられている（田中他，2010）。2020年に策定された「健康投資管理会計ガイドライン」（経済産業省，2020, 48頁）では，企業等の健康経営の取組みと社会的価値についての言及もみられ，従業員等の家族や地域住民も巻き込んだイベントの開催や，関係する企業等や顧客に健康経営を広める取組みが推奨されている。健康経営の普及や展開に関連する研究として，先進的に健康経営に取り組んでいる企業が社内の取組みに留まらず，新たなビジネス領域へ事業展開している例を対象とした研究もはじまっており，そのような動きが価値共創マーケティングの展開と捉えられるとの観点から，4Cアプローチ（村松，2015）で検討した報告がなされている（上西，2020）（図表17-3）。

図表17-3　健康づくりの価値共創マーケティングの展開

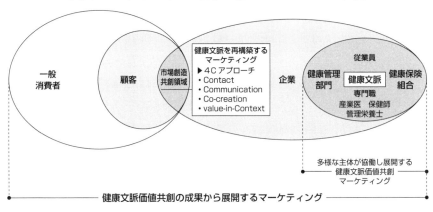

出所：村松（2015）167頁，上西（2020）46頁を基に筆者作成。

②健康づくり・健康課題解決における価値共創と価値共創マーケティング

　村松（2017）は，顧客の課題解決を図るソリューション・ビジネスの価値共創マーケティングとの関係について次のような議論を展開している。ソリューション・ビジネスが価値共創マーケティングの範疇にあるか否かを見極める要素として，顧客の課題解決を図るために含まれるモノの消費や使用に関するも

のが，事後的かどうかに加え，顧客の消費プロセスにおける直接的相互作用を伴うものかどうかが鍵となることを指摘している。それらが，事前的かつ間接的な場合は，価値共創マーケティングとは区別されることになるとしており，価値共創とは，あくまでも消費プロセスにおける直接的相互作用によって文脈価値を共創するものをさしているのであり，価値共創マーケティングは，企業をしてその直接的相互作用の一端を行為として担うものであるからとしている。このことから，価値共創マーケティングによってどのように文脈価値が高められるかは，消費プロセスでの直接的・相互作用的なサービスの提供に大きく依存すること，即時的に顧客の文脈価値を高めていく必要があることが主張されている。また，企業の顧客との価値共創における役割についても論じていて（村松，2017)，企業は顧客支援者の役割を担っており，企業と顧客は支援・被支援関係にあるとしている。その具体的な動きについて，企業との価値共創において顧客が求めるのは企業によるサービス提供であり，顧客の価値創造において不足するナレッジ・スキルを企業に委ねることで企業との価値共創がはじまるとしている。またこのことは，企業と顧客のナレッジ・スキルが組み合わされることで，新たな価値としての文脈価値が共創されることをさすものとしており，顧客が求める企業のナレッジ・スキルの多寡によってさまざまな価値共創が行われることになると述べている。価値共創マーケティングの推進や分析の視点として，村松（2015; 2017) は「4Cアプローチ」を提唱している。価値共創マーケティングは，顧客との接点づくりからはじまることから，「接点 (Contact)」の持ち方を出発点とし，次に，接点を通じて顧客の消費プロセスへの入り込みと直接的な顧客との双方向の「コミュニケーション（Communication)」をとり，ナレッジ・スキルの適用からなる直接的相互作用によって「共創 (Co-creation)」が行われ，顧客にとっての「文脈価値 (value-in-Context)」が生み出されるというプロセスからなるとしている。

（2) 分析フレームワーク

　そこで本章では，企業内部における健康づくり・健康課題解決の共創行動（価値共創マーケティング）がその成果を基に社会にその共創行動を広げ続けていく

プロセスを健康づくり・健康課題解決支援の価値共創マーケティングと捉え，起点となる企業内でみられる健康づくりや健康課題解決に向かう共創行動に焦点を当て，4Cアプローチを用いて事例検討を行う。

（3）分析視点の特定

　以上から本章の分析視点を4Cアプローチの4要素に設定する。具体的には，共創領域における支援する側と支援される側の接点づくりの起点となる接点（Contact），直接的相互作用でのコミュニケーション（Communication），コミュニケーションからのナレッジ・スキルの組み合わせや知識獲得・知識活用支援による共創（Co-creation），サービス利用者（健康づくりを支援される側）の文脈価値（value-in-Context）とおくこととする。さらに，直接的相互作用以外のネットワークや心理的距離といった他の文脈の存在（大藪, 2022）についても検討を試みる。

第**3**節　事例分析

　本章では，花王の健康経営で社員と家族の健康づくりに活用されている花王独自の健康増進プログラム「Kao GENKI-well ソリューション」サービスに焦点を当て，4Cアプローチの要素である，接点（Contact），コミュニケーション（Communication），共創（Co-creation），文脈価値（value-in-Context）の4つの観点から健康づくり支援サービスにおける価値共創について検討するとともに，直接的相互作用以外（ネットワークや心理的距離など）の文脈の視点からの検討も試みる。

　なお，本章で検討に用いた情報は，同社のウェブサイトで公開されている企業情報等と同社に対して行ったインタビュー調査およびその際に提供いただいた資料等を基にしている。

第Ⅱ部 ケース編

（1）健康増進プログラム「Kao GENKI-well ソリューション」
サービスの概要

　花王の健康経営での特徴のひとつである効果的な健康づくりとして，「健康と生活習慣の見える化」,「『歩く』環境づくり」,「『食べる』環境づくり」が進められている。

　この取組みでは，花王の「内臓脂肪と"くらし"に関する研究」や「歩行と健康に関する研究」などの研究成果から独自に開発された健康増進プログラムとして社員やその家族の健康づくりに活用されている。「Kao GENKI-well ソリューション」と呼ばれているこのサービスの特徴は，健康状態や生活習慣をまず「見える化」することから始める。その「見える化」によって，このサービスの利用者（従業員や家族）の健康への意識を高める動機づけを行い，やる気を上げたうえで，次のサービスへと向かう流れとなっている。この「健康を『見える化』し，動機づけでやる気の向上を支援するサービス」では，内臓脂肪と生活習慣の見える化をするための「生活習慣測定」と，歩行力（歩行バランスや歩行スピード）の見える化をするための「歩行基礎力測定」が実施されている。これらのサービスは，花王で行われた「内臓脂肪とくらしに関する研究」（関連のある健康課題：メタボリックシンドローム）の成果に基づく「内臓脂肪を測る技術」と，「歩行と健康に関する研究」（関連のある健康課題：ロコモティブシンドローム）の成果に基づく「歩き方・歩行の癖を測る技術」が使われている。

　続いて次のサービスでは，「見える化」された健康課題を「くらし」の中で効果的に改善する環境整備を支援するサービスが提供される。このサービスでは，健康につながる「くらし」を無理なく，楽しく継続できるよう，健康的な環境づくりの支援や自社製品を使った応援が行われている。具体的には，「食べる」で改善「スマート和食」と，「歩く」で改善「ホコタッチ」のサービスが実施されている（「スマート和食」と「ホコタッチ」は，花王の登録商標である）。これらのサービスも，花王で行われた「内臓脂肪とくらしに関する研究」や，「歩行と健康に関する研究」の成果に基づいて開発されたサービスである。「スマート和食」とは，「しっかり食べても内臓脂肪をためにくい」食事法であり，食事の量や時間だけでなく食事の質（何を食べるか）に着目して開発された独

224

自の食事法である（高瀬, 2022）。量を減らす前に，食事の質を見直すことで，無理なく食生活改善を実施できるとされる。花王では健康経営の一環として，「スマート和食」ランチを全国11事業場の社員食堂で提供している。また，ランチセミナーや家族向けの料理教室の開催，レシピ動画の配信なども行われている。このほかレシピ本（花王株式会社, 2018）も発売されており，「スマート和食」の知識活用に向けたさまざまなサービスが展開されている。「ホコタッチ」は，「歩行生活年齢」が表示される花王独自の活動量計であり，歩行の質（速度）と量（歩数）から解析した「歩行生活力」を基に歩くことの習慣化を図るねらいがある。「ホコタッチ」は社員に配布されており，ウォーキングキャンペーンなども実施されている。

（2）4Cアプローチからの考察

①Contact（接点）

　花王の健康づくり・健康課題解決を支援するサービスにおける接点づくり（図表17-4）は，「くらし」に視点を置いて展開されていることが支援サービスの名称からもみてとれる。また，この「くらし」は支援を受ける側の時空間（生活世界）であり，そこにおいて直接的に健康づくりや健康課題解決を促進する知識獲得と知識活用に向けた提案や支援を行うことがわかりやすく提案されている。また，「見える化」をすることによる動機づけなど，どのような文脈の形成に向けて何を支援するのかが明示されており，この手法は支援対象が地域や社会に展開しても同様の手法で接点づくりを進めることが可能となっていると考えられる。

②Communication（コミュニケーション）

　「スマート和食」のサービスでは，暮らしの中の「食べる」機会だけでなく，暮らしの中の「調理する」機会にも焦点を当てている。社員食堂での「スマート和食」の喫食だけでなく，毎日の食事（朝食や夕飯など）に取り入れられるよう「スマート和食」料理教室や「スマート和食」レシピ紹介などが行われている。これらの体験を通して，健康的な食習慣や食事の選択など実践力を身につ

第Ⅱ部 ケース編

図表17-4　花王の健康づくり・健康課題解決を支援するサービスにおける接点づくり

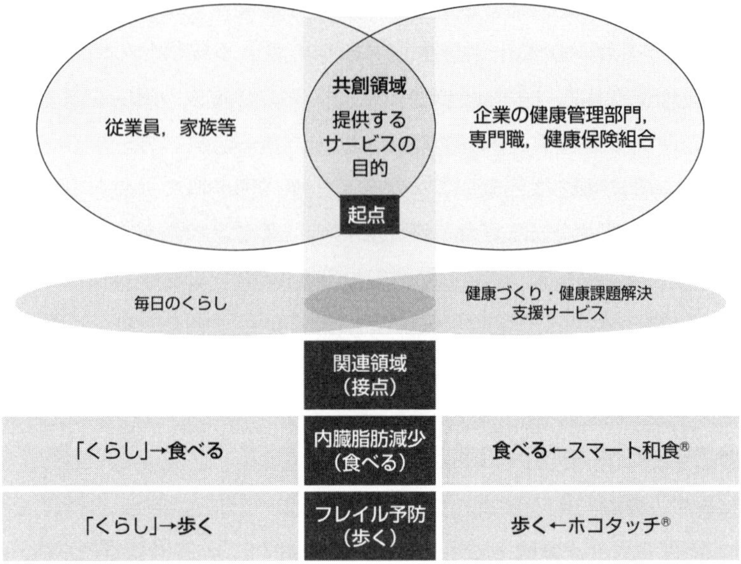

共創領域
提供する
サービスの
目的

従業員，家族等

企業の健康管理部門，
専門職，健康保険組合

起点

毎日のくらし

健康づくり・健康課題解決
支援サービス

関連領域 （接点）		
「くらし」→食べる	内臓脂肪減少 （食べる）	食べる←スマート和食®
「くらし」→歩く	フレイル予防 （歩く）	歩く←ホコタッチ®

出所：村松（2015）167頁；上西（2020）46頁を基に筆者作成。

けることができる。また，「スマート和食」の特徴である内臓脂肪をためない食事の「質」である「3組の栄養素の比」[3]をはじめ，内臓脂肪に着目した食育セミナーも行われている。これらのサービスは，管理栄養士等の専門職との直接的な支援を通して行われるものであり，不足していた知識の獲得から知識の活用を通して内臓脂肪をためにくい食習慣という健康づくり・健康課題解決の文脈価値を高めるものであると考えられる。

③Co-creation（共創）

「見える化」の支援サービスによって，「くらし」の中にあった健康づくり・健康課題解決に向けて不足している知識獲得と知識活用が知覚され，暮らしの中の毎日の活動を改善する健康づくり・健康課題解決の文脈のマネジメントが行われていると考えられた。「くらし」で改善するサービスは，独自の研究の過程から得られたエビデンスに基づいたこれまでとは違う視点からのアプロー

チとともに，自身の時空間（生活世界）で「選び」，「変える」といったマネジメントが可能となっていることから自身の生活世界に受け入れやすくなっている。「スマート和食」のサービスでは，その普及に向けた社外向け健康サービス事業もはじまっている。具体的には，専門職（保健師，栄養士など）向けの「マスター講座eラーニング」，専門職・人事・総務向けのオンラインセミナー，職域・自治体向けのセミナーのほか，料理教室を展開する企業と組んだ「1dayレッスン」などが開催されている。これらは，スマート和食に関わる知識獲得や知識活用に向けた食べ方，選び方などの普及とともに，内臓脂肪をためにくい食習慣を身につけるという文脈価値を高める支援となっている。

④value-in-Context（文脈価値）

「Kao GENKI-well ソリューション」の文脈価値は，社員の健康増進に向けた環境づくりであり，環境を最大限かつ持続可能なものとするため健康と生活習慣の「見える化」をすることがその動機づけになるということを独自の研究から導き出し支援サービスとしていることである。その先のプログラムとして，「くらし」における「食べる」と「歩く」に焦点したアプローチがあり，いずれも支援サービスの利用者が自身の生活世界に受け入れられやすいサービスとなっていることが挙げられる。直接的相互作用のもと，この2つの文脈が独自に開発された健康増進プログラムとして社員やその家族および社会全体に向けて健康づくりに活用されそれぞれ文脈価値を高めていると考えられる。

（3）直接的相互作用以外の他の文脈という視点からの考察

「スマート和食」の普及に関わる動きに，直接的相互作用以外のネットワークの文脈（大藪, 2022）の存在が示唆された。保健師・栄養士など専門職向けの「スマート和食® マスター講座eラーニング」では，食事の「時間」と「質」に着目した食事法を理論だけでなく具体的な教材やツールを用いた演習など，専門職が食事指導や保健指導を行う際の実践に向けた内容となっている。この講座を通した専門職間のネットワークが，従業員等への支援サービスにおける支援する側の専門職同士の知識獲得や知識活用のネットワークと捉えると，支援

第Ⅱ部 ケース編

サービスの受け手（従業員など）との直接的相互作用以外の文脈のひとつとみることもできる。

第4節 まとめ

　本章では，健康づくり・健康課題解決に資する文脈形成の支援サービスと価値共創について，花王の取組みを例にとり，接点（Contact），コミュニケーション（Communication），共創（Co-creation），文脈価値（value-in-Context）の4つの観点（村松, 2015）から検討した。花王の事例から，健康づくり・健康課題解決支援サービスにおける接点づくりの特徴として，支援サービスを活用する側の時空間（生活世界）での健康づくりや健康課題解決に向けた知識獲得と知識活用の文脈がわかりやすく提案されていることが，その後のコミュニケーション，共創および共創マーケティングの展開につながることが示唆された。支援サービス利用者の生活世界に取り入れられやすい健康文脈は，利用者の健康づくりや健康課題解決に資する知識獲得と知識活用の実践力を高めることが期待される。また，直接的相互作用以外の他の文脈という視点（大藪, 2022）からの検討では，ネットワーク文脈が示唆されたことから，この観点からの検討も今後行っていきたいと考える。

> 注

(1) 「DBJ健康経営（ヘルスマネジメント）格付」の最高ランクに基づく融資，「健康経営銘柄」への選定，「健康経営優良法人」認定のうち「大規模法人部門（ホワイト500）」への認定など。詳しくは，株式会社日本政策投資銀行ウェブサイト「DBJ News（2012/03/08）」，花王株式会社News Release（2024年3月11日24026）を参照のこと。

(2) 1948年発効の「世界保健機関（WHO）憲章」前文にある「健康」の定義（原文）と日本WHO協会の仮訳。「Health is a state of complete physical, mental and social well-being and not merely the absence of disease or infirmity.」「健康とは，病気ではないとか，弱っていないということではなく，肉体的にも，精神的にも，そして社会的にも，すべてが満たされた状態にあることをいいます。」（出所：公益社団法人日本WHO協会ウェブサイト「WHO憲章とは」，「健康の定義」）

企業が取り組む健康づくり支援における価値共創　**第17章**

⑶　花王で行われていた内臓脂肪研究から，「タンパク質と脂質の比」，「食物繊維と炭水化物の比」，「オメガ3と脂質の比」の3組の比が，内臓脂肪がたまりにくい栄養素のバランスとして導出され提唱されている（出所：花王株式会社（2018），高瀬秀人（2022），花王ウェブサイト「栄養代謝の研究開発｜内臓脂肪研究とそれに基づくスマート和食」）。

謝辞

　本章では，筆者が2024年に実施したインタビュー調査も参考にしている。調査時に，花王株式会社人財戦略部門健康開発推進部長 GENKIプロジェクト リーダー／花王健康保険組合常任理事 守谷祐子様，花王株式会社人財戦略部門 GENKIプロジェクト マネジャー 上原智美様，花王株式会社人財戦略部門 GENKIプロジェクト サブリーダー 安永浩一様には，貴重なご教示ならびに資料をご提供いただくなど多くのご協力を賜った。ここに記して感謝申し上げたい。（役職は取材当時のものである。インタビュー実施日：2024年10月3日）

　また本章では，JSPS科研費JP21K13380の助成を受けて行われた研究の一部を含んでいる。

参考文献

大藪亮（2022）「価値共創マーケティングと文脈マネジメント」『流通』50，1-13頁。

花王株式会社（2018）『主菜1品，副菜2品を選ぶだけ! おなか痩せの黄金「比」レシピ』文藝春秋。

花王株式会社（2024a）「花王サステナビリティレポート2024（https://www.kao.com/content/dam/sites/kao/www-kao-com/jp/ja/corporate/sustainability/pdf/sustainability2024-all.pdf〔最終閲覧日：2025年2月27日〕）。

花王株式会社（2024b）「「健康経営銘柄」に9度目の選定」『News Release（2024年3月11日24026）』（https://www.kao.com/content/dam/sites/kao/www-kao-com/jp/ja/corporate/news/2024/pdf/20240311-003-01.pdf.〔最終閲覧日：2025年2月27日〕）。

上西智子（2020）「サンスター：健康づくりにおける価値共創とその展開」村松潤一・藤岡芳郎・今村一真編著『価値共創とマーケティング論』同文舘出版，35-48頁。

経済産業省商務・サービスグループ ヘルスケア産業課（2020）「健康投資管理会計ガイドライン（令和2年6月12日）」（https://www.meti.go.jp/policy/mono_info_service/healthcare/downloadfiles/kenkoutoushi_kanrikaikei_guideline.pdf〔最終閲覧日：2025年2月27日〕）。

経済産業省商務・サービスグループ ヘルスケア産業課（2024）「健康経営の推進につい

て（令和6年3月）」（https://www.meti.go.jp/policy/mono_info_service/healthcare/downloadfiles/240328kenkoukeieigaiyou.pdf〔最終閲覧日：2025年2月27日〕）。

厚生労働省（2023）「国民の健康の増進の総合的な推進を図るための基本的な方針の全部改正について」（健発0531第12号，令和5年5月31日，厚生労働省健康局長）（https://www.mhlw.go.jp/content/001102728.pdf〔最終確認日：2025年2月27日〕）。

高瀬秀人（2022）「内臓脂肪になりにくい食事『スマート和食』の開発」『JATAFFジャーナル』10(9), 53-56頁。

田中滋・川渕孝一・河野敏鑑（2010）『会社と社会を幸せにする健康経営』勁草書房。

村松潤一（2015）『価値共創とマーケティング論』同文舘出版。

村松潤一（2017）「価値共創マーケティングの対象領域と理論的基盤」『マーケティングジャーナル』37(2), 6-24頁。

（参考資料・サイト）

花王株式会社提供のリーフレット各版。

花王株式会社ウェブサイト（https://www.kao.co.jp/〔最終閲覧日：2025年2月27日〕）。

花王株式会社ウェブサイト「花王ウェイ（企業理念）」（https://www.kao.com/jp/corporate/purpose/kaoway/〔最終閲覧日：2025年2月27日〕）。

花王株式会社ウェブサイト「花王グループ健康宣言」（https://www.kao.com/jp/sustainability/walking-the-right-path/wellbeing-safety/health-declaration/〔最終閲覧日：2025年2月27日〕）。

花王株式会社ウェブサイト「栄養代謝の研究開発｜内臓脂肪研究とそれに基づくスマート和食」（https://www.kao.com/jp/nutrition/meal-life/about-smart/smart01/〔最終閲覧日：2025年2月27日〕）。

株式会社日本政策投資銀行ウェブサイト「DBJ News｜花王（株）に対し、「DBJ健康経営（ヘルスマネジメント）格付」（最高ランク）に基づく融資を実施（2012/03/08）」（https://www.dbj.jp/topics/dbj_news/2011/html/0000009497.html〔最終閲覧日：2025年2月27日〕）。

公益社団法人日本WHO協会ウェブサイト「健康の定義」（https://japan-who.or.jp/about/who-what/identification-health/〔最終閲覧日：2025年2月27日〕）。

公益社団法人日本WHO協会ウェブサイト「世界保健機関（WHO）憲章とは」（https://japan-who.or.jp/about/who-what/charter/〔最終閲覧日：2025年2月27日〕）。

「JAPAN SDGs Action Platform」ウェブサイト（https://www.mofa.go.jp/mofaj/gaiko/oda/sdgs/index.html〔最終確認日：2025年2月27日〕）。

「UNPRI」ウェブサイト（https://www.unpri.org〔最終確認日：2025年2月27日〕）。

第18章

医療・健康用品の製造・販売企業における価値共創

第1節　企業等の概要

（1）背景・問題意識・目的

「私たちダイヤ工業は，『健康』を提供する会社ではありません。

『健康だから○○できる』という，お客さま一人ひとりの"健康のその先にある楽しみ"を提供する会社です。」

（ダイヤ工業株式会社 コーポレートサイト「私たちの想い」より一部抜粋）

これは本章で取り上げるダイヤ工業が，利用者に向けて発しているメッセージであるが，これから読み取れるように，彼らは一般利用者の日常生活サポート，生活の質の向上に寄与することを企業の理念として掲げている。これは製品・サービス利用を「顧客による価値創造」と捉えるSロジック（Grönroos, 2006）の考え方を当てはめれば，「装具を使用する顧客（最終消費者）の価値創造をサポートする」ことを目指しているともいえる。一方，後述しているように，同社が主力としている接骨院・鍼灸院・クリニック向け装具の開発・製造・販売事業において，彼らの直接的な顧客となるのは接骨院・鍼灸院・クリニックであり，いわば B to B の形である。施術院を利用する一般消費者との直接的な接点は持てていないことになる。

このような状態の中で，企業はどのようなマーケティング活動を通じて顧客の価値創造をサポートし得るのだろうか。本章では事例分析を通じ明らかにする。次節においてはまず，Sロジックにおいて議論されている「顧客の価値創

第Ⅱ部 ケース編

造の領域」という考え方，またSロジックを B to B に適用するに当たっての議論について簡単に整理する。それを基に本事例分析のフレームワークを構築するとともに，研究課題の設定を行う。

（2）ダイヤ工業について

ダイヤ工業株式会社は岡山県岡山市に本社を置き，北海道から沖縄まで全国の接骨院・鍼灸院，クリニック等で使用される医療用品（サポーター・コルセット等）や健康用品 の開発・製造・販売を主な事業としている。この主力事業において彼らの直接的な取引先，つまり顧客は施術院や医療機関となるが，それらに向けて販売される装具は施術・治療を求めて各施術院・医療機関を訪れる，一般利用者（最終消費者）が使用するものである。

第2節 先行研究レビュー/分析フレームワーク/分析視点の特定

Sロジックの考え方のもとでは，企業のマーケティング活動は顧客の価値創造の支援を目指すこととなる。では顧客がいかに価値創造し，企業はそれをどこで，どのようにサポートし得るのか。これについてSロジックでは「価値創造の領域」を以下のように整理することによって説明している。

まず価値創造の領域はプロバイダー領域，ジョイント領域，および顧客領域の3つに分けられる（Grönroos and Voima, 2013）。このうち顧客の価値創造の領域として捉えられるのは後者2つ，ジョイント領域と顧客領域である（図表18-1斜線部）。ジョイント領域は，顧客が企業との直接的な相互作用を行う場とされる一方，顧客領域はその言葉が指し示す通り，企業が直接的に関わることなく，顧客自身の生活世界の中で価値創造される領域となる。

以上のSロジックにおける「価値創造の領域」の区分すなわちプロバイダー領域，ジョイント領域および顧客領域の考え方を，施術院・医療機関および一般利用者の関係に当てはめれば，患者が施術院にて施術を受ける場面を「ジョイント領域」として図表18-1のようにみることができる。

ここにおいてサポーターやコルセットといった装具は，2つの領域において

図表18-1 プロバイダー領域，ジョイント領域，および顧客領域

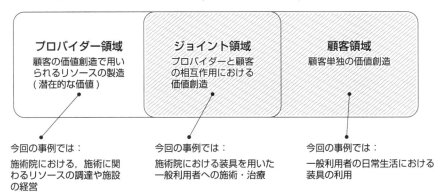

出所：Grönroos and Voima（2013）を基に筆者作成。

顧客（一般利用者）の価値創造に関わる形となる。まずジョイント領域において施術師・医療従事者が施す施術サービスの一部分となり，次に顧客（一般利用者）が施術院を出たのちの日常生活，つまり顧客独自の価値創造の領域において，患者自身が装・脱着を行うことによって運動器におけるトラブルをサポートする。

このように，ジョイント領域，顧客領域双方にまたがって顧客に関与する装具の役割は決して小さくない一方，これらを開発・製造する同社の直接的な取引相手は各施術院である。装具そのものは顧客（施術院の一般利用者）まで届く一方，彼らとの直接的な接点を持っていない。すなわち，「ジョイント領域」における価値共創を通じて顧客の生活世界に入り込むことはできない。施術院には個人事業主による非常に小規模なものも含まれるが，それぞれが1つの事業体であるとみれば，同社と施術院の関係はB to Bであり，同社にとっての直接的相互作用が可能な相手は施術院である。

B to BへのSロジックの適用については，Grönroos and Helle（2010）において議論されている。「サプライヤーにとってSロジックを採用するということは，その活動とプロセス（プラクティス）を顧客（企業）のプラクティスをサポートする方向にシフトさせ，そのプラクティス，ひいては顧客のビジネスプロセス

第Ⅱ部 ケース編

において双方に価値が創出されるようにすることを意味する」(Grönroos and Helle, 2010, p.568) とし，そのためには資材の提供に留まらず，顧客企業の中核的ビジネスに関連する他のプロセスも含めた包括的なサポート提供の必要性が指摘される。産業材製造の分野におけるサプライヤーとその顧客企業間関係に焦点を当てた研究であり，厳密には本章で行う事例分析の文脈とは異なる。しかし，同社は施術院が利用者に提供する施術サービスの一部（装具）を提供するサプライヤーであるとみれば，上記の指摘から得られる示唆は多い。

Grönroos and Helle (2010) ではさらに，サプライヤーによる包括的なサポートの提供は，サプライヤーと顧客企業双方の経済的利益へつながることが議論される。一方，顧客（最終消費者）が使用する製品を製造・販売するが彼らとの直接的な接点を持たず，Grönroos and Helle (2010) でいえばサプライヤー側の位置にいる企業が顧客（最終消費者）の価値創造サポートを目指すにはどのような形が考えられるのかという問題は残される。

同社は，直接的な取引相手である施術院・医療機関とのビジネスを通じ，その企業理念に示すような「顧客の価値創造のサポート」をどのように実現しようとしているのであろうか。そこで，本章における研究課題を「顧客（最終消費者）との直接的な接点を持たない製造・販売企業は，その顧客企業への包括的なサービス提供を通じ，どのように顧客（最終消費者）の価値創造をサポート

図表18-2　本研究の分析フレームワークおよび研究課題

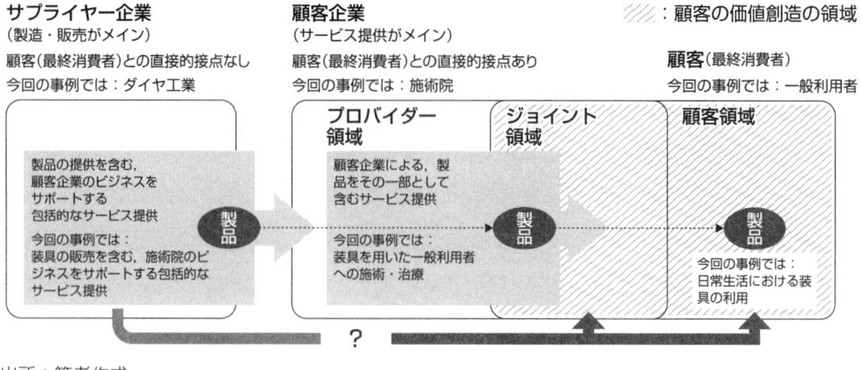

出所：筆者作成。

234

医療・健康用品の製造・販売企業における価値共創　第18章

し得るのか」と設定する。また，分析フレームワークは図表18-2の通りである。

第 3 節　事例分析

（1）調査概要

　ダイヤ工業株式会社に対して，60分の半構造インタビュー調査を行った。インタビュー内容は録音し，その後音声データを元とした文字起こし，逐語録の作成を行い分析に用いた。また同社は複数のブランドを持っているが，インタビューの質問は彼らの主力ブランドである「bonbone」（ボンボーン）というブランドを対象として行われた。「運動器を知り尽くした接骨院・鍼灸院の先生方とのパートナーシップにより生まれた，運動器サポートブランド」（ダイヤ工業 コーポレートサイトより）とうたわれる，主に施術院を通して一般利用者へ提供される製品を取り扱うブランドであり詳細は事項「発見事実」において述べるが，現在では施術院の経営全般をサポート可能なサービスメニューを備えている。以下に，インタビュー調査より発見された事実を整理する。

（2）発見事実
①製品開発プロセスへの施術院の協力（顧客の生の声のフィードバック）

　bonboneでは，施術院の声，また施術院の顧客である一般利用者の声を取り入れる形での製品づくりが行われている。その手法は製品のタイプによって大きくは3つに分かれる。第一に「オーダーメイドタイプ製品」の製作であり，これは文字通り一般利用者一人ひとりの悩みや体の大きさに合わせて作られる。第二に「既製品の新開発」においては，全国の施術院がレビュアー，モニターとなっているという。新たな製品を出す前には必ず施術院を対象とした社外レビューが行われ，一定以上の購入意向がなければ製品化されない仕組みとなっている。どのように意見聴取するかは開発ケースによって異なるが，例えば足首サポーターを新たに開発する際には従来品の足首サポーターを購入している施術院を中心に意見聴取を行う。また同社は商社機能を持ち自社製品以外の販

235

第Ⅱ部 ケース編

売も行っていることから，そうした自社製品以外の製品を購入している施術院に対して，購入している製品の魅力についてヒアリングすることもあるという。どの施術院に対し意見聴取するかについては，モニターとなる施術院全国約3万軒の中から幅広く，開発ケースに合わせてピックアップされるため，特定の施術院のみに限定されているということはないという。これは「ご注文いただいている施術院との間には信頼関係ができている」との考えが元となっており，実際，同社の求めに応じて快く活発に意見する施術院が多くあるという。

　そして第三に，施術院からは電話やメールを通じた自発的なフィードバックも多く集まるという。その内容としては大きく分けて2つあり，1つは施術師自身による製品がより良くなるためのアドバイスである。「今使っている腰のサポーターは，幅がもう少し広いとより良い」「大人には合うけど，小学生には大きすぎる」といった，一般利用者への施術を通じた経験から得られた所感が集まっている。そしてもう1つは「お客さまが教えてくれたよ」という，一般利用者からの声の代弁に当たるものである。例えばサポーター等の装具は黒色であるものが多い。これは黒色は汚れが目立たない等，メーカー側の配慮によるものであるが，「機能は良いが，黒色は使いにくい」「もっと淡い色や肌色のものがあれば，あまり目立たず使えるのに」といった声が一般利用者から寄せられているという。

　上述した「オーダーメイドタイプ製品の製作」，「既製品の新開発プロセスにおける，施術院モニターからの意見収集」と比べ，日常的に寄せられる一般利用者の意見・要望のすべてに応えることは難しい。一方で「一般利用者は，装具の機能だけでなく見た目も重視している」という気づきは，企業側（ダイヤ工業，施術院）のみで得ることは難しかったであろう。

　以上のような，施術院からの自発的なフィードバックを受ける窓口となっているのが，ダイヤ工業社内のコミュニケーターである。本来製品の注文・問い合わせ受付の窓口であり，コミュニケーターは同社の製品・サービスに関して勉強を重ね豊富な知識を持っている。そのため，単なる注文だけでなく「ちょっと困ったらすぐきいてみよう，応えてもらえる」という，施術院からコミュニケーターへの信頼関係が構築され，それが高じて上述したような，自発的な

医療・健康用品の製造・販売企業における価値共創　**第18章**

フィードバックへとつながっているという。

②施術院どうしの関係づくり，情報交換のサポート

　同社では，施術院どうしの関係づくり，情報交換のサポートを行っており，その中でも近年活発に行われているのが施術院向けWEBセミナーの開催である。施術院で施術師として働く，開業するには柔道整復師等の国家資格が必要であり，彼らは皆，大学または専門養成施設における専門的教育を受けている。しかし，そうした教育機関で学べるスキルや知識は決められたカリキュラムがあり，さらなるステップアップを求めて勉強を続ける者は多く，WEBセミナーはこうした要望に応える形となっている。施術院の営業時間が終わるころ，21時過ぎからという夜間の開催だが，多くの参加がある。

　セミナーの講師としては，同社の取引先である施術院の中から，独自のスキルを持った施術師が選ばれている。例えばプロスポーツの現場やスポーツの世界大会にトレーナーとして帯同した経験を持つ施術師は，トップアスリートへの施術を通じ独自のスキル・知識を蓄えている。テーピングの方法1つとってもテープごとの伸びの違い，選手に合わせてそれらをどう使い分けるのか，巻き方のポイントは何か等，こうした経験を持つ施術師のみが持つスキル・知識というものがあり，本人から話が聞けるのであれば学びたいという者がセミナーに集まる。

　また，セミナー内容は施術の手法だけに留まらない。例えば，多くの人が訪れる人気の施術院であることの1つの要素として，利用者とのコミュニケーションが良好なことが挙げられる。最近の利用者はどのようなコミュニケーションを好むのか，コミュニケーションが得意であることで知られる施術師を講師に招いてのセミナーも実施されている。こうした多岐にわたるセミナーの内容は，後述する「施術院開業支援」の側面も持っている。

　こうして，ある特定の施術院，施術師のみが持っていたスキル・知識は，それ自体が彼らの特徴・強みであるにもかかわらず，その一部は同社主催のセミナーを通じ他の施術院へと共有される。さまざまな内容のセミナーが開催されることは，それぞれの施術院における施術手法や接客など，サービス全般の改

237

良へとつながっている。またセミナーの場は施術院どうしの関係づくりの場ともなっており，全国各地の施術院を知る同社だからこそ，間を取り持つことができたつながりも多いという。

オンラインのWEBセミナー以外にも，施術院とのコミュニケーションは日ごろから積極的にとられている。例えば学会への出展や独自の展示会開催は，施術院関係者と直接顔を合わせ話すことができる機会として重視されている。また全国各地にある柔道整復師会とも日ごろから連携し，依頼があれば現地に赴き勉強会の開催をセッティングすることもあるという。

施術院のスキルアップのための情報提供や関係づくりを支援する背景には，少しでも施術しやすいように，また多くの利用者に来てもらえるようなサポートを通じて1つひとつの施術院のお役に立ちたい，それが施術院の一般利用者の満足に，また業界全体を盛り上げることにつながる，というダイヤ工業側の企業全体としての思いがあるという。

③施術院の経営全般に対する，包括的なサポートサービス提供

実際に，同社では施術院の経営全体をサポートする包括的なサービスを展開している。b-smile（ビースマイル）と呼ばれるこの包括的施術院サービスは，業務効率化（予約・顧客管理，売上管理およびデータ分析），施術院紹介サービス（全国の施術院の検索ポータルサイト），オンライン学習システム（施術手法からスタッフ向けビジネスマナーにわたるWEBセミナー）等を取り揃える。いわば施術院経営に必要な機能を網羅しており，前項にて取り上げたWEBセミナーは，このオンライン学習システムの発展形である。これらのサービスと製造販売，商社機能とを活用し，例えば新しく施術院を開業するというケースでは，院内で使用する機械，設備といったハードの部分から，集客，予約，施術，経理に関わるソフトの部分まで「開業支援」としてトータルにサポートすることが可能となる。もちろん開業時の支援のみならず，既存の施術院にも多く導入されている。

本サービスは施術院の経営全体をサポートすることを目的としているが，それぞれの機能をみると，施術院の一般利用者に向けたサービスも備えている。例えば施術院紹介サービスは，利用者にとって施術院検索のツールであり，全

医療・健康用品の製造・販売企業における価値共創 **第18章**

国の施術院の中から自身の住所や症状に合わせ適した施術院をみつけ出すことを可能とするものであるし，予約システムもまた，時間や場所を気にすることなく手元のスマートフォンから施術院予約が可能となる，利用者にとって便利な仕組みである。

施術院を包括的にサポートするということには，施術院が一般利用者に対してサービス提供するために必要な施術院―利用者間の接点を新たに作る，また接点を通じて起こる相互作用（施術院側からみればサービス提供）を促進することや質を高めることが含まれる。そしてこれら対施術院向けのサービスを通じて，同社工業は「施術院利用者が使用する，装具製品の製造・販売」とはまた別の形で，施術院の一般利用者（最終消費者）に対し間接的に関与している。

④ダイヤ工業と施術院との関係の始まりと深化

ここまで，「製品開発プロセスへの施術院の協力」，「施術院どうしの関係づくりや情報交換のサポート」，「施術院の経営全般に対する，包括的なサポートサービス提供」の３点について，同社の特色ある取組みを確認した。しかしこれらいずれも，そもそも同社と施術院との間の関係性なしには成立しない。よって本項では両者の関係がどのようにでき上がっていったのかを確認する。

ダイヤ工業が取引先とする施術院は約３万軒，北海道から沖縄まで全国に及ぶ。施術院との取引は1980年代後半に始まり，多くは10〜20年，長いものになると40年近くにわたる取引関係を持っているが，こうした関係の始まりは手紙や葉書であった。「私達はこんなサポーターを作りました，施術院のお役に立ちませんか」という手紙を１つひとつ書き，施術院へと送っていたという。製品ラインナップが増えるにつれ送付物は小さな冊子へと変わり，FAXや電話での注文を増やしながら施術院向けの事業は大きくなっていった。未取引の施術院への働きかけはDMやSNSも活用しながら今も続いている。

装具製品の販売と購入，として始まった同社と施術院の関係性は，次のようなやりとりを通じて深まっていったという。例えば，同じ製品を気に入り，数年にわたり何度も購入する施術院に対しては，どんな方が利用されているか，気に入っているポイントなどを尋ねたという。また改良品が出る際には，そう

239

第Ⅱ部 ケース編

した施術院に対し意見をもらうべく，アンケートと新しい改良品を送付する場合もあり，従来品と比べての違いを尋ねるようにした。「①製品開発プロセスへの施術院の協力（顧客の生の声のフィードバック）」の項で詳述した，施術院をモニターとした製品開発の始まりである。こうして製品改良に関するやりとりを通じ関係は次第に深まっていった。リピート顧客となる施術院は次第に増え，現在も新たに製品を開発する都度，全国の施術院からピックアップし意見聴取を依頼しているが，快く受けてもらえるケースが多いという。

以上のような経緯により，ブランド立ち上げ時から地道に行われてきた製品の売り込み（DM等）は，現在ではリピーター顧客との密なやりとり（製品改良についての意見聴取），また全国にある多数の施術院との取引関係という，施術院との深く，広い関係性を築くに至っている。

こうした施術院との関係性がどのように活用されているかについては，本節①〜④において述べた通りである。また，なぜ製品開発に関する意見聴取に快く応じる施術院が多くあり，さらには自発的なフィードバックまで行われるのか，WEBセミナーに多くの受講者（施術師）が集まるのか，その理由の1つとして同社は「要望に応え続けてきたことの信頼と，そこから生じる将来への期待」を挙げている。製品に対する意見を基に，それをしっかりと新製品として形にしてきた，また勉強会をしたい，他の施術院と交流を持ちたいという，製品販売に留まらない要望に対しても応えてきた。こうした「パートナーのニーズに応える」ことの長年の積み重ねが，現在のダイヤ工業と各施術院との関係を作り上げている。

第4節　考察

本章では，顧客（最終消費者）との直接的接点を持たない製造・販売企業は，その顧客企業への包括的なサービス提供を通じどのように顧客（最終消費者）の価値創造をサポートし得るのかを研究課題とし，ここまでインタビュー調査を基とした事例分析を通じ発見事実を整理してきた。続く本節では分析フレームワークに基づき考察を行う。

医療・健康用品の製造・販売企業における価値共創　**第18章**

　研究課題に即した考察に入る前に，装具と施術の関係性，各施術院（師）が持つスキル・知識に以下のような特徴があることを確認しておきたい。まずサポーター，コルセット等の装具は一般利用者単独でも装着できるものであり，実際，日常生活においては利用者自らが装・脱着を行う。しかし施術院において施術サービスとともに提供されること，つまり専門的スキルを持つ施術師に装着してもらうかどうかや帰宅後の日常生活における利用方法についてのアドバイスの有無は，利用者の予後（回復，悩みの解決の程度等）に影響する。ヘルスケア・サービスにおいては，サービス提供者と顧客の間に専門知識に関する非対称性が存在すること，それゆえにサービス提供者側の，顧客の価値創造を適切にサポートする能力が重要となることが指摘されている（Davey and Grönroos, 2019）。施術院とその利用者との関係もこれに当たり，施術院側の専門知識と，サービス提供を通じ顧客の価値創造をサポートする能力は重要である。

　一方，それぞれの施術院（師）が持つ専門性，スキル・知識は異なる。彼らは皆一定の専門的教育を受けて施術師となっているが，日々の経験を積む中で，相対する顧客の特性に応じ独自のスキル・知識が蓄積されていく。前節にて述べた，プロスポーツやスポーツの世界大会にトレーナーとして帯同経験を持つ施術師はその一例であるし，他にも例えば小学校の近くに立地している施術院の場合，その利用者はスポーツをする小学生が多くなり，彼らへの施術に特化したスキル・知識が蓄積されやすい状態となる。よって施術院（師）によって，得意とする専門分野が異なる場合もある。

　以上，装具と施術の関係性，各施術院（師）が持つスキル・知識の特徴を踏まえつつ，ダイヤ工業が行うさまざまな施策を「ジョイント領域，または顧客領域における価値創造」の視点で捉えると，次のようなことがわかる。

（1）ジョイント領域における顧客（最終消費者）の価値創造をどのようにサポートし得るのか

　まず，「製品開発プロセスへの施術院の協力（顧客の生の声のフィードバック）」においては，施術院をモニターとした意見収集，さらには自発的フィードバックが集められる。これは利用者（最終顧客）の声は直接聞いていないというこ

241

とでもあるが，上述したように施術院とその利用者の間には専門知識に関する非対称性が存在する。つまり，どのような形状であれば，どのように装着すればより悩みの解決が可能なのかといった，装具が持つ機能的な面に関しては，専門知識として施術師の方がより多くを知り，経験を積んでいる。よって施術院の声を基に開発された製品は，それに合った施術とともに利用者に提供されることになる。

また，WEBセミナーに代表される「施術院どうしの関係づくり，情報交換のサポート」は直接的には施術院に対するサービスであるが，各施術院が持つ専門性，スキル・知識に違いがある中，先鋭的なスキル・知識を持つ施術師を講師としたWEBセミナーを繰り返すことは，それらを他の多くの施術師が獲得することを可能とするものであり，やがて彼ら自身が提供する施術サービスの内容に適用されるという形で，間接的に顧客（患者）の価値創造をサポートしている。

つまり，施術院をモニターとした製品開発やWEBセミナーは，施術院が提供する施術サービスが「ジョイント領域における利用者側の価値創造を，実際にサポートし得る価値提案」となる可能性を，より高める働きを持つのではないか。

（2）顧客領域における顧客（最終消費者）の価値創造を どのようにサポートし得るのか

顧客（最終消費者）との直接的接点を持たない以上，やはり顧客領域における顧客単独の価値創造に関与する方法は限られるが，その1つの形は上記のような，ジョイント領域の価値創造への寄与を通じた間接的な関与である。施術院——一般利用者間において起こるジョイント領域での価値創造，具体的には装具を用いて施術師が行う施術は，その内容が適切であるほど，つまり同社の側からみれば自社製品そのものの機能が，施術手法にうまく寄り添う形で改良され，施術との最適な組み合わせで利用者に提供できることは利用者の予後，彼らが自宅に帰った後の生活がより健康で快適であることへとつながる可能性があり，冒頭に挙げた同社の企業メッセージは，それを目指すものでもある。

医療・健康用品の製造・販売企業における価値共創　**第18章**

　一方，今回の事例でいえば装具は顧客（最終利用者）の生活の場に持ち込まれるが，そこでどのように価値創造が起こるのか，彼らはどのように装具を利用し何を望むのかについては，ジョイント領域の場とはまた異なる。例えば今回の事例では，施術院の利用者は日常生活の中で装具を使用するに当たり，機能だけでなくその見た目も重視していた。このことはB to B企業であっても顧客（最終消費者）の声を知り，プラクティスを理解することの必要性を示唆するものといえる。同社においてはこの顧客（最終利用者）の声を，間接的にではあるが施術院を通じて聞き取るという手法をとっている。

　顧客（最終消費者）との直接的接点を持たない製造・販売企業が，顧客（最終消費者）の顧客領域における価値創造に関与し得る可能性の１つとして，顧客企業のビジネスをサポートするための包括的サービスの存在について考えてみたい。今回の事例において，同社がその顧客企業である施術院の経営全般をサポートするための各種サービスを持っていることを，前節にて確認している。

　顧客企業のビジネス全体を包括的にサポートするということは何を意味するのか。それは，顧客企業がサービス企業である場合は特に，その本業であるサービスをサポートすることが求められるだろう。そして顧客企業がその顧客（最終消費者）に対し提供するサービスは両者による，ある接点における相互作用と捉えた時，それを包括的にサポートすることには，両者の接点を新たに作り出すことや，接点で起こる相互作用を促進し質を高めることを含む。つまりここでは，「包括的に」サポートしようとするほど，顧客企業とその顧客（最終消費者）両者への働きかけが必要であり，よって「顧客企業をサポートする」ことを目的とする包括的サービスの一部は，その顧客（最終消費者）を直接的にサポートする機能も持ち得る，つまり顧客単独の価値創造に関与し得る可能性を持つのではないか。

　例えば同社が提供する包括サービスの一機能である「施術院検索サービス」は，実際に施術院の利用者が利用し，彼らの「自分に合った施術院を探したい」という望みに応えるものでもある。特に本サービスにおいて同社はプラットフォーマー的であり，顧客（最終消費者）からみて，顧客企業の背後にいるというよりは，両者を仲介する中心的な立ち位置にいるようにも見える。

243

第Ⅱ部 ケース編

第 5 節 まとめ

　今回の事例分析を通じ，明らかとなったことをまとめると以下の通りである。顧客（最終消費者）との直接的接点を持たない製造・販売企業にとってまず関与できる可能性が高いのはジョイント領域（顧客企業―顧客（最終消費者）間）であり，今回の事例ではその方法は2つあった。まず製品そのものの改良・開発を，顧客企業のサービス内容に寄り添う形で行うことであり，それによって製品は，ジョイント領域における顧客（最終消費者）価値創造にかなう価値提案の一部となる可能性が高くなる。そのためには顧客企業のプラクティスをよく理解する，つまりコミュニケーションを通じ意見を聞くことが重要である。またそれを通じ彼らの顧客（最終消費者）の声を聞く仕組みを持つことは，ジョイント領域を超え，顧客領域における価値創造に影響できる可能性を高める。もう1つの方法として，顧客企業（サービス提供者）間のスキル・知識の共有と向上に働きかけることも，ジョイント領域における価値創造をサポートし得る。これは特に，今回の事例のようなヘルスケアの領域において特に有効であると考えられる。

　顧客（最終消費者）との直接的接点を持たない以上，顧客領域における顧客単独の価値創造に関与する方法は限られるが，顧客企業のビジネス全般をサポートすることを目的とする包括的サービスの一部は，顧客（最終消費者）との接点を持っており顧客単独の価値創造に関与し得る可能性を持つ。

　最後に，今回の事例であるダイヤ工業は上記を実現しているが，それを可能としているのは40年以上の年月を経て作り上げられた，全国にある施術院との関係性であった。これは他社には模倣困難な，同社独自の資源となっているようにも見受けられる。

244

医療・健康用品の製造・販売企業における価値共創 **第18章**

参考文献

Davey, J. and C. Grönroos (2019) "Health Service Literacy: Complementary Actor Roles for Transformative Value Co-creation," *Journal of Services Marketing*, 33(6), pp.687-701.

Grönroos, C. (2006) "Adopting a Service Logic for Marketing," *Marketing Theory*, 6(3), pp.317-333.

Grönroos, C. and P. Helle (2010) "Adopting a Service Logic in Manufacturing: Conceptual foundation and metrics for mutual value creation," *Journal of Service Management*, 21(5), pp.564-590.

Grönroos, C. and P. Voima (2013) "Critical Service Logic: Making Sense of Value Creation and Co-creation," *Journal of the Academy of Marketing Science*, 41(2), pp.133-150.

第19章

観光ビジネスにおける価値共創
—(株)王宮の事例

第1節　企業等の概要

（1）背景・問題意識・目的

　価値共創マーケティングは企業と顧客が価値を共創するプロセスを中心に考察される。このアプローチは顧客の文脈価値を重視し，それに応じて企業が提供するサービスを最適化するプロセスである。また，企業は価値共創型企業システムを編成してこのプロセスを支援することになる。価値共創型企業システムは戦略（計画）と組織（実行）が連動しながら企業全体が一体となって価値共創を推進する。このように，価値共創型企業システムは顧客起点のマーケティング戦略を組織全体に浸透させるための強力な枠組みを提供する。特に，企業がマーケティング理念を掲げ企業文化がマインドを組織全体に浸透させるためには時間と労力が必要である。

　大規模な組織では全員が共通の理念を共有し，それに基づいて行動することは容易ではない。そこで，重要になるのがインターナル・マーケティングである。インターナル・マーケティングは価値共創型企業システムを編成するために理念を組織全体に浸透させるために効果的な手法である。その主要概念は権限委譲（エンパワメント）と環境整備（イネーブリング）である。しかし，インターナル・マーケティングの導入と管理は複雑であり，成功するためには管理職の強力なサポートが求められる。このように，価値共創型企業システムは価値共創マーケティングの戦略を組織全体に浸透させるための有効な枠組みである一方，その実現には組織内外の統合を効果的に行うための高度なマネジメント

第Ⅱ部 ケース編

能力が必要である。

　価値共創の戦略はマーケティング理念に基づき策定して実行される。価値共創型企業システムは策定した戦略を効果的に実行するために編成される。企業は戦略が組織に働きかけ成果につなげるために理念の浸透が重要である。

　価値共創型企業システムの成功において，「理念の浸透」は重要な要素の1つである。特に，価値共創マーケティング戦略を組織全体で実現するには全員が共通の理念を共有し，それに基づいて行動することが不可欠である。なぜならば，理念が共有されない場合は，どんなに優れた戦略を策定しても，組織として一体となった実行力を発揮することは難しいからである。

　そこで本章では，インターナル・マーケティングの観点から，理念を組織全体に浸透させるための具体的な方法と，そのプロセスについて検討する。また，価値共創型企業システムにおいて理念の共有が組織の実行力にどのように寄与するのかを論じることで，企業が価値共創マーケティング戦略を実行して成果を出すための実践的知見を提供することを目的とする。

（2）株式会社王宮について

　本章は（株）王宮（以下，同社）が運営するホテルの事例で考察する。同社は1970年に創業され，資本金が1,000万円，社員が227名である[1]。同社は道頓堀ホテル，ザ・ブリッジホテル心斎橋店（以下，心斎橋店），大阪逸の彩ホテル（以下，逸の彩店），沖縄逸の彩ホテルを経営している。同社は2012年度経済産業省『先進モデル企業』認定，同年近畿経済産業省『感性サービス選』認定，2013年度経済産業省『おもてなし経営企業選』認定，2016年度『国際かけはし賞』，同年『関西経営品質賞シルバー』，2017年度『関西経営品質賞ゴールド賞』，2023年度『第10回「ホワイト企業大賞」』を受賞している。このように同社は多くの賞を獲得しており成功事例として高く評価されている。

　同社の理念は「誠実な商売を通して，心に残る想い出づくり」，ビジョンは「共に幸せと誇りを感じる会社」，ホテルの使命は「私達は日本と世界の架け橋になる」である[2]。

248

観光ビジネスにおける価値共創—（株）王宮の事例　**第19章**

第**2**節　先行研究レビュー/分析フレームワーク/分析視点の特定

（1）価値共創型企業システム
①理念の浸透

　価値共創マーケティングは企業が顧客との価値共創を起点に顧客が決める文脈価値を高めること目指す。価値共創型企業システムは価値共創を支えるマネジメントや仕組みのことである。価値共創型企業システムは外向き（市場や顧客を対象）のマーケティング理念を基に統合と利益志向で編成される戦略と組織によって考察できる（村松, 2009, 178-184頁）。企業は顧客との価値共創を起点に戦略を策定して実行する。したがって，企業が価値共創の戦略を実行して成果に結実させるためには組織への理念の浸透が必要不可欠である。

②戦略の実行

　価値共創の戦略は「誰に」「何を」「どのように」の三軸で考察できる。「誰に」はContactする顧客である。「何を」は顧客が決める文脈価値（value-in-Context）である。「どのように」はCommunicationやCo-creationである。

　価値共創の戦略は組織内への円滑なマーケティング理念の浸透があって初めて可能になる。経営者や管理者（マネジャー）はマーケティング理念を組織内へ浸透させながら実行する。これは，企業が組織全体でマーケティング理念を共有するということである。

③価値共創型企業システムの課題

　村松編著（2015, 169頁）は価値共創型企業システムの研究課題として，価値共創と内部統合の関係，価値共創と外部統合の関係，価値共創と経営・組織文化との関係，価値共創と企業成果の関係を挙げている。

　価値共創型企業システムは概念提示がされているが具体的な事例に基づく研究は十分ではない。特に，本章のような観光産業を対象にした研究は少ない。

249

第Ⅱ部 ケース編

課題は理念に基づいて戦略や実行が具体的にどのようにされているのか，戦略を実行するために内部にどのように理念を浸透させているのかについて検討することである。

価値共創型企業システムにおける「理念の浸透」と「具体的な戦略の実行方法」の解明が，理論を実務に結び付けるうえで重要な鍵である。特に，観光産業のような多様なステークホルダーを巻き込む分野では，理念を実行可能な戦略へと具体化し，それを組織全体で共有するプロセスが成功の成否を分ける要因となる。価値共創型企業システムがそれらの課題を克服するためにはインターナル・マーケティングの考え方が有効ではないかと考えている。

（2）インターナル・マーケティング
①目的

インターナル・マーケティングの目的はトップ・マネジメントが組織全体に価値共創の戦略で機能するために働きかけることであり，価値共創の戦略が機能して内部統合，外部統合が円滑に促進するように社員を動機づけることである。インターナル・マーケティングは社員を組織内の顧客（内部顧客）とみなしてマーケティング活動を実施することを意味する。したがって，インターナル・マーケティングは企業が外部市場で成功するために社員との内部での関係性を強化する重要なプロセスである。

②権限委譲と環境整備

インターナル・マーケティングの重要な概念は権限委譲と環境整備である。権限委譲は社員に情報，報酬，知識，意思決定の権限を与えることである。権限委譲は社員に価値共創の戦略の実行を動機づける働きがあり，最終的には企業の成果につながることを目指す。

環境整備は社員が効果的に自立した意思決定をするために必要な支援である。環境整備は意思決定に必要なマネジメント・サポート，知識サポートによる情報や知識の提供，そして技術サポートによる必要なツールやシステムの提供などである。これらのサポートがなければ，権限委譲は効果的に機能せず，社員

250

が本来の力を発揮できない可能性がある。

③文脈マネジメント

文脈マネジメントは企業が消費プロセスに影響を与える要素を管理することである。マネジメント要素は，①モノやサービシィーズ，②情報，システム，インフラと接触，③人的要素，④顧客の価値に影響を与える多様な要素，設備，環境などである（村松他編著，2020, 29-30頁）。企業はインターナル・マーケティングを実施することで文脈価値を高めるための企業システムを編成することになる。

インターナル・マーケティングの課題は理念の浸透と権限委譲や環境整備とのバランスや文脈マネジメントとの関係について考察が進んでいないことである。これらは，価値共創型企業システムを実行するための具体的な課題である。この課題を解決することで，価値共創型企業システムの実現可能性が大きく高まる。

（3）分析フレームワークと課題

本章は先行研究の考察から導出した概念を基にフレームワークと課題を設定する。フレームワークは事例の調査から得られた情報を整理して考察するための分析枠組みのことである。本章は，（1）社内に向けた調査の，①理念の浸透，②戦略（誰に，何を，どのように），③実行（文脈価値を高めるサービス提供），（2）顧客の評価（4Cアプローチで整理）から情報を収集して，インターナル・マーケティングの権限委譲と環境整備の視点で考察する。

設定した課題は以下の通りである。

課題1　**権限委譲**：社員に権限委譲することで，どのような効果があるのか。
課題2　**環境整備**：社員がやる気を出し，やる気を維持し続けるためには，どのような環境が必要なのか。

企業は理念の浸透によって権限委譲をすることで，社員が理念を自分の業務

第Ⅱ部 ケース編

図表19-1 分析フレームワーク

```
┌─────────────────────────────────┐  ┐ イ  
│   (1) 社内に向けた調査          │  │ ン  権
│     ①理念の浸透                │  │ タ  限  マ
│     ②戦略（誰に、何を、どのように）│  │ ー  委  ー
│     ③実行（文脈価値を高めるサービス提供）│  │ ナ  譲  ケ
│                                 │  ├ ル  ・  テ
│             ↓                   │  │ ・  環  ィ
├─────────────────────────────────┤  │ マ  境  ン
│ (2) 顧客の評価（4Cアプローチで整理）│  │ ー  整  グ
└─────────────────────────────────┘  ┘ ケ  備
                                        テ
                                        ィ
                                        ン
                                        グ
```

出所：筆者作成。

に落とし込み，実行する体制を整えることが可能になる。また，企業が環境整備をすることにより理念を現場で実現しやすくなる。そして，企業は価値共創戦略を具体化し，顧客にとっての文脈価値を高めるためには，権限委譲と環境整備が必要だと考えられる。このように，社員が自律的に能力を発揮できる環境が整うことで，戦略実行が円滑に進む。以上のことから，権限委譲と環境整備は価値共創型企業システムの実行，インターナル・マーケティングの成功に向けての中心的な課題である。

第3節　事例分析

　2024年5月24日から26日の間に，同社が運営する心斎橋店，逸の彩店においてフィールドワークとインタビュー調査をした。インタビュイーはA支配人と心斎橋店の社員2人，逸の彩店の社員4人である。

　心斎橋店と逸の彩店は玄関前から日本の伝統的な建築の雰囲気が漂っており，来館者に日本文化を感じさせる趣のある空間が広がっている。ロビーは伝統的な日本の装飾が施され，訪れる人々を迎え入れている。逸の彩店はフロント前に日本のお土産を販売するスペースを設置し，インバウンド顧客が日本の文化や特産品に触れる機会を提供している。心斎橋店は屋上に日本の伝統的な和室を背景に写真撮影するための特別なスペースを設けている。両店は顧客に「イ

観光ビジネスにおける価値共創—（株）王宮の事例　**第19章**

ンスタ映え」する写真撮影を通して日本文化を楽しむ体験を提供している。逸の彩店の屋上には日本の伝統的な庭園や鳥居などが設けられている。両店は顧客が日本的な記念写真が撮影できる特別なスペースを設けている。

（1）社内に向けた調査

　A支配人と社員6人（心斎橋店2人，逸の彩店4人）へのインタビュー調査を下記の質問票で実施した。A支配人は40代（日本人：女性，勤続10年以上）である。社員の属性と回答の詳細は紙幅の関係で省略した。

図表19-2　質問票

Q1. 同社の経営理念，企業文化をどのようにして社員に浸透させていますか。
Q2. 平素から顧客との間でどのようなコミュニケーションをしていますか。
Q3. 現場の社員が仕事中に改善したいことを発見した場合，どのようにして解決していますか。社内制度として申請する場合，最終的に採択されるまでの手続きはどのようになっていますか。
Q4. イベントを企画する時，社内の部門間や外部の地域などとの関係について，どのように調整していますか。
Q5. 顧客評価（満足，意見，苦情など）について，どのようなツールで，どのように情報収集して評価していますか。
Q6. 顧客評価（満足，意見，苦情など）について，社内で，どのように対応していますか。

出所：筆者作成。

①理念の浸透

　同社は明確な理念を掲げ，採用時の面接でその理念に共感する人材かどうか見極めてから採用している。同社は顧客の90％がインバウンドなので，積極的に外国人を採用している。そして，同社は採用した社員に対して入社時教育で徹底的に理念を理解させている。そのために，同社は理念を外国人でもわかりやすくまとめた冊子を作成している。同社は社員全員に理念を具体的に浸透させるために，勤務時間中に理念を再確認するための時間を設けている。例えば，同社は毎日の朝礼や定期的に店内で実施される勉強会を通じて社員に理念を浸透させている。さらに，同社は定期的に職場から離れた集合教育をして全員が同じ目標を共有するようにしている。このように，同社は日常的に理念を組織内に浸透させるための工夫をしている。

253

第Ⅱ部 ケース編

②戦略

「誰に（Contactする顧客：共創顧客）」はインバウンドである。「何を（顧客が決める文脈価値（value-in-Context））」は日本文化の体験を通じて滞在が特別な思い出となるようなサービスである。「どのように（CommunicationやCo-creation）」は社員の提案に基づいた多様なサービスを提供することである。同社は顧客とのコミュニケーションを重視しており，毎日のように社員が考案したイベントを開催している。

③実行

同社は理念を具現化したサービスを提供するために社員全員に対して一回につき20万円以下の経費の使用権限を与えている。使用条件は顧客が喜ぶために使用すること，仕事の効率が上がることに使うことである。その条件を満たすと自由に活用することができる。社員はこの柔軟な制度により，迅速に現場のニーズに対応し，改善策を実行できる。

例えば，両店は地元文化を活かしたイベント企画を重視しており，たこ焼き作り体験や着物試着体験などを企画している。同社は定期的な社内の飲み会や研修会を実施して部門間の調整を行い，地域イベントの情報を共有して顧客に案内している。また，同店は海遊館との提携による入場券の販売，大阪市主催のイベント参加者に特別な利便性を提供，近隣の飲食店との連携など地域との関係性構築にも積極的である。顧客が地元の飲食店を楽しめるよう，社員自身が足を運び，美味しい店をリストアップし，地域との連携を通じたサービスを提供している。このように，同社は社員が自ら解決策を考えることを促進して，社員は仲間と相談しながら積極的にコミュニケーションを取って進めている。同社は新入社員の企画を支援し，良い企画には奨励金を与えている。

顧客も積極的に社員とコミュニケーションを取りたいというニーズが高く，社員はマニュアルに縛られず，柔軟に顧客の要望に応じている。同社は毎日実施される体験イベントを通じて，社員と顧客の距離が非常に近い。顧客の目的地に関する情報提供など，個人のニーズに合わせたサービスを積極的に提供しており，こうした提案が顧客の評価の向上に寄与している。

観光ビジネスにおける価値共創─（株）王宮の事例　**第19章**

　両店は新しい企画，顧客からの感謝の言葉，苦情に関する情報などをホテル内の掲示板で共有している。社員は掲示板の情報を活用してサービスの質を向上させている。同社は予約サイト（例えば，Booking.com）の口コミを重視して活用し，顧客の意見や提案に基づき日常的に迅速にサービスの改善を行っている。同社は顧客が満足したことをさらに強化し，不満や改善すべきことは迅速に対応するよう努めている。同社は良い口コミと悪い口コミを開示することで，社員に改善を促している。特に，同社はリピーター顧客に対して，毎回新しいサービスを提供することを重視し，常に新たなアイデアを取り入れて顧客の期待に応えている。

（2）顧客の評価

　2024年5月24日から26日の間に7人顧客（心斎橋店3人，逸の彩店4人）に対して下記の質問票でインタビュー調査した。

図表19-3　質問票

Q1. 最初に，このホテルを知ったきっかけ，接点は何になりますか。
Q2. 宿泊を決意された要因は何になりますか。
Q3. 宿泊時に，ホテル内の体験イベントに参加，地域行事に参加したりしましたか，されたとしたらどのように感じられましたか。
Q4. 宿泊前に，このホテルについてどれだけの情報を持っていましたか。それが実際の体験と一致しましたか。
Q5. 宿泊してから，良かったことと，良くなかったことについて教えてください。
Q6. 宿泊後どんな情報をどのように発信しましたか。友人知人に推奨しましたか。

出所：筆者作成。

　顧客の属性と回答者は紙幅の関係で省略した。顧客の評価は4Cアプローチで整理した。

①Contact

　同社へのContactは宿泊したことがある友人からの紹介，旅行する前にネット，旅行会社などであった。これらの結果から，友人の口コミ，インターネット情報，旅行会社の提案が宿泊先選びの主な情報源であることがわかった。

255

第Ⅱ部 ケース編

②Communication

　社員が明るく丁寧に館内施設やイベントの紹介などを母国語（中国語）で
Communicationしていた。周辺グルメ店について社員に聞いたら，自分の好み
を聞いてから対応してくれたのでとても良かった。イベントのラーメン企画は
無料なので人気がある。イベントはにぎやかな雰囲気で，仲間同士だけでなく
他の参加者や社員と会話ができるので楽しかった。

　イベント会場が日本風の装飾なので雰囲気が良かった。たこ焼き体験イベン
トは社員が実演をしながら参加者も作ることができて素晴らしい体験ができた。
自分が作ったたこ焼きを参加者に振る舞うと「美味しい」と言ってもらえたこ
とも楽しかった。顧客は積極的に社員とコミュニケーションを取りたいという
ニーズが高く，社員はマニュアルに縛られず，柔軟に顧客の要望に応じている。
このような毎日実施される体験イベントを通して社員と顧客の距離が非常に近
くなっている。

③Co-creation

　たこ焼き体験，ラーメン企画，着物体験が高評価である。日本の伝統的な遊
びやゲームなども子供に人気があった。顧客はこのようなイベントを通して日
本文化を体験して楽しむことができる。同店は家族連れを含めた幅広い層から
の人気を集めている。

④value-in-Context

　顧客は日本の伝統的なイベントに参加することで文脈価値が高く，他のホテ
ルより良いとの評価をしていた。顧客はイベントを通して社員や顧客と一緒に
楽しむことで文脈価値を高めていることがわかった。

（3）課題の考察
①課題1　権限委譲

　今回の事例から同社が文脈価値を高めるために権限委譲を積極的に実施して
いることが確認できた。同社はサービス・エンカウンターの社員に与える権限

観光ビジネスにおける価値共創―（株）王宮の事例　**第19章**

を明確に規定している。会社が理念を共有した社員にどの範囲でどの条件で権限委譲をするのかが重要な戦略になる。本事例の権限委譲は全社員に20万円以内の使用権が与えられていた。同社はこのような権限委譲によって現場での迅速かつ柔軟な対応が可能となっていた。これは，権限委譲の１つの事例である。動機づけられた社員は具体的なサービス，企画，実行を主体的に実施している。社員は個々の顧客ニーズに対応したカスタマイズを自主的に行い，顧客との距離を縮め，プラスアルファの価値を提供している。

②課題2　環境整備

社員は「真実の瞬間」の質を高めるために掲示板を活用して情報共有することで常にサービスの向上を目指している。両店は日本文化や体験イベントがインスタ映えする環境を整備している。これらの環境整備がホテルの独自性を高め，顧客に特別な体験を提供する重要な要素となっている同社は社員が自発的に学習したい業務に役立つナレッジ・スキルの能力開発を積極的に支援している。特に，同社は言語学習などに関心がある社員に対して奨励金を設けている。社員は会社からの支援により自己成長が促進され，結果として業務効率の向上や顧客対応力の強化にもつながっている。このような物理的および制度的な環境整備は，社員の自主性と柔軟性を最大限に活かすための重要な要素であり文脈価値を高めることに直結していた。

③導出した知見

同社は権限委譲した社員が「真実の瞬間」で柔軟に自由に顧客対応するための環境整備をしていた。同社は顧客からの意見や要望などを共有するための工夫をしていた。同社の社員は権限委譲や環境整備によって顧客の意見や要望に対応することを自然に実行していた。

村松編著（2015, 169頁）は価値共創型企業システムの研究課題を挙げている。採用した観光産業の事例では理念に基づいて戦略や実行が具体的にどのようにされているのか，戦略を実行するために内部にどのように理念を浸透させているのかについて検討した。企業がインターナル・マーケティングの考え方で権

257

第Ⅱ部 ケース編

限委譲と環境整備をすることにより，組織全体の柔軟性と効率性が向上し，文脈価値を高めることに大きく貢献していることが導出できた。同社は理念を組織内に浸透させるための仕組みを採用時から整えている。そして，理念に共有する社員をオペラント（能動的）として捉えて「真実の瞬間」を重視した組織運営をしている。同社は顧客と接する社員に一定の範囲内で権限を与えて自由に企画を立案して実施できる環境を整備することで動機づけをしている。同社は社員への権限委譲と環境整備をすることで顧客の文脈価値を高めることに成功していた。

第4節 まとめ

　本章は価値共創型企業システムを効果的に運営するためのインターナル・マーケティングによる権限委譲と環境整備の実態を明らかにした。採用事例では企業が「もてなし」の理念の基に外国人客が「あったらいいな」と感じるサービスを提供していた。企業は理念をインターナル・マーケティングの手法で内部浸透させることで社員に権限を与えて自主的な判断と行動を奨励していた。企業は社員がやる気を出すような環境整備をして効果を高めていた。社員はインターナル・マーケティングによって内発的に動機づけられることで自主的に顧客のニーズへの対応を実施していた。

　サービスは必ずしも求められてから提供することではなく，相手が求める内容を察して提供することでもある（村松・大藪編著, 2021, 279頁）。日本の伝統的な「もてなし」の精神は相手の気持ちや状況に対する深い配慮と心遣いのことである。「もてなし」は相手のニーズに対して態度として応えるだけでなく，相手が求める前に察知することで，さりげなく提供することが重視される。日本の観光産業は伝統的な「もてなし」の精神から一歩進めて，具体的な戦略として位置づけて実行することで独自性のあるサービス提供ができる可能性がある（村松編著, 2016, 183-184頁）。

観光ビジネスにおける価値共創―（株）王宮の事例　**第19章**

注

⑴　https://job.rikunabi.com/2025/company/r321972005/（検索日：2024年 9 月 2 日）。
⑵　https://bridge-group.net（検索日：2024年 8 月24日）。

参考文献

Grönroos, C.（2007）*Service Management and Marketing: Customer Management in Service Competition, 3ed.* John Wiley & Sons Limited.（近藤宏一監訳・蒲生智哉訳（2013）『北欧型サービス思考のマネジメント』ミネルヴァ書房。）
村松潤一（2009）『コーポレート・マーケティング』同文舘出版。
村松潤一編著（2015）『価値共創とマーケティング論』同文舘出版。
村松潤一編著（2016）『ケースブック　価値共創とマーケティング論 』同文舘出版。
村松潤一・藤岡芳郎・今村一真編著（2020）『ケースで学ぶ　価値共創マーケティングの展開―新たなビジネス領域への挑戦』同文舘出版。
村松潤一・大藪亮編著（2021）『北欧学派のマーケティング研究』白桃書房。

第**20**章

地域活性化（中小企業支援）と価値共創

第**1**節　企業等の概要

　国は中小企業基本法において「中小企業は多様な分野で特色のある事業活動を行い，多様な就業の機会を提供し個人が能力を発揮して事業を行う機会を提供することで国の経済基盤を形成している。中小企業は地域における経済の活性化を促進する重要な使命を有している」と位置づけている。国は同法に基づき地域活性化の原動力である中小企業を支援している[1]。

　大きな可能性を持つ中小・小規模事業者（以下，中小企業）だが，その強みを磨き弱みを克服するためには多様な視点からの支援が求められており，市町村や商工会議所・商工会がその推進役を担っている。中小企業の強みをさらに磨いて弱みを克服するためには企業が連携して取り組むことが必要だとされている。そのために，国は多様な支援策を講じているが十分な成果に至っていない。地域活性化で成果を上げるためには地域の主体（中小企業，行政，商工会議所・商工会など）が受動的な態度から転じて能動的に活動する必要がある。

　本章はこのような背景と問題意識の中で，とある商工会の職員S氏が実施している活動に焦点を当てて考察する。S氏は国の支援策だけでは中小企業の支援として十分ではないと考えている。S氏は国の政策などに基づいた公的な支援策を「直接支援」と呼んでいる。S氏はこれまでの経験から地域密着の中小企業が地域の社会課題の解決に取り組むことが能動的な場を生成するために効果的だと考えている。地域の社会課題への取組みは能動的な他者からの共感が得られやすいからである。

　中小企業は他者と一緒に地域の課題を解決することから共創の場が生成され，

第Ⅱ部 ケース編

そして文脈が共創されていくことになる。その結果，自社の不足する経営資源の補完につながることがある。場を共有する他者（例えば企業）が一緒に活動することで共感し，信頼関係の醸成につながる。そして，企業同士が一緒に同じ課題に向き合うことで次第に開放的になりお互いに教え合い，学び合いながら心が通う交流が生まれ共創につながる。中小企業の支援機関はこのような価値共創による取組みの「間接支援」が効果的ではないか考えて活動している。

　本章は価値共創マーケティングの考え方が地域活性化に向けた社会貢献活動に効果的であること，商工会のような支援機関にとって結果的に中小企業の成果になること，地域活性化の主体である中小企業にとっては社会貢献だけでなく自社の成果に結びつくことを明らかにする。本章は2022年4月から2024年10月までのS氏の活動を中心にアクションリサーチの調査方法で情報収集した事例研究である[2]。S氏の中小企業支援活動についてS市教育委員会が実施するキャリア教育応援企業等登録制度を事例として採用する[3]。

第2節　先行研究レビュー/分析フレームワーク/分析視点の特定

（1）中小企業研究
①中小企業の捉え方

　中小企業は規模特性として柔軟な組織，速い意思決定，個人の能力発揮，成果の見える改善の場を有していることが多い。佐藤（1996, 17頁）は中小企業がその特性を活かして多くの情報とビジネスにおけるネットワークの結節点，新市場開発，企業間関係の主体としての役割を果たすことができると提示している。そのうえで，中小企業は人間尊重の経営哲学を実践する主体として新しいパラダイムを切り拓く可能性に期待している。

　清成他（1996, 169-171頁）は中小企業を単に大企業よりも小さい存在として捉えるのではない。中小企業は別個の存在として，小さいがゆえに弱点もあるがむしろその特有の優位性を活かす戦略を構築すべきだと提示している。このように，中小企業を社会の中の活力源として前向きに捉えると，その強みを活か

して弱みを克服することで持続的な成長を目指すことができる。

中小企業は市場経済を人間化する作用がある。市場経済の人間化とは市場経済の客観的合理性の中に人間的合理性が入り込むことである。中小企業は市場経済下において消費者と直結しながら精神的交換，すなわち生活価値観の共有や問題解決の喜びを共有する精神的共同性を実現することができる。中小企業が顧客や市場に対しての強みを活かすためには個々の顧客と双方向の関係を結ぶことで潜在ニーズを掘り起こすことに力を入れることが重要である（黒瀬・上原, 2014, 40-52頁）。このように，企業は顧客と対話をしながら顧客の価値を共創する力が必要である。

中小企業は技術面では専門性を備えているが市場に関しては大企業に依存していることが多い。中小企業が市場自立化に向けて成功するためには強みを活かしたマーケティング活動と弱みを克服するための戦略的ネットワークの構築が重要である（渡辺他, 2013, 136-139頁）。

②SDGsと中小企業

中小企業は経営者の個人の想いがそのまま行動の原動力につながっていることが多い。これは大企業出身の経営者と根本的に違う点である。大企業は投資家などの多くのステークホルダーが納得する戦略や最近は短期的な利益などが要求される。したがって，経営者の個人的な想いはステークホルダーから理解されない。一方，中小企業の経営者は自分が企業経営でやりたいことや目指す方向性と社会貢献やSDGsの考え方が一致していることも多い。また，SDGsへの取組みはビジネスチャンスや自社製品のブランディングにつながることも多い（神田, 2020; 村木, 2021）。さらに，小売業にとってはSDGsの理念がビジネスそのものだとされる（渡辺, 2022）。以上のことから，中小企業が積極的にSDGsや社会貢献活動に関わることは戦略として効果的であることがうかがえる。

（2）中小企業の戦略
①中小企業の強みを活かした戦略

地域の中小企業は顧客や社員と信頼関係を構築して対話による相互交流を促

第Ⅱ部 ケース編

進させることができる。中小企業は相互交流を通して顧客や社員と場面情報を共有化しながらより高度な情報に向けて展開する。黒瀬・上原（2014, 119-120頁）は中小企業が独自市場を創造するためにはマーケティングの関係性マーケティングと消費経験マーケティングに着目する必要があると主張し，中小企業は独自市場を創造するために関係性や顧客起点での新しいマーケティング研究と親和性が高いことを提示した。

　中小企業が市場経済を人間化する活動によって地域の生活者や組織，行政などと一緒に活動している。社員や顧客の多くは地元で生活する人たちである。伝統的なマーケティング研究は大企業を中心に組み立てられたSTPマーケティングが主流である。価値共創マーケティングは企業と顧客の相互作用を重視する。したがって，中小企業が地域の顧客と相互作用しながら自社の経営を展開するのに適している。

②価値共創マーケティング

　地域の主体である中小企業の戦略として対話や関係性に基づくマーケティング研究が効果的であることが提示された。しかし，先行研究は中小企業の具体的な取組みまでは提示されていない。中小企業が市場経済を人間化する活動によって具体的に強みを磨き，弱みを克服するためのプロセスについての考察は十分されていない。

　これらのプロセスは4Cアプローチで考察できる（村松編著, 2020, 11-15頁）。4CアプローチはContact, Communication, Co-creation, value-in-Contextのプロセスで戦略を考察する手法である。地域の中で企業は理念の基に集まる。そして，経営者の行動が組織へ影響を与えながら内部統合，外部統合を促進する。特に，社会貢献を理念に掲げる企業活動は他の中小企業経営者や主体から賛同が得られやすい。

　中小企業は大企業と違い経営資源が限られている。企業は自社の強みを活かして，不足する資源を補完することが求められる。価値共創を戦略に掲げる企業は共創のプロセスを通して，他者と共感，信頼関係が醸成される。そして，周囲を巻き込むことで情報収集や不足する資源の獲得につながっている。さら

264

に，個人の想いと企業理念が一体化した経営者は不足する資源を獲得することで実現したい方向性に向かって自走していく。

（3）分析フレームワークと課題の設定

　本章はS氏が推進する中小企業支援策としての社会貢献活動に焦点を当てて考察する。S氏は地域の主体間を結び付けることが中小企業支援に効果があることを体験的に知っている。S氏は地域の企業と地域の主体，例えば他の企業，学校，行政，NPOなどを結びつけるためにさまざまな活動を展開している。それらの活動は地域の主体が集まる場を生成して，やがて共創へと進展している。中小企業はこれらのプロセスを通して自社の成果に結実させている。これらのS氏の活動のプロセスは価値共創マーケティングの，共創（4Cアプローチ：Contact, Communication, Co-creation, value-in-Context）と価値共創型企業システムの外部統合，成果の視点から考察できる。そこで，本章はS氏の社会貢献活動が中小企業の戦略実行，成果に向けて効果的な支援策であることを明らかにするためにフレームワークを設定する（図表20-1）。本章の課題はS氏や経営者などの個人の「(1) 社会貢献への想い」がどのように「(2) 共創」して「(3)

図表20-1　分析フレームワーク

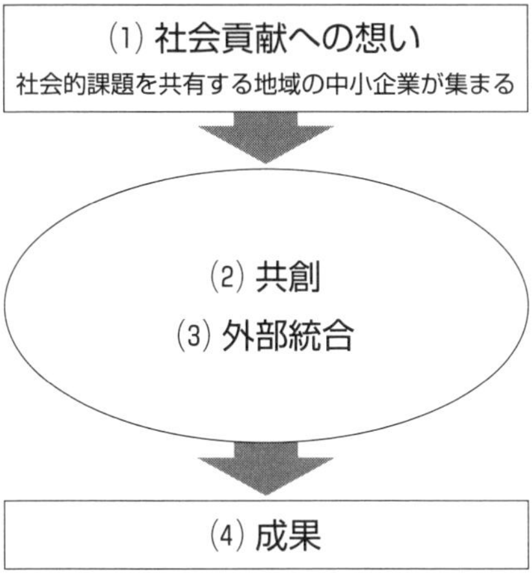

出所：筆者作成。

第Ⅱ部 ケース編

外部統合」しながら「(4) 成果」に結びつくのかについて考察することである。
社会貢献活動がどのようなプロセスで支援機関と中小企業の本業の成果に結び
つくのかについてS氏の事例で考察する。

第3節 事例分析

(1) 社会貢献への想い

　S氏は商工会の職員である。商工会は法律「商工会法」に基づき，都道府県
知事の認可によって設立された商工業者を支援するための公益特殊法人である。
商工会は業種の違いや規模の大小を超えて会員の提携により，商工業の発展と
豊かなまちづくりをめざして活発な活動を行っている。

　S氏はこれまでの体験から社会貢献事業を推進することが商工会の目的と成
果につながっていることを知っている。S氏は自分が活動することで新しい社
会貢献（社会課題解決）につながる可能性があれば，積極的にチャレンジして
いくことが自分の存在意義であると思っている。S氏は「間接支援」としての
自分の活動が将来的には中小企業の支援そして商工会の「直接支援」につなが
ると考えている。

　S氏は中小企業の強みを活かし，弱みを克服するためには地元の企業同士が
つながることで共創の場を生成させて，文脈を共創する土壌作りが必要だと考
えている。S氏はこれまでの体験から中小企業の経営者が強い関心を示すキャ
リア教育の社会貢献活動が中小企業同士をつなぎ共創につながると考えている。
そこで，S氏はS市教育委員会に「キャリア教育応援企業等登録制度（本制度）」
の制定を提案して実現させた。さらに，S氏は教育に関心がある経営者と学校
をつないでいった。

(2) 共創

　社会貢献に関心のある主体が本制度の下で出会い（Contact），そして多様な
交流が生まれている。参加した主体は相互作用（Communication）しながら共創

地域活性化（中小企業支援）と価値共創　**第20章**

（Co-creation）の場を生成しながらそれぞれの文脈価値（value-in-Context）を高めている。主体はお互いに学習し合い，助け合い，教え合う関係性を自然に構築して，関心のある目的に沿って必要なナレッジ・スキルを適用し合う関係になる。すなわち，主体が共創（Co-creation）しながら自走を始めて，その結果，それぞれの目的に合った成果（value-in-Context）につながっている。

　T小学校は同校の5年生を対象に「地域の人とつながる・出会う」をテーマに「社会人トーク」の授業を実施した。授業の目的は，地域や企業の方の業務が社会や地域の中で果たす役割，社会や地域に対しての思いや取組みを聞くことで，子どもたち自身が地域を好きになり，地域づくりに参画することへの思いを抱き，今後の探究活動のきっかけとすることである。授業は「知る・喜ばれる・地域の一員として」の3つのテーマで7か月の期間で計画されている。授業は5人で1グループをつくり，そこにさまざまな業種の大人が1人入って，テーマに沿った話をする企画である。S氏が本制度の登録企業に参加を呼び掛けたところ20社が参加することになった。

　第1回目に参加した事業者，学校（先生と子ども）からは喜びの声が多数寄せられ，素晴らしい活動となった。S氏は先生達から企画のアイデアについて個別相談したいとの申し出を受けた。新たな共創がこのようなプロセスから創出されることで地域活性化が促進される。S氏は同企画を実施することで間違いなく共創の場が創れると確信している。

（3）外部統合

　今回の社会人トーク（共創の場）がきっかけで参加した事業者間での共創が創出されている。S氏の活動は価値共創型企業システムの外部統合の視点から考察できる。

　プロダンサーのO氏は本制度で今後大きな飛躍が期待されている。O氏はB小学校の運動会で6年生団体演技の振り付けを指導した。子供たちは本番で練習の成果を発揮して会場の参加者を驚かせた。これを契機にO氏は学校との関りを深めていった（藤岡, 2024, 19頁）。

　H氏は当初から本制度に積極的に関わっている。H氏は学校からPTAのイベ

第Ⅱ部 ケース編

ントでものづくり教室を開催してほしいとの依頼を受けた。

S市と商工会が共催でキャリア教育推進を柱にしたオープンファクトリーを開催した。S氏は商工会担当者としてS市が実施する子供向けのオープンファクトリー「キッズファクトリー」に関わっている。参加企業の5社はすべて本制度の登録企業である[4]。S氏は教育委員会を通じて市内の小中学生すべてにチラシを配布してもらい周知を図った。

S氏はキャリア教育推進のために子供向けのオープンファクトリーを開催することで実行委員会も含め、新しい共創の場が創出されたと感じている。

S氏は一人で与えられる影響は小さいものだが、想いの連鎖・循環が重なっていけば大きな力になり現状の課題を克服する力になると考えている。共創の場では他者を巻き込むエネルギーや他者に貢献したい気持ちが働きやすい。場の参加者はそのような力で不足するナレッジ・スキルを克服するために他者を巻き込みながら文脈価値を高めていく（藤岡, 2024, 23-24頁）。経営者などが個人の立場で集まると、多様な相互作用を通して自然にインフォーマルな場が生成される。このような外部統合は最初、見えないが、やがて地域の中小企業や商工会の公式な成果として現れてくる。

（4）成果
①地域の中小企業の成果

O氏は参加者と同制度で知り合い新しい企画へと進展している。O氏はキャリア教育の実績が評価されて、多数の高校でもダンス指導を行うようになり、S市内の小学校や高校でダンス部が創設された。さらに、万博の一般催事にも採択されている。

H氏は教員に向けての技術指導や実態に即した教材の作成、そして製造業の人材不足解消に向けて学校と一緒に取り組んでいる（藤岡, 2024, 16頁）。

キッズファクトリーは成功して、参加企業からは「楽しかった、参加して良かった、来年も参加したい、社内の雰囲気が良くなった」などと前向きな感想が寄せられた。

S氏の活動は行政の災害連携協定にも結びついている。S氏はD商工会議所勤

務時代にD市と「災害時等におけるキッチンカーによる炊き出し等に関する協定」の橋渡しをした経験がある（藤岡, 2024, 13頁）。協定は地震などの災害に備えて，キッチンカー等で炊き出した温かい食べ物を提供する内容である。災害に強いまちづくりには，自主防災組織や企業などのさまざまな組織がそれぞれの役割をもって取り組む必要がある[5]。

S氏は商工会の活動として防災フェアのイベントに参加した。その時に，会場にいたS市産業振興課（前危機管理課）の職員に同様の協定を提供することを提案した。そして，S氏がS市と地元の飲食市内9事業者をつないでいった。その後の展開について，S氏は以前より防災活動をしていた商工会の青年部担当職員に任せたところ，約半年で協定締結をすることができた。商工会の青年部は従来から防災活動を行っており青年部を巻き込んだ取組みにしたことで多くの関係者が喜んだ。

S氏は教育がテーマの共創の場ではビジネスマッチングの可能性が飛躍的に上がると思っている。このような共創の場での出会いはお互いの警戒感がかなり下がるのでビジネスマッチングが進む可能性が高い。S氏は今後多様な連携が発生する可能性があると確信している。

②商工会の成果

S氏の活動は商工会の設立目的の「地域の商工業の発展と豊かなまちづくり」につながることがわかった。地域の企業と学校は本制度を基に出会うことでお互いに共感や信頼が得られ，取組みがメディアやSNSなどの口コミとして発信されると自走を始める。S氏の社会貢献活動の小さな積み重ねが外部統合を促進させて商工会の大きな成果として現れている。

例えば，S商工会は小中学生を対象とした「おしごと体験！」の夏期休暇のイベントを開催した。子供たちがリアル店舗等で仕事体験をするイベントである。この企画はS商工会が主催，S市商店連合会が共催，S市・S市教育委員会が後援で開催された。関係者はイベントがテレビの朝番組で放映されるなど成果があり成功したことで大変喜んでいる。S氏は本制度を活用した事業者からの称賛コメントなどが商工会に寄せられるので「間接支援」が承認されるよう

第Ⅱ部 ケース編

図表20-2 出現する成果

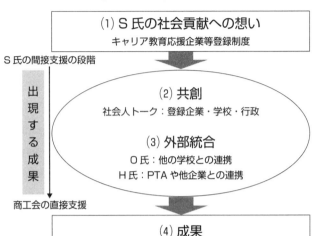

出所：筆者作成。

になってきたと感じている。

　商工会が地域の中小企業を「間接支援」することで，共創の場を作り，共創を生み，促進する活動を考察した。その結果，中小企業の事業成果に結びついた。

　設定したフレームワークで事例を整理すると，S氏は（1）社会貢献の想いとして本制度による活動を推進している。そして，本制度の社会人トークをきっかけに登録企業が学校，行政そして登録企業同士と出会い（2）共創を開始する。それぞれの主体が（3）外部統合しながら文脈価値を高めるために自走し始める。その結果，S氏の「間接支援」は（4）中小企業の事業成果や商工会の成果としての「直接支援」になることがわかった（図表20-2）。

第4節　まとめ

　S氏の同制度による「間接支援」は中小企業の支援策として効果があることがわかった。社会貢献活動は市場経済を人間化する。中小企業の経営者は本制

度を活用することで強みを磨き弱みを克服することができる。中小企業はその特性を活かして多くの情報とビジネスにおけるネットワークの結節点としての役割を果たすことができる（佐藤, 1996, 17頁）。これからは，国などが実施する「直接支援」だけでなくこのような「間接支援」に力を入れることが中小企業支援や地域活性化に効果的だと考えられる。

　大企業や行政などは多くの階層があり一定の手続きがなければ前に進めない仕組みで運営されている。組織の管理者や構成員は組織の目的に向けてマネジメント・サイクルによって計画を立てて行動している。最近の大企業はSDGsやESG投資を意識した社会貢献活動をしている。だが，大企業が地域の中に入り込むにはハードルが高い。大企業はS氏のような活動をする商工会や商工会議所の職員がいると接点を持ちやすいであろう。特に，S氏が積極的に推進する活動は所属組織からみると後回しにされやすい。また，最初から明確な着地点や計画がある活動ではない。場の雰囲気は上司や同僚に伝わりにくい。したがって，S氏の活動はマネジメント・サイクルには馴染みにくい。活動の中で周りを巻き込みながら価値を創造していくプロセスを組織運営として確立するためには解決すべき多くの課題がある。

謝辞

　今回のアクションリサーチでは商工会職員のS氏に大変お世話になりました。ここに記して感謝の意を表します。

注

(1) 中小企業基本法第一条基本理念を参照。
(2) アクションリサーチは研究者が参加者と一緒にプロセスを共有しながら進める実践型の調査手法である（野村, 2017, 98頁）。
(3) https://www.city.settsu.osaka.jp/soshiki/kyouikusoumubu/gakkoukyouikuka/kyaria/index.html（検索日：2024年11月20日）。
(4) https://settsukidsfactory.hp.peraichi.com/（検索日：2024年11月20日）。
(5) https://www.city.settsu.osaka.jp/soshiki/shichoukoushitsu/hishoka/shichonoheya/message/r6_08/24799.html（検索日：2024年11月20日）。

第Ⅱ部 ケース編

参考文献

新居佳英・松林博文（2018）『組織の未来はエンゲージメントで決まる』英治出版。

神田尚子（2020）『最先端のSDGs「ノハム」こそが中小企業の苦境を救う』楓書店。

清成忠男・田中利見・港徹雄（1996）『中小企業論』有斐閣。

黒瀬直宏・上原聡（2014）『中小企業が市場社会を変える—中小企業研究の社会論的転換』同友館。

佐藤芳雄（1996）「日本中小企業の新しいパラダイム」『三田商学研究』（慶應義塾大学）38(6), 1-17頁。

野村康（2017）『社会科学の考え方—認識論，リサーチデザイン，手法』名古屋大学出版会。

藤岡芳郎（2023）「価値共創による地域活性化の一考察」『消費経済研究』（日本消費経済学会）12(通巻44)，100-112頁。

藤岡芳郎（2024）「社会貢献活動を活用した中小企業支援の一考察—価値共創マーケティングの視点から」『大阪産業大学経営論集』（大阪産業大学学会）25(2・3)，1-30頁。

村木則予（2021）『中小企業のサステナブルブランディング—SDGsを活用したマインドシェアNo.1ブランド構築の具体策』エベレスト出版。

村松潤一・藤岡芳郎・今村一真編著（2020）『ケースで学ぶ　価値共創マーケティングの展開—新たなビジネス領域への挑戦 』同文舘出版。

渡辺幸男・小川正博・黒瀬直宏・向山雅夫（2013）『21世紀中小企業論（第3版）多様性と可能性を探る』有斐閣アルマ。

渡辺林治編著（2022）『小売業の実践SDGs経営』慶應義塾大学出版会。

索　引

英　数

CCT ································· 62, 63
C-Dロジック ························· 39
CSAT ······························· 181
Cロジック ······················ 61, 62
DX ································· 70
eudaimonia ························· 80
FP ································· 31
Gロジック ························· 46
Grönroos ··························· 6
Grönroos and Gummerus ············· 9
Grönroos and Ravald ··············· 92
GTA ······························· 170
HLM ······························· 182
keeping promise ·················· 49
Kotler ····························· 7
Levitt ··························· 3, 98
making promise ···················· 49
meaningfulness ················ 47, 75
M-GTA ····························· 175
Net Promoter Score（NPS）········· 181
NLP ······························· 181
NPS ······························· 181
Pay What You Want方式 ············· 163
Prahalad and Ramaswamy ············ 9
promise experiencing ·············· 49
promise imagination ··············· 49
PWYWプライシング ················· 98
responsibilization ················ 77
Sロジック ············· 6, 39, 45, 60, 61, 69
SaaS ···························· 20, 21

SCAT ····························· 175
SDGs ····························· 263
S-Dロジック ··········· 5, 59-61, 67, 117
SEM ······························· 181
servicising ······················ 94
servitization ·················· 22, 94
SEM ······························· 181
SNS ······························· 19
Software as a Service（SaaS）······· 20
Transformative Service Research ····· 70
value-in-context ········· 34, 117, 145, 161, 185
value-in-use ················ 46, 78, 145
Vargo & Lusch ····················· 5
WOM ··························· 23, 25
4Cアプローチ ······ 51, 95, 107, 108, 111, 179, 222

あ

アクティブ・コンシューマ ············· 22

意志と能力 ························· 106
一緒の関係 ······················· 5, 88
イネーブリング（環境整備）············· 131
インターナル・マーケティング
　　　　　　　　·········· 127, 128, 247, 250, 258
インタラクション ··················· 47
インフォーマルな場 ················· 268

上原征彦 ··························· 8
ウェルビーイング ··················· 70

営利組織 ··························· 55

エンゲージメント率 ……………… 181, 183
エンパワメント（権限委譲）………… 131

大迫研究 ………………………………… 207
オープンファクトリー ………………… 268
オペラント ……………………… 131, 258
オペラント資源 ………………… 118, 131
オペランド資源 ………………… 118, 131
オンライン・プラットフォーム ……… 19

か

階層線形モデリング（HLM）………… 182
外部統合 ………………… 249, 250, 267
外部統合〜関係性構築 ………………… 109
価格設定 ………………………………… 159
カスタマー・エコシステム ……… 50, 80
価値共創 ………… 10, 33, 45, 75, 87, 117
価値共創型企業システム ……………… 101
価値共創の持続性 ……………………… 53
価値共創の戦略 ………………… 248, 249
価値共創マーケティング
　………… 10, 25, 26, 46, 69, 87, 89, 147
価値形成 ……………………………… 61, 63
価値所与マーケティング ……………… 89
価値創造 …………………………… 45, 76
価値創造者 ……………………………… 6
価値創造プロセス ………… 10, 75, 87, 144
価値促進 ………………………………… 26
価値促進者 ……………………………… 6
価値破壊 ………………………………… 53
環境整備（イネーブリング）
　…………… 132, 247, 250, 257, 258
感情分析 ………………………… 183, 186
間接支援 ………………… 262, 266, 270
管理型組織 ……………………………… 134

記憶に残る経験 ………………………… 78
機械学習アルゴリズム ………………… 184
機会収益の逸失 ………………………… 98
機会損失の転嫁 ………………………… 98
企業成果 ………………………………… 249
企業内の資源 …………………………… 116
企業文化 ………………………… 103, 104
キッズファクトリー …………………… 268
起点論 …………………………………… 88
規模特性 ………………………………… 262
基本的前提（FP）……………………… 31
キャリア教育応援企業等登録制度 …… 262, 266
共感 ……………………………………… 264
共創 ……………………………………… 184
共創顧客 ………………………………… 110
協働関係 ………………………………… 8

口コミ（WOM）………………… 23, 25
クラウド・コンピューティング ……… 20
グラウンデッド・セオリー・アプローチ
　（GTA）……………………………… 170
クラスタリング分析 …………………… 186
クロスチャネル分析 …………………… 182

経営・組織文化 ………………………… 249
経営パフォーマンス …………………… 156
経営文化（戦略）……………………… 103
経営理念 ………………………………… 103
結節点 …………………………………… 271
権限委譲（エンパワメント）
　………… 132, 247, 250, 256, 258
健康経営 ………………………… 217, 220

コア・コンピタンス …………………… 116
交換価値 ………………… 10, 117, 158
工業社会 ………………………………… 113

索　引

構造方程式モデリング（SEM）……………181
幸福（eudaimonia）……………………………80
顧客エコシステム……………………………61, 65
顧客エンゲージメント………………………70
顧客起点…………………………………………102
顧客経験…………………………………………169
顧客行動…………………………………………156
顧客志向…………………………………………60
顧客接点…………………………………………180
顧客の生活世界………………………………75
顧客マインドセット…………………………156
顧客満足度（CSAT）…………………………181
顧客レベルパフォーマンス…………………156
個人的文脈………………………………………142

さ

サーバント・リーダー……………128, 135
サービサイジング（servicising）………94
サービス……………………………………………33
サービス・エコシステム‥35, 65, 65, 67, 68, 119
サービス・エンカウンター……………61, 128
サービス社会……………………………12, 113
サービス品質……………………………………61
サブスクリプション…………………98, 164
サブスクリプション・モデル………18-22, 24

支援・被支援関係……………………………221
支援型組織………………………………………134
時系列分析………………………………………186
資源統合…………………………………………121
資源統合プロセス……………………………122
資源ベース理論………………………………115
志向論……………………………………………88
市場………………………………………………12
市場および環境的文脈………………………143
市場経済を人間化する……………263, 264, 270

市場創造…………………………………101, 102
市場取引…………………………………………4
自然言語処理（NLP）…………………………181
持続的な進化……………………………………80
社会学的な相互制御関係……………………8
社会貢献…………………………………264-266
社会人トーク……………………………………267
社会的調整………………………………………11
社会的文脈………………………………………143
重回帰分析………………………………………182
修正版GTA（M-GTA）……………………175
商工会……………………………………261, 266
消費の拡張………………………………………133
消費文化論研究（CCT）…………………62, 63
所有から利用へ…………………………………4
所有権移転………………………………………4
真実の瞬間……………………106, 129, 257
信頼関係…………………………………………264

ストーリーテリング…………………………84

生活世界…………………………………………12
制度概念…………………………………………36
制度配列…………………………………………36
製品-市場パフォーマンス……………………156
責任化（responsibilization）……………77
戦略（経営文化）………………………………105
戦略的マーケティング…………………101, 102

創造的適応………………………………………102
双方向コミュニケーション…………………182
組織（組織文化）………………………………105
組織的パフォーマンス………………………156
組織文化（組織）………………………………103
ソリューション・ビジネス…………………221

275

た

ダイナミック・ケイパビリティ ……………… 116
ダイナミック・プライシング ………………… 160
タッチポイント ………………………………… 141
多変量解析 ……………………………………… 181

地域活性化 ……………………………………… 261
中範囲理論 ………………………………………… 40
直接支援 …………………………… 261, 266, 270
直接的相互作用 ………………………………… 141
直接的なインタラクション …………………… 81

テキストマイニング …………………………… 182
デジタル・トランスフォーメーション（DX）
…………………………………………………… 70

等価交換 …………………………………… 11, 12
動機づける ……………………………………… 250
動機づけをして ………………………………… 258
統合 ……………………………………… 101, 102
統合データモデリング ………………………… 182

な

内発的動機 ……………………………………… 136
内発的動機づけ …………………………… 128, 136
内発的に動機づけられる ……………………… 258
内部顧客 ………………………………………… 129
内部統合 …………………………… 108, 249, 250
ナレッジ・[と] スキル ……………………… 12

野村清 …………………………………………… 7

は

パートタイム・マーケター …………………… 130
バウンダリー・スパナー ……………………… 136
バズ・マーケティング ………………………… 23

パターン認識アルゴリズム …………………… 186
離れた関係 ………………………………… 5, 88
パネルデータ分析 ……………………………… 182

ビジネス・ロジック …………………… 60, 69
ビジネスマッチング …………………………… 269

フルタイム・マーケター ……………………… 130
プロバイダ・ロジック ………………… 60, 69, 70
プロミス ……………………………………… 47
プロミス・マネジメント ……………………… 49
プロミス概念 …………………………………… 98
プロミスの遂行（keeping promise）………… 49
プロミスの創出（making promise）………… 49
プロミスの想像（promise imagination）…… 49
プロミスの体験（promise experiencing）…… 49
文脈 ……………………………………………… 140
文脈価値（value-in-context）
……………………… 34, 117, 145, 161, 185
文脈価値/利用価値 …………………………… 10
文脈マネジメント ………… 51, 97, 133, 148, 251

ヘルスケア・ビジネス ………………………… 205
ヘルスケア・ビジネスにおける価値共創の
3 要素 ………………………………………… 214
ヘルステック …………………………………… 205
変革的サービス研究（Transformative Service
Research）……………………………………… 70

補完的な関係 …………………………………… 82
北欧学派 ………………………………………… 6
ポジティブ心理学 ……………………………… 137

ま

マーケティング・マネジメント ……………… 101
マーケティング理念 ……………… 104, 248, 249

マネジリアル・マーケティング ················ 101
満足のプロミス ····························· 98

ミクロの循環 ······························ 128
未等価交換 ································· 98

無形財 ····································· 7

目標達成 ··································· 77
もてなし ·································· 258

や

有意味性（meaningfulness）················· 47, 75

ら

理念 ····································· 253
理念の［を］浸透 ···················· 248, 249, 253
理念を組織 ······························· 253
利用価値 ······························· 23-25
利用価値（value-in-use）··············· 46, 78, 145
リレーションシップ・マーケティング ········ 61

レンズ ····································· 98

執筆者紹介（執筆順）

村松　潤一（むらまつ・じゅんいち）　第1章，第7章
※編著者紹介参照

今村　一真（いまむら・かずま）　第2章，第5章
茨城大学人文社会科学野教授

大藪　亮（おおやぶ・あきら）　第3章，第11章
岡山理科大学経営学部教授（※2025年4月より熊本大学大学院人文社会科学研究部教授）

張　婧（ちょう・せい）　第4章，第6章
金沢大学人間社会研究域経済学経営学系准教授

藤岡　芳郎（ふじおか・よしろう）　第8章，第10章，第20章
大阪産業大学経営学部教授（※2025年4月より価値共創システム研究所副代表，京都女子大学非常勤講師）

江　向華（こう・こうか）　第9章
京都女子大学現代社会学部准教授（※2025年4月より教授）

林　釗（りん・しょう）　第12章
帝京平成大学人文社会学部経営学科講師

田原　静（たばら・しずか）　第13章，第18章
茨城大学人文社会科学野准教授

梁　庭昌（りょう・ていしょう）　第14章
富山国際大学現代社会学部講師（※2025年4月より金沢星稜大学経済学部准教授）

宗　陽一郎（そう・よういちろう）　第15章
株式会社神戸製鋼所技術開発本部デジタルイノベーション技術センター専門部長

伊﨑　翼（いざき・つばさ）　第16章
高知工科大学経済マネジメント学群助教（※2025年4月より畿央大学教育学部講師）

上西　智子（かみにし・ともこ）　第17章
東北大学大学院経済学研究科博士研究員

張　善会（ちょう・ぜんかい）　第19章
岡山理科大学経営学部助教

【編著者紹介】

村松 潤一（むらまつ・じゅんいち）

岐阜聖徳学園大学経済情報学部教授，博士（経営学，東北大学），広島大学名誉教授。広島大学大学院社会科学研究科マネジメント専攻教授を経て現職。広島大学マネジメント研究センター長，アジア市場経済学会会長，日本学術会議連携会員（第24-25期）等を歴任。

[主な業績]
『サステナブル経営―原理・潮流・実践』（分担執筆，同文舘出版，2025年），『北欧学派のマーケティング研究―市場を超えたサービス関係によるアプローチ』（共編著，白桃書房，2021年），『ケースで学ぶ 価値共創マーケティングの展開』（共編著，同文舘出版，2020年），『サービス社会のマネジメント』（共編著，同文舘出版，2018年），『ケースブック 価値共創マーケティン論』（編著，同文舘出版，2016年），『価値共創とマーケティング論』（編著，同文舘出版，2015年），『サービス・ドミナント・ロジック―マーケティング研究への新たな視座』（共編著，同文舘出版，2010年），『コーポレート・マーケティング―市場創造と企業システムの構築』（単著，同文舘出版，2009年）等。

2025年3月30日　初版発行　　　　　　　　　　　略称：価値マーケ深化

価値共創マーケティングの深化

編 著 者 ⓒ 村 松 潤 一
発 行 者 　　中 島 豊 彦

発行所 **同 文 舘 出 版 株 式 会 社**
東京都千代田区神田神保町1-41　　〒101-0051
営業 (03) 3294-1801　　編集 (03) 3294-1803
https://www.dobunkan.co.jp

Printed in Japan 2025　　　　　　　　　　製版：一企画
　　　　　　　　　　　　　　　　　　印刷・製本：萩原印刷

ISBN978-4-495-65024-7

|JCOPY| 〈出版者著作権管理機構 委託出版物〉
本書の無断複製は著作権法上での例外を除き禁じられています。複製される場合は，そのつど事前に，出版者著作権管理機構（電話 03-5244-5088，FAX 03-5244-5089，e-mail: info@jcopy.or.jp）の許諾を得てください。

本書とともに〈好評発売中〉

ケースで学ぶ
価値共創マーケティングの展開
―新たなビジネス領域への挑戦―

村松潤一・藤岡芳郎・今村一真［編著］

★本書の詳細とご購入はこちら

A5判・208頁
税込 2,530円（本体2,300円）

ケースブック
価値共創とマーケティング論

村松潤一［編著］

★本書の詳細とご購入はこちら

A5判・240頁
税込 2,750円（本体2,500円）